THOMAS RING

ASTROLOGISCHE MENSCHENKUNDE IV

Standardwerke der Astrologie

THOMAS RING

ASTROLOGISCHE MENSCHENKUNDE IV

DAS LEBENDE MODELL

CHIRON VERLAG

4. Auflage 2005

Druck: Finidr, Ceský Těšin
Umschlag: Thomas Ring, Roter Gong – Rote Stimme, 1920

Zu beziehen durch den Buchhandel oder direkt beim:
Chiron Verlag, Postfach 1250, D-72002 Tübingen
www.chironverlag.com

ISBN 3-89997-118-3

INHALT

VORWORT ZUR 3. AUFLAGE

Zwei Jahre nach dem Tod von Thomas Ring erscheint diese wesentlich erweiterte Auflage. Thomas Ring hat für „Das lebende Modell“ noch drei neue Kapitel geschrieben, die er im Jahre 1982, zusammen mit kleineren Korrekturen, dem Verlag übergab. Viele neue Gedanken des 90jährigen Autors sind in folgenden Abschnitten zusammengefaßt:

Ein Kapitel, das sich mit einem großen Teil der heutigen Jugend befaßt, ist symptomatisch für Rings Beschäftigung mit neuesten Problemen. Er nennt diese jungen Menschen „Die Unbehausten des Fortschritts“, weil ihnen das Zuhause, der Wurzelboden fehlt (Seite 128ff.).

Ein weiteres Kapitel setzt sich mit unserem „Schuldkonto“, der Summe der Verdrängungen peinlicher Situationen, der falschen Bezichtigung anderer, affektiv begangener Bosheiten, Lieblosigkeiten usw. – dem „Schatten“ nach C. G. Jung – auseinander („Auflichtung des Schattens“, S. 157 ff.).

Schließlich wird das Buch noch durch ein Schlußkapitel ergänzt, das in wiederum neuer Form das moderne Weltbild Rings „revidierter Astrologie“ charakterisiert und Zeiterscheinungen gegenüberstellt („Das neue Menschenbild der revidierten Astrologie“, S. 274 ff.).

Außerdem ergab sich die Notwendigkeit, das als Beispiel gebrachte Kosmogramm Sigmund Freuds neu zu zeichnen. Die auf eine Selbstangabe Freuds zurückgehende Geburtsstunde verschiebt sich nach einer Eintragung des Vaters in die Familienbibel um eineinhalb Stunden.

Sieht man von wenigen rein technischen Korrekturen ab, so hat das Buch sein wesentlich neues Gepräge durch den Autor selbst erhalten.

Allensbach am Bodensee,
im Sommer 1985 — Erp Ring

VORWORT

Wenn es Wahrheiten gibt, die nach Jahrtausenden noch dieselben sind, dann können es nur innerseelische Wahrheiten sein, während sich unterdessen alle Bewußtseinsinhalte geändert haben. Das Bleibende in der Astrologie beruht somit auf Symbolen, die seelische Grundgehalte umschreiben. Die Vorstellung jedoch, wie eine Beziehung zwischen Gestirn und Mensch zustande kommen kann, worauf sie beruht, wechselte mit dem jeweiligen Wandel der Weltvorstellungen. Heute wird dies durch die Wissenschaft ausgemacht. Die Frage erhebt sich, ob und wie Astrologie in unser heutiges wissenschaftliches Weltbild hineinpaßt.* Die Antwort rüttelt nicht an jenen bleibenden Wahrheiten, doch hinsichtlich der Aussagemöglichkeit ergeben sich daraus wichtige Modifikationen.

Modifikationen sind Abwandlungen, nähere Bestimmungen. Ihnen gilt das vorliegende Buch. Meine Darlegung will mehr sein als ein Ratgeber für die Praxis, wenn sie auch aus dieser heraus und für sie geschrieben wurde. Es geht um den Lebensnerv dessen was ich astrologische Menschenkunde nenne: die von Geburt an in uns liegende Wirklichkeit überdauernder Bedeutung. Wir erfahren sie am lebenden Modell im Vergleich mit dem Meßbild. Wenn nicht Menschenbeobachtung genauen Schritt hält mit dem Erlernen der astrologischen Begriffe, werden diese unversehens zu schieren Wortungeheuern, die ein begiffsgläubiger

* Eine Beantwortung versuchte ich in „Astrologie ohne Aberglauben", Econ Verlag, Düsseldorf 1972. Von anderer Seite wurde mehrmals unternommen, Astrologie mit überkommenen Begriffen als Erfahrungswissenschaft wieder zu begründen. Die Aussagekraft der Erfahrung hängt indes vom Gesichtswinkel ab, unter dem man sie macht. Der Blickpunkt der revidierten Astrologie liegt gegensätzlich zu allem, was die Ursachen des astrologisch Erfahrbaren in die ausgemessenen Gestirne hineinträgt, zum Glauben an äußere Bewirkung und ein fertig vorbestimmtes Schicksal.

Verstand als äußere Verursacher dieser oder jener Ereignisse nimmt. Statt von sinntragenden Wesenskräften handeln wir dann doch von Sternen als Bewirker eines Schicksals, das außerhalb des Lebendigen, seiner Verantwortung und Entscheidungskraft, vorbestimmt ist. Es geht dann mit der Horoskopie wie mit jeder überspitzten Technik, die nicht mehr der Erweiterung menschlicher Freiheit dient; dasselbe Instrument, das uns fördern und dem Fortschritt auf die Beine helfen sollte, wird zum Werkzeug der Vernichtung. Mit der genannten Abstraktion des Schicksals vom schöpferischen Leben, mit einer dementsprechenden fatalistischen Einstellung bekommen Aussagen aus dem Meßbild (Horoskop, Kosmogramm) eine lähmende Wirkung.

Indem mein Buch diese Gefahr signalisiert und dem Mißbrauch einen Riegel vorschieben hilft, will es beitragen, die Tür zu den eigentlichen Inhalten zu öffnen.

Der Aufbau des Buches kann nicht solcherart geschlossen sein wie in den drei vorangegangenen Bänden „Astrologische Menschenkunde", bei denen die Abhandlung der Deutungselemente und ihrer Kombination die Gliederung vorschrieb. Wenn wir mit allgemeinen, oft sehr aktuellen Übeln und Mißständen anfangen, sie aus dem Leben herausgreifend, so beginnen wir ja mit verstreut auftauchenden offenen Fragen, für deren Beantwortung gewöhnlich einige aufgezählte Ursachen und Ratschläge zur Abstellung als hinreichend betrachtet werden. Kaum je leuchtet dies die dispositionellen Grundlagen in einer Vollständigkeit an, wie es die Einbeziehung der astrologischen Menschenkunde erlaubt. In astrologischer Sicht dürfen wir nicht von Anlagen für das fertige Ergebnis, etwa einem Trieb zu lügen, zu stehlen, sprechen. Vielmehr können verschiedene Anlagekomponenten, je nach ihrer funktionellen Verwendung, zu einem ähnlichen Erscheinungsbild führen. Anderseits ergibt mitunter ein und derselbe Faktor unterschiedliche Äußerungen. Alles ist in Fluß, solange das Modell „lebt". Der dabei wirksame selbstbestimmende Faktor (die einsetzende oder unterbleibende freie Entscheidungswahl) sowie die Umwelt (ihr begünstigender oder hemmender Einfluß) wirken mit an der Variabilität der Entsprechungen, ohne welche das Symbol und sein Bedeutungsumkreis nicht real begriffen werden kann. Aber auch das Erbe schließt etwas ein, was aus der Geburtskonstellation nicht ersichtlich ist, nämlich den angeerbten Stand der Entwicklung, die herkunftsbedingte Ausgangsbasis des Handelns. Mit dadurch unterschiedlichen Entsprechungen erforschen wir den Spielraum des Symbols zu Gunsten lebensnaher Deutung.

Zum heute psychologisch viel gebrauchten Wort „Struktur" sei gleich gesagt, in welchem Sinne es hier gilt. Sozialpsychologische Beobachtung und Überlegung findet, daß jeder auf jeden einwirkt. Die Summe psychischer Wirkungen ergäbe ein heilloses Gemisch, hätte nicht jeder sein eigenes Gefüge von Kräften, Ausdrucksweisen und Interessen. Bei mangelhafter Kenntnis dessen, was ein Mensch von Geburt an mitbringt und seinen Eigenschaftsanlagen einen ordnenden Rückhalt gibt, beschränkt sich unser Urteil auf die Erbstruktur oder wir nehmen psychische Eintragungen der Umwelt, Einflüsse durch Erzieher, aufgestellte Ideale, Verhaltensnormen der Umgebung, materielle Lage, kurz „die Verhältnisse" hinzu. Auf diese Weise gingen in den Strukturbegriff auch seelische Mechanismen ein, die Erworbenes ritualisiert festhalten; sie können für Anlagen gehalten werden, obzwar sie veränderbar sind. Haben wir nun ein Meßverfahren, das uns individuelle Anlagengefüge in Einklang mit der Geburtskonstellation zeigt, so bekommt Struktur den Inhalt einer *bleibenden Grundverfassung*, die in allen existentiellen Lagen und auf jeder Entwicklungshöhe immer wieder durchschlägt. Aus ihr erwächst die Problematik des Einzellebens abzüglich der Verhältnisse und des Erbes, indem latent Vorhandenes manifest wird, ohne daß die Problemlösungen endgültig so wie getätigt vorbestimmt wären. Das akute Geschehen entspinnt sich zwar mit der Ineinanderschränkung von Erbe und Umwelt, das astrologische Meßbild enthält gewisse Reaktionsweisen, typenhafte Varianten, auch vorgezeichnete Kompromisse, doch das effektive Verhalten ist nicht nur erb-, umwelts- und konstellationsbedigt, sondern im Wesentlichen „selbstmächtig“. Außer aller Typik der Lösungsformen gibt es freies „Anderskönnen“. Es ist Sache der Entscheidungswahl im selbstbestimmenden Faktor, aus ihm geht die Weiterentwicklung hervor.

Von solchen Strukturen handelt dieses Buch, von *lebenden* und das heißt, daß niemals, wie fatalistische Auffassung vermeint, unabwendbar festgelegt sein kann, was daraus gemacht wird. Auf der Wandelbarkeit strukturbestimmender Symbole beruht der erzieherische, therapeutische, zur Selbstgestaltung anleitende Wert des astrologischen Meßbildes.

Ein Hauptzweck des Buches besteht in der Anleitung zum Studium an Hand des Kosmogramms, das keineswegs als Instrument für Fertigaussagen verstanden sein will. Solch Selbststudium bedeutet mithin alles andere als die beliebte Freizeitastrologie, um nach obskuren Regeln sein Glück zu packen. Groß ist die Gefahr der Täuschungen und schädlichen Übergriffe, wenn wir deterministisch abgefaßte Aussagen ungeprüft auf den Menschen anwenden. Den Prüfstein gibt das lebende Modell selbst her, das Erlebnisse durchmacht, die einerseits so verlaufen, wie ihm konstellativ vorgezeichnet, anderseits von vorbestimmter Zwangsläufigkeit abweichen. Das Beobachten des lebenden Modells befreit uns von den stereotypen und formelhaften Deutungsbegriffen der alten Astrologie. Vor allem werden daran die Unterschiede von *Tendenz* und *Ereignis,* von *Anlage* und *Eigenschaft* klar. An den Abweichungen kann das Mitwirken der außerhoroskopischen Faktoren ermessen, kann die Notwendigkeit von *Aussagegrenzen* begriffen werden. Sie sind der eigentliche Lehrstoff, nachdem man die Methode der Deutung erlernt hat. Man verhalte sich daher locker im Ausdeuten der Konstellation, sodaß man den *prinzipiellen und symbolisch ausdrückbaren Gehalt* des Wesensgefüges schildert, jedoch unvoreingenommen die konkrete Verbildlichung in Form von Entsprechungen, wie sie das Leben herausbildet, studiert und aufnimmt. Das

Selbstgespräch oder Gespräch mit anderen entwickelt sich dann zur Einsicht in die Grundursachen meist irrtümlich gesehener Geschehnisse. Vom wesenhaften Geschehen hebt sich ab, was äußere Einkleidung des Charakterbildes ist. Der Blick auf den individuellen Entwurf und Anlageplan macht das Gespräch wesentlich. Bei Auswirkungen unterdrückter, verschwiegener und unbekannter, auch etwa peinlich empfundener Anlagen schaffen wir so einen Abstand und erleichtern dem Klienten mit einem „vielleicht", „gegebenenfalls", „möglicherweise" das Akzeptieren. Jedes Element läßt verschiedenerlei Einkleidungen zu. Unterschiedliches Niveau liefert Stichproben, wie mannigfaltig die betreffenden Eigenschaftsanlagen dargelebt werden können. Strikt muß beim Studium vermieden werden, Sensationen nachzujagen, Ungläubige mit „Treffern" zu düpieren, Ahnungslosen „Dinge auf den Kopf zuzusagen" und was dergleichen Eitelkeiten sind.

Auf die beschriebene Weise erfährt man am ehesten die therapeutische Wirkung einer Aussprache, die oft zur Beichte wird, sowie die innere Stütze, welche die Bekanntschaft mit seinem Kosmogramm einem Menschen geben kann.

EINLEITUNG

Vorgehen der Psychodiagnostik und der Astrologie Aufgabenunterschied

Wir lernten in der Psychologie und Charakterologie, ebenso durch Anwendung von Analysen aus Gesellschaftslehren, unter die Selbstbeurteilung greifen. Mit tiefenpsychologischen Symbolen und Testaussagen, auch soziologischen Feststellungen, gewannen wir eine große Anzahl von Hinweisen auf *etwas anderes als der Mensch von sich weiß, von sich denkt.* Doch bei längerem gewissenhaften Umgehen damit zeigt es sich, daß jede Einzelheit gegebenenfalls etwas bedeutet, was abweicht vom Stichwort, unter dem die betreffende Methode diese Einzelheit einreiht.

Betrachten wir beispielsweise den Rorschachtest und nehmen wir, was man klinisch nicht tun darf, eine Einzelheit heraus. In den Klexbildern überwiegend Tiere sehen, kann endogene Wurzeln des Verhaltens aufdecken, ist nach Bohm und der erweiterten Fassung des Tests durch Zulliger der allgemeinste Steterotypie-Indikator. Dies bedeutet ein Denken, bei dem sich die Assoziationen schwer von einer bereits vollzogenen Einstellung lösen. Doch solche Stereotypisierung des Denkens drückt sich unter Umständen auch anders aus und viele Tiere zu sehen kann einfach ein Zeichen von Tierliebe sein. Gemeinhin entspricht der Tiernatur in uns das Triebhafte und die von Instinkten gelenkte Bewegungslust. Wieder anders ist die Kinästhesie in Hinsicht kommunikativer Bewegung, wenn etwa jemand das Klexbild als zwei sich die Hände reichende oder miteinander boxende Menschen deutet, wo ein anderer einen Schmetterling sieht oder ein dritter Skeletteile und ein vierter Formen, die nichts miteinander zu tun haben. Beim Koch'schen Baumzeichentest (der einen Obstbaum zu zeichnen verlangt) gilt das Überwiegen blumiger Formen meist mit Recht als Anzeichen vegetabilischen Wachsens und Blühens; Blätter und Früchte künden oft von aufgeschlossener

Jugendlichkeit, Schmucktrieb, sinnlicher Ansprechbarkeit, verglichen mit dem schematischen Kugelbaum des typischen Intellektuellen; noch markanter ist es, wenn dieser nur halb hingehört hat und ein dürres, grätenartiges Linienschema, etwas Tannenartiges, anbringt. Doch ein künstlerisch erzogener Augenmensch zeichnet anders als beide; die Klammer der Rationalität kann auch bei schwelgenden Blättern und Früchten an dem erkannt werden, was der Durchschnitt saubere, gefällige, genaue Darstellungsweise nennt gegenüber flüchtig Hingeworfenem aber rhythmisch Gegliedertem. So müssen wir jedes Merkmal zusammen mit anderen Merkmalen beurteilen und jeder Test hat sein „aber".

Ähnlich liegt es mit Traumsymbolen. Das Erlebnis des Fliegens im Traum kann tatsächlich die genitalische Bedeutung haben, die Freud ihm anfänglich zusprach, kann aber auch an den rituellen Schamanentanz anklingen und den Wunsch nach Besitz übernatürlicher Kräfte oder auch geistiger Überlegenheit ausdrücken. Die Sehnsucht, zu fliegen, sowie die untergründige Überzeugung von einer Anti-Schwerkraft gehören schließlich zum innerseelischen Haushalt der Menschen aller Zeiten. Eine individuelle Seelenlage dessen muß man erst herausfinden. Bei Traumbildern kommt es insbesondere auf den Zusammenhang an, in welchem die Lebenssituation steht. Hierbei spricht natürlich der soziale Stand mit. Wer nie arbeiten mußte, von klein auf umsorgt und behütet wurde und wem auch später die Geldmittel anstrengunglos zuflossen, versetzt sich schwerlich in die Seele eines Arbeiterkindes unterer Existenzklasse, auch wenn er einen Armutskult betrieb. Anderseits, Muße im Sinn der schöpferischen Pause ist nicht mit unbegrenzter Freizeit schon gegeben. Sie steht außerhalb der Gesellschaftslage und ermittelt sich weder aus sozialem Druck noch aus parasitärer Lebensweise; höchstens könnte man als sozial bedingt anführen, was heutige Verhaltensforschung mit „Wohlstandsverwahrlosung" meint. Auch ist von Bedeutung, wie Alfred Adler hervorhob, ob man Geschwister hat und der wievielte man in der Reihe ist. Man kann etwa in der Ideologie christlicher Nächstenliebe erzogen worden sein und dementsprechende Vorstellungen haben, während im Protest gegen einen Bruder, der vermeintlich bei den Eltern besser angeschrieben steht, sich untergründig ein vom Leistungsehrgeiz getragenes rücksichtslos durchgesetztes Leitbild ausformt. Dergleichen gibt den Dingen bestimmte Wertakzente.

So haben wir stets nur fließende Begriffe, Relationen, und ferner kommt es auf den akuten Zeitpunkt an, darauf, ob jemand in einer Angstphase (etwa „Examensangst") träumt, zeichnet und ein Klexbild deutet, oder ob er es zur Zeit gehobener Hoffnungen und der Selbstüberzeugung tut. Abgesehen von Routineaussagen hat auch der Tester als lebendes Wesen seine Phasen; starre Pedanterie bekommt keiner Testaussage. Stichproben auf ein Verhalten sind nur dann stichhaltig, wenn genau die Umstände beachtet werden, unter denen die Probe angestellt wird. Für diejenigen Merkmale, die möglicherweise Pathologisches anzeigen, gilt das paracelsische „sola dosis facit venenum."* Der Zusammenhang und die Menge, die Wiederkehr und Nachbarschaft von Bildern oder Merkzeichen deutet auf gesund oder krank, gibt Auskunft über das verborgene Wesen. Wie kann man diesem, wenn wir ihm nachgehen, tabellarisch beikommen? Bei starken schöpferischen Persönlichkeiten müßte man für jeden eine besondere Testmethode und eine eigene Traumdeutung erfinden.

Immerhin sind Tests, Traumdeutung, Typenlehren im allgemeinen praktisch anwendbar und für summarische Einblicke unentbehrlich geworden. Zur Gültigkeit (Validität) eines Tests gehört, daß genau angegeben ist, was gemessen werden soll; ist der Fragezweck vielleicht eingeengt auf Eignung für einen bestimmten Beruf, so weiß ich damit, welche Tests heranzuziehen sind. Die Aufgabe des einzelnen Tests ist pragmatisch beschränkt. Jeder Test dringt in einen bestimmten Bezirk ein, er kann nur über die berührte konstitutive Ebene aussagen. Für ein charakterologisches Gesamtbild wird wichtig, wie die betreffenden

* „Nur die Dosis (zugeteilte Menge) macht das Gift."

Bezirke im Ganzen zusammenhängen und sich zueinander verhalten. Der „Könner" kontrolliert eines am anderen, erst dadurch gewinnt er etwas wie eine umfassende Charakteraussage. Verfahren wie der Rorschachtest, Szonditest usw. sind darauf angelegt, durch Serien (verschiedene Tafeln) ein Netz von Aussagen zu bekommen.

Zur gültigen Beurteilung des Zusammenhangs der Ebenen und der Dosis, des Stellenwerts eines Merkmals, fehlt aber die *psychische Konstitutionslehre*, das heißt eine Kenntnis der *anlagemäßigen Ausgangspunkte*, von denen die einzelnen Merkmale richtig gedeutet werden können. Oder gibt es sie bereits, mangelt es nur am methodischen Ausbau? Wir behaupten hier, daß es sie gibt im *astrologischen Meßbild*, dem Horoskop oder Kosmogramm, wenn man eine Revision des Grundgedankens vornimmt und die Deutung des Meßbildes danach ausrichtet.

In der Wissenschaftsgeschichte wird immer wieder der Fehler gemacht, eine Erklärung zunächst für weiterreichend anzusehen, als ihr zukommt. Die Anwendung astrologischer Symbole und Praktiken unterlag einem fundamentalen Irrtum. Die Messung liefert exakte Zahlen. Dem vermutlich schon im Entstehen höheren menschlichen Bewußtseins aufkeimenden Gestirnglauben lag die Meinung nahe, eine Deutung müsse ebenso genaue Tatsachen hierzu in Beziehung bringen. Glaubte man sich über die Grundbedeutung der Planeten im reinen, so sollte ihr gegenseitiges Verhältnis wie die Stellung im Tierkreis und in den Häusern — nachdem diese Systeme ausgebildet waren — klare Modifikationen angeben. Deutung war dann eine Auslegung nach festen Regeln und Begriffen. Deutungsfehler erklärte man sich damit, daß irgendwelche unbekannte Himmelszeichen bestünden, die nicht in Betracht gezogen waren.

Abgesehen von der Simplifizierung geht diese Auffassung auf *fertig vorbestimmte Sachverhalte*, die durch Gestirneinflüsse „bewirkt" oder durch Gestirnstände als ein zu erfüllendes Schicksal „angezeigt" wurden.

Im kleineren Maßstabe kennen wir dies schematisierende Verfahren aus der Traumdeutung. Nicht nur das vorwissenschaftliche Schema „Sarg bedeutet Hochzeit", nicht die ehemaligen Traumbücher der Köchinnen sind gemeint. Auch in den Anfängen der Tiefenpsychologie, als man den Traum wieder ernst nahm, gingen viele mit einer Dechiffrierungsmethode nach feststehendem Schlüssel vor, nahmen Bild und Abbild und Analogien an wie bei der Übersetzung einer Sprache in die andere. Zwar warnte Freud seine Schüler, auch C. G. Jung suchte der Verwechslung mit einem mechanischen System vorzubeugen und betonte die polyvalente Bedeutung der auftauchenden Bilder. Nichtsdestoweniger wurden Listen der Siegel und ihrer Entschlüsselung aufzustellen versucht. Solches widerspricht grundsätzlich dem *bildschöpferischen Vermögen im Dienst einer Selbstdefinition,* als welche wir den Traum ansehen müssen, wenn wir ihm einen Sinn beimessen. Gemeinsamkeiten bestehen, doch ein immer stimmender Traumkatalog würde den bildnerischen Vorgang zur Computerarbeit machen.

Was schon für das individuelle Leben im Bildgehalt der Träume gilt, muß umso mehr auf die *gestaltschöpferischen Äußerungen des universellen Lebens,* welche die Astrologie untersucht, bezogen werden. Von Übel waren die verbreiteten Rezeptbücher. Es genügt nicht, den Stil zu belächeln wie etwa graphologische „Popularschriften", wenn sie Weltbewegendes vom herabgesetzten i-Punkt ableiten. Ist dies nur Überspannung eines Merkmals, so die Abfassung gebrauchsfertiger Aphorismen in der Astrologie ein Grundirrtum. (Der Bedarf ist so eingesessen, daß Schüler die vorgemachten Kombinationen gleich als Rezepte anzuwenden suchen.) Den astrologischen Erfahrungen können wir einen Sinn abgewinnen, wenn wir darin die Einordnung der Lebensgestalten und -vorgänge in die Periodizität des uns einbegreifenden Sonnensystems (geozentrisch bezogen) sehen. Dann aber bedeuten die Komponenten des Gestirnbildes, die „Planeten", keine kausal bewirkenden Mächte, sondern *Ordnungszeichen.* Die ausübende Kraft ist dann im *eingeordneten Leben* zu denken, seinem Modus als

Wachstums- und Bildekraft, im Menscheninneren als Wesenskraft. Diese organisch kosmologische Auffassung versteht die Ordnungszeichen inhaltlich als *Symbole,* deren *reale Entsprechungen* jeweils aus der Lebenssituation zu ermitteln sind. Damit ist die Methode vorgeschrieben und ein ergänzendes Arbeitsfeld für eingeschaltete Psychodiagnostik gegeben.

Vom Verhältnis zwischen Symbol und Entsprechung (Prinzip und Konkretum) wird noch öfter die Rede sein um die Vorbehalte zu überbrücken, welche ein normales wissenschaftliches Denken dagegen anführt. Was bei guten Tests die serielle Anordnung leistet, vervielfacht sich mit den interstrukturellen Beziehungen im Kosmogramm, denen eine Vielzahl flexibler Entsprechungen angereiht ist. Darin liegen unverkennbare Schwierigkeiten. Es erfordert differenzierte Erfahrung, hiermit die Isolation stückweiser Aussagen in der Gesamtschau aufzuheben, doch führt die Methode selbst zur verfeinerten Kombination. Diese Methode erlernt man sinngemäß unter ständiger Beobachtung und Vergleichung mit gelebtem Leben. Allerdings kann man der kosmologischen Symbole, als unserer „verborgenen Innenausstattung“, auch unmittelbar innewerden im *Elementar-Erlebnis;* auf ihm beruht die Evidenz bei richtiger Deutung. Die Beschreibbarkeit solchen Erlebens stößt jedoch an Grenzen wie in der Physik diejenige der subatomaren Welt. Das in diesem Elementar-Erlebnis gegründete, unbewußt in uns verankerte Urwissen verlangt mit dem Fortschritt empirischen Wissens immer andere Interpretationen. Der Wechsel der Argumente aber, unter denen das Urwissen uns zur Vorstellung gelangt, ist nicht das Eigentliche. Sie stellen nur den Anschluß des Bleibenden an das veränderte Weltbild her, bringen Äußeres und Inneres im geschichtlichen Bewußtsein sowie im Kulturkanon zur Dekkung. Anders ausgedrückt: Archetypisches erfahren wir stets in Grenzsituationen und Näherungswerten.

Zur Interpretation, sowohl in psychodiagnostischen als auch in astrologischen Aussagen, gilt folgendes. Da die wenigsten Menschen lebende Strukturen in ihrem Werden und

Wandel sehen können, bekommt die Beschreibung notwendigerweise einen von Episoden berichtenden, erzählenden Ton. Sie muß einzelne Stücke anleuchten und am logischen Faden aufreihen. Bei Tests und Typenlehren dient dies dem Ausspinnen eines Grundurteils, vom Psychologen abgegeben. In der Astrologie hingegen sind solche Grundurteile vorgezeichnet vom *Leben, das sich manifestierte, bevor ein Bewußtsein hinzukam.* Vom exakt naturwissenschaftlichen aber unterscheidet sich das astrologische Experiment darin, daß nicht jeder zum gleichen Ergebnis kommt (dies würde einen perfekten Frage-Antwort-Mechanismus voraussetzen); nur allgemeinmenschliche Wesenszüge schlagen bei den Elementen durch. Im besonderen Fall ist persönliche *Deutung* nötig, den Komplizierungen der Versuchsperson angemessen, Schätzungsfehler sind nicht auszuschalten. Wir deuten die *Ganzheit* eines Wesensgefüges und verfolgen die *Wandlungen,* mit denen sie in Erscheinung tritt. Mit Recht wird darum von einer Deutungs-*Kunst* gesprochen.

Wenn wir interpretativ erzählen und aufzählen, verhilft uns dies zum Einblick in eine vorhandene Kräftestruktur, deren Äußerungen wir am lebenden Modell studieren. Psychodiagnostische und astrologische Methoden kommen sich dabei entgegen, nur haben letztere eine *naturgegebene Basis* in den Komponenten, die zu Betracht stehen, während die ersteren von *bewußten Urteilen* ausgehen, die richtig oder falsch sein können. Bei diesen liegen die Fehlerquellen im Ansatz, bei jenen in der Deutung. Am astrologischen Meßbild gilt es immer wieder klar zu machen, wie Mehreres, diskrepant erscheinend und oft sich widersprechend, in einer Menschenseele beisammen wohnt, wie dann aus diesem Angeborenen sich eine Problematik entspinnt und in der Auseinandersetzung mit der Welt zu Alternativen drängt, deren Lösung stets durch *Entscheidung innerhalb von miteinander ringenden Strebungen* gewonnen wird. Das staffelweise Sich-Entschiedenhaben, den Entwicklungsstand, wissen wir vom Meßbild aus nicht. Hier liegt eine Aussagegrenze. Was der Psychodiagnostiker vor

Augen hat, den individuierten Menschen, soll der Astrologe in statu nascendi erfassen und deuten. Er ist zunächst auf Wahrscheinlichkeiten angewiesen, steht jedoch im Vorzug, fraglos von charakterlichen Anlagen, den Wurzeln der Eigenschaften, ausgehen zu können.

Die Trümpfe des psychodiagnostischen und des astrologischen Vorgehens werden oft zu Unrecht mit „entweder-oder" gegeneinander ausgespielt. Versteht man aber die Methoden richtig, dann führt uns ein „sowohl-als auch" zur lebensnäheren Aussage. Beides ergänzt sich darin, daß eine Testbatterie genaue und einzelne Aussagen über das momentane Verhalten bringt, wofür jedoch der begründete Zusammenhang fehlt (weil er von da- oder dorther stammen kann), während die astrologische Aussage vom Grundbau in die Einzelheiten geht, aber, um in den Entsprechungen genau zu sein, außer ihrer eigenen kombinativen Methode und Zusammenschau auch konkretisierende Hilfsmittel braucht.

So sagt der Rorschach-, Wartegg-, Koch-, Lüschertest usw. über fertiggeprägte Einzelheiten aus, die Handschrift vermittelt einen näheren Einblick in den aktuellen Zustand, der Szonditest in die familiäre Triebstruktur des Beurteilten, die psychoanalytische Untersuchung berichtet von Nachwirkungen der Vergangenheit, vor allem der Vater-Mutter-Kind-Welt, die Konzeption Adlers beachtet den Ausgleich von Organminderwertigkeiten, die Rolle des Leitbildes sowie den Einfluß der geschwisterlichen Situation, soziologische Betrachtungen zeigen den Einzelnen als Glied einer bestimmten Gesellschaftsordnung — dies und anderes zusammengenommen versorgt uns mit Anhaltspunkten für astrologische Entsprechungen. Jedoch den prinzipiellen Grundbau und Zusammenhalt gibt uns die Geburtskonstellation. Wenn wir den kürzeren Weg gehen, indem wir lediglich diese Konstellation berechnen und deuten, bleibt doch zu bedenken, daß die Auswirkungen der so ermessenen Struktur den Bedingungen unterliegen, die jene psychodiagnostischen Methoden rechtfertigen. Nur ist es etwas anderes, ob wir sie in den Vordergrund rücken und für allein berechtigt halten, oder ob wir uns eine wenigstens überschlägliche Kenntnis davon verschaffen: ohne solche Stichproben gelangt man ebensowenig, wie jene Verfahren ohne astrologische Kenntnisse zu den Anlagewurzeln vordringen, zur differenzierten Deutung.

Noch mehr trifft dies auf die zeitliche Abwicklung des Lebens zu. Gewisse Vorkommnisse können sich nur ereignen, wenn eine entsprechende Disposition dazu vorliegt. Dies geht die *determinative* Seite in der Astrologie an. „Disposition" meint dabei mehr als subjektive Anlage sowie ihr „zur Verfügung haben", meint zusätzlich objektive Umstände der Umwelt. Hier kommen soziologische Gesichtspunkte in Betracht, wofür die Psychodiagnostik wenig anderes als den verschwommenen Begriff der Sozialanpassung und die Sozialpsychologie nur typenmäßige oder behavioristische Einreihungen zur Verfügung hat. Im astrologischen Meßbild hingegen ist ein *Entworfensein auf Umwelt* enthalten, wenn auch nicht das wirklich vorhandene umweltliche Faktum. Mit dieser Einschränkung verstehen wir persönliches Schicksal als *Strukturzwang*, dies übertrifft, was sich aus Angepaßtheit oder verweigerter Einreihung ergibt.

An meinen früheren Büchern rügten manche Leser den „schwierigen Stil". Bekanntermaßen liegt es nicht immer am Autor, wenn ein Buch und ein Kopf zusammenstoßen. Der Grund vieler Komplizierungen besteht in der Kompliziertheit der Sache gegenüber vereinfachenden Anschauungen von ihr. Es gibt zweifellos verständlichere Bücher über Astrologie. Wenn man den Umfang menschlicher Problematik und die Vielfalt der Entsprechungen astrologischer Elemente nicht sieht, Aussagegrenzen mißachtet und nach fatalistischen Regeln munter losschreibt, findet man leicht seine Leser. Doch wer an solchen Büchern Genüge hat, stelle nicht diese Art von Verständlichkeit als Forderung einer Menschenkunde auf.

Anfängliche Schwierigkeiten sind unvermeidlich, wenn die Voraussetzungen einer neuen Blickweise verstanden werden sollen. Das Bemühen um Begriffe, die Schätzungsfehler ausmerzen, rollt das terminologische Problem auf. Astrologische Begriffe beziehen sich auf dieselben Sachverhalte, die aus verschiedenen psychologischen Schulen anders geläufig sind. Die astrologische Menschenkunde hat somit blickpunktbedingte Spezialisierungen zu überwinden, muß umfassender sein, ohne jedoch an Genauigkeit nachzustehen. Diese Aufgabe sieht die Vulgärastrologie überhaupt nicht; sie fährt fort mit unzulänglichen Aussagen über „Charakter", als ginge es um eine Ersatzpsychologie für den kleinen Mann. Schlimmer, wenn sie überlieferte Faustregeln in puncto „Schicksal" anwendet. Solche schematisierenden Verfahren schläfern die nötige kritische Beobachtung ein. Wollen wir Überzeugungen gedanklich rechtfertigen, so dürfen wir dem Meßbild nicht vorschreiben, es habe Auskunft zu geben in diesen und jenen Fragen, wie sie momentane Bedürfnisse, Standpunkte und Neugier aufwerfen. Wir müssen vielmehr von den Grundvoraussetzungen der Sache her erst *richtig fragen lernen.* In der Anwendung der Deutungstechnik, ausgerichtet in heutigem Geiste, lernen wir dann kennen, was sie leistet.

Bevor er an die Sache selbst herangeht, stellt sich dem Skeptiker die Frage:

Stimmt das Horoskop beim einen und beim anderen nicht?

Theorie und Praxis decken sich in der Antwort, daß das Horoskop stets zutreffende Auskünfte geben kann, solange wir nicht den Homunkulus in der Retorte erzeugt haben. Ein solches Loskommen vom kosmischen Eingeordnetsein müssen wir uns freilich offen halten, ebenso wie das Zersprengen des Erdballs, den Selbstmord der Menschheit durch Umweltsverschmutzung, gegenseitige Ausrottung durch Kriege und andere makabre Freiheiten.

Solange jedoch der Personenbestand der Menschheit auf natürlichem Wege erzeugt und geboren wird, geschieht es in Einklang mit kosmischen Perioden. Ich konnte noch keinen Fall ermitteln, der außerhalb stünde. Selbst eine Geburt durch Kaiserschnitt, scheinbar von willkürlichen Entschlüssen abhängig, enthält bestimmte Anzeichen dafür in der Konstellation dieses Augenblicks. Entsprechend der natürlichen Herausforderung durch einen krisenhaften Zustand der Mutter sind diese Anzeichen in der Mondstellung zu suchen, den operativen Akt betrifft die Marsstellung, den Lebenswillen der Sonnenstand usw., den Wesenkräften gemäß.

Allerdings fehlen hierüber noch Massenstatistiken, auch über künstlich durch Wehenmittel eingeleitete Geburten. Abgesehen von der Vielzahl in Betracht kommender Elemente darf die Bereitstellung von Unterlagen für solche Statistiken erst erwartet werden, nachdem an den sie vergebenden Stellen das noch herrschende Vorurteil überwunden wurde. Dann ist die Abgrenzung von der Zufälligkeit rechnerisch erreichbar. Ohne ein Urteil über die Sinnhaftigkeit abzugeben, sei bestätigt, daß Eingriffe des Menschen in den Naturlauf, die akosmische Zustände erreichen, möglich sind.

Die in der Wissenschaft übliche Leugnung von Tatsachen, wenn ein herrschendes System von Anschauungen geschützt werden soll, scheint mit der natürlichen Geburtenregelung durch Astrologie in der ČSSR einer vorurteilsfreieren Haltung gewichen zu sein. Leider sind uns die rechnerischen Methoden der Untersuchungen von Dr. Jonas und der Praktiken seines Instituts in Nitra, das 98% Erfüllung seiner Prognosen angibt, erst soweit zugänglich, um sagen zu können, daß es sich um einen die mütterliche Linie betreffenden Mondzyklus handelt. Dies stimmt überein mit der traditionellen Deutung des Mondsymbols sowie den Hypothesen der revidierten Astrologie, daß Lebensvorgänge eingebaut in kosmische Zyklen zu denken sind.

Ob etwas stimmt, ist die gröbere Fassung der Frage, *worin* es stimmt oder stimmen kann. Dies aber setzt voraus, daß wir wissen, welche Aussagen ein Horoskop überhaupt herzugeben möglich ist, abgesehen von abstrakten Betrachtungen müssen wir es *erfahren* haben. Zu solcher Erfahrung soll unser Buch verhelfen.

Beim Erscheinungsbild, das wir am Horoskop (Kosmogramm) überprüfen, ist zunächst der *Grad der Individualisierung* wichtig (vgl. Bd. I, S. 16). Wenigstens ein roher Überschlag soll uns sagen, wie stark sich vermutlich das individuelle Wesensgefüge durchprägt gegen den ethnischen Untergrund (Rasse, Volksstamm, Familie). Gerade beim hochindividualisierten Menschen wiederum spielen Einflüsse der Umwelt mit (Gesellschaftsordnung, geschichtliche Lage, Landschaft, Erziehung und Lebensweise). All dies kommt sowohl charakterlich als auch im persönlichen Schicksal zum Ausdruck. Schließlich aber formt der *selbstbestimmende Faktor* entscheidend an beidem, sei es infolge Durchstehens der angeborenen Problematik, sei es in der Nachwirkung von Versäumnissen. Außerdem gibt es kollektiv bedingte sowie Naturereignisse, die außerindividuell mitprägen; für derartige Außenwirkungen liegen im Kosmogramm nur „Verklammerungen" vor (vgl. Bd. I, Seite 40/41).

Betrifft also zwar das *Ereignis* den Einzelnen, so gilt als individuell determiniert nur die *Tendenz*, so oder so in die Kausalketten gerade laufender Geschehnisse hineingezogen zu werden. Zu Beginn der Wissenschaft sagte man: Gott bedient sich der Kausalität. Jedenfalls erweisen sich die Dinge im persönlichen Schicksal von Sinnbezug auf den Betroffenen, hier sprechen wir von Strukturzwang. Bei der kollektiven Wirklichkeit sehen wir mit Kepler die „irdischen Ursachen" bewirken, was aus den Tendenzen wird; ist hier Zündstoff gehäuft, dann „schlägt der Himmel die Trommel zu den Händeln, welche sonsten nach der Welt Lauf untern Händen schweben", denn „die Verhältnisse (Proportionen), die Schemata haben an sich noch keine Wirksamkeit".* In diesem Sinne wurde von „wenn-dann"-Aussagen gesprochen (Bd. I, S. 43). Bei Nichtbeachtung der Aussagegrenzen können Prognosen natürlich daneben treffen, obzwar die Tendenzen sich konstellationsgerecht aus-

* Vgl. H. A. Strauß und S. Strauß-Kloebe, „Die Astrologie des Johannes Kepler", R. Oldenbourg-Verlag 1926.

wirkten. Der Fehler liegt dann keineswegs im „nichtstimmenden Horoskop“ oder in falscher Berechnung, sondern im irrigen Gebrauch der Deutungsmittel.

Neben der Mahnung zur Vorsicht in Prognosen überhaupt sei in diesem Zusammenhang ins Auge gefaßt, *wem* etwas gesagt wird. Der tiefsitzende Glaube an ein Fatum, von den meisten nur aus dem Bewußtsein verdrängt, entstellt häufig die Aussage durch gezieltes Hinhören, das insgeheim eine Zensur ausübt und das Gesagte auf ein Erwartungsbild hin stilisiert. Erwartungsmäßig setzt sich dann anstelle der bekannt gegebenen Tendenz doch die Vorstellung eines konkreten Ereignisses fest. Der Klient bringt dadurch sich selber in eine Alternative: entweder, damit es stimmt, *Erfüllungszwang* (Bd. III, S. 530), oder *Enttäuschung*, wenn die eintreffende Situation anders ist als gedacht. Täuschenderweise kommen auch Treffer aus falschen Schlußfolgerungen vor. Nur relativ wenige Menschen können mit Prognosen etwas Ersprießliches anfangen, solche, bei denen das Bewußtsein einer *Lebensrhythmik* entwickelt ist und die aus Prognosen einen Beitrag zur Selbstüberwachung beziehen. Bei fatalistisch anfälligen Menschen jedoch, und das sind die meisten, wird der Vorausblick besser unterlassen. Für die Selbstprüfung ist außerdem die Metagnose meist wichtiger, indem sie zum Ausfindigmachen des Sinns vergangener Ereignisse verhilft.

Ein mehr technisches Problem ist die zeitlich verschobene Auslösung bei richtiger Deutung und richtig berechnetem Zeitpunkt: ein noch zu klärender Inhalt der Schicksalsforschung. Technisch betrifft dies das Ineinanderspielen verschiedener Zeitschlüssel. Hierüber sich hinwegsetzende vergröbernde „Faustregeln“, fatalistisch angewandt, haben trotz divinatorischer Begabung einzelner Astrologen viel Unheil gestiftet. Sie befriedigen den vulgären Wunsch, einen Blick in die Zukunft zu tun, schaffen das verfänglichste Warngebiet der Astrologie.

Sicherheit kann erreicht werden in der Charakterdeutung, wenn man sich immer wieder klar macht, daß das Kosmogramm nur ein Gefüge von *Anlagen* zeigt. Daraus entwickelte Eigenschaften sind genau genommen Fertigprodukte aus dem Zusammenwirken von Erbe, Umwelt und selbstbestimmendem Faktor auf der Grundlage dieses Gefüges. Daher muß stets seine Beziehung zum Familienerbe wie zur sozialen Ausgangslage und Umwelt überhaupt, vor allem die Selbstgestaltung des Charakters aus eigener Entschlußkraft studiert werden. Wer dies nicht in Rechnung setzt, kommt bei „stimmendem Horoskop“ zu irrigen Aussagen. Er liest dann die Partitur unzureichend und verfehlt den Geist der Komposition.

Die Komposition, das Wesensgefüge, lernen wir verstehen aus dem eigenartigen Verhältnis von:

Theorie und Praxis

Wohl oder übel geben wir täglich Urteile ab über Eigenschaften, Fähigkeiten, Motive der Mitmenschen. Erwünscht ist es dem Beurteilten, die Perspektive des Beurteilers abzuziehen, möglich durch eine *Lehre von den Bausteinen der Individualisierung*. Dies lehrt die revidierte Astrologie. In den ersten drei Bänden wurden die Deutungselemente abgehandelt und die Methode der Kombination vorgeführt. Jetzt gilt es, mit diesem Rüstzeug ausgestattet den Menschen in seinem Weh und Ach, seinem Glanz und Niedergang, kurz das lebende Modell zu begreifen. Für manchen schien das Bisherige etwas viel Theorie gewesen, Schwierigkeiten bereitet ihm der Einstieg in die Praxis. Um dem aufzuhelfen, verstehe er, daß beides in jedem Punkte ineinandergreift.

Theoretische Entscheidungen haben praktische Folgerungen und Praxis wird geordnet durch Theorie. Als Adler sich von Freud abwandte, war es nicht nur ein Übergang von der kausalen zur finalen Methode, sondern die Erklärungsweise vollzog eine Wendung vom passiven Erleiden der Vater-Mutter-Problematik zur aktiven Bewährung in der sozialen Umwelt. Mit demgemäßer Behandlung konnte Adler anderen Patienten helfen als Freud. Die astrologische Menschenkunde zeigt, daß man stärker zum einen oder anderen veranlagt sein kann, daß der Charakter sowohl durch Vergangenheit geprägt als auch auf Zukunft hin arrangiert, doch lediglich *vorwiegend* im Grundbau das eine oder andere ist. Sie faßt beide Betrachtungsarten und Heilweisen zusammen, je nach vorfindlicher Anlagestruktur eingesetzt.

Im Studentenjargon lautet ein Spruch: nichts ist praktischer als eine gute Theorie. Meint man nicht nur die Nützlichkeit für Prüfungen und dergleichen, so berührt dies eine wichtige Seite des Ineinandergreifens, nämlich die Ableitbarkeit konkreter Erscheinungen aus Prinzipien. So steht es bei der Astrologie im Verhältnis von Symbol zu Entsprechung. Jenes ist die Wurzel aller Aussagen. Wer daher die Theorie der astrologischen Symbolik begriffen hat und sich über die Aussagegrenzen klar ist, wird mit einigen Anhaltspunkten jenseits dieser Grenzen relativ leicht die konkrete Erscheinung verstehen. Er lernt, das Meßbild richtig zu deuten, sofern ihm Niveau und Lebensumstände wenigstens in Stichworten bekannt sind. Unerläßlich ist Intuition, darüber hinweg wird es zur Sache logischer Schlußfolgerung, die Einzelheit zu treffen. Natürlich muß Denken überhaupt zur schlußfolgernden Aneinanderreihung von Urteilen gediehen, also über das primitive „schwarz oder weiß" hinausgelangt sein.

Theoretische Bestimmungsstücke werden mithin für die praktische Abwandlung der Grundbegriffe gebraucht. Beispielsweise finden wir in Bd. II, im Kapitel „Einzeldarstellungen" (der Tierkreiszeichen) stets eine Rubrik für *Ausdruck*. Die Allgemeinaussage über Tierkreis ist darin auf ein bestimmtes Zeichen spezifiziert. Sagen wir nun „Ausdruck" in Hinsicht auf eine lebende Person, so umschreiben wir gewöhnlich etwas Komplexes, in das verschiedene Lebensmomente eingegangen sind. Dies wandelt ab, was jene Rubrik zur Untermalung des Verhaltens gemäß einem Zeichen sagt. In der Praxis mischen sich nicht nur mehrere Zeichen, sondern die Ausdrucksqualität jedes einzelnen Zeichens wird abgewandelt gemäß seinen theoretischen Bestimmungsstücken. Deren Lage im Meßbild und die Rolle der Person im Leben müssen wir mitkombinieren. Da ist zunächst der planetarische Dispositor, der „Herr“ des Zeichens, sein Standort, seine Aspektierung. Ferner kommt der erdhafte, feurige, wässerige oder luftige Elementarcharakter des Zeichens und damit das Temperament in Betracht, die Bedeutung der entsprechenden Seinsebene. Bei der Verwirklichung dieser Anlagen spielen allerlei Umstände, Finanzlage der Eltern, Vorhandensein von Geschwistern, Schulungsgelegenheit usw. mit, andrerseits „tätige oder leidende Form“. Mancher wird durch die Umstände herausgefordert zu etwas, wofür er anlagemäßig nicht paßt, dies wirkt auf die Ausdrucksweise des Zeichens zurück, entwickelt bestimmte Sonderzüge (Verteidigungs- und Krampfhaltungen, Forcierung, Mimikry usw.). Auch das Wirken und Werden entsprechend der Dreiheit von kardinal, fix und labil steht zum Ausdruck in Beziehung sowie begünstigende oder einschränkende Bedingungen in Ausbildung, Beruf, Ehe usw. Schließlich spielen die Lebens- und Wertdimensionen der Quadranten mit, ihre kollektive Gestaltung und der geschichtliche Augenblick, der dies oder jenes in den Vordergrund bringt, anderes zurücksetzt.

All dies trägt zum effektiven Ausdruck bei, wenn auch der zusammenfassende Zeichencharakter immer durchschlägt. Berücksichtigen wir diese Unterschiede an Hand der genannten theoretischen Momente, welche den Ausdruck nach verschiedenen Einflußsphären aufteilen, so entgehen wir der schematischen Auslegung. Das in der Rubrik für „Ausdruck“ gegebene Verhaltensschema variiert also nach gewissen Punkten, durch welche wir eine lebensnähere Aussage bekommen. Durch theoretisches Vorgehen gelangen wir zur abgewandelten Praxis. Umgekehrt fördert die Beobachtungspraxis, der Vergleich mit dem lebenden Modell, die Weiterbildung der Theorie und merzt Denkfehler aus.

Nun verlangt der Grundsatz der fortgeschrittenen Deutung, daß keine Einzelaussage ohne Beurteilung des Ganzen abzugeben sei. Hier beginnt die Deutung als Kunst. Sie betrachtet Einzelheiten in ihrem *Stellenwert* und berücksichtigt die *Rückwirkung des Ganzen auf das Einzelne.* Solcher Gesamtschau muß allerdings genaue Einzeldeutung vorausgegangen sein, damit schreiten wir fort und erreichen mehr als einen skizzenhaften Überblick. Zur Übung sei freilich auch das „Skizzieren" empfohlen, wofür die Aufzeichnung des Aspektgerüsts eine wesentliche Hilfe bietet.

Erneut stellt sich die Frage: wie und wodurch kommt der Ausdruck zustande? Im fortgeschrittenen Stadium, aus der Gesamtschau geben wir die Antwort: durch Verarbeitung von Reizen der Umwelt und reaktives Eingehen darauf. Hatten wir zwar das Verhaltensschema schon im Zeichen, ferner seine Abwandlung durch dessen Aufgliederung erkannt, so spricht im Ganzen betrachtet die *Reizempfänglichkeit* und *Aktionsbereitschaft* überhaupt mit. Hierfür ist das Verhältnis der Wesenskräfte „Venus" und „Mars" sowie „Mond" und „Sonne" ausschlaggebend, variiert durch das Geschlecht. Saturndissonanzen können dem jedoch eine Gehemmtheit, Verhaltenheit aufzwingen, Merkuraspekte Begrifflichkeit, Rationalisierung hinzugeben, demgegenüber Jupiteraspekte das sinnsuchende Verlangen expansiv, projektionsfreudig erwecken, zu schweigen von transsaturnischen Planeten. Wir müssen mit anderen Worten die Spiegelung der Gesamtproblematik im Ausdruck abschätzen.

Genau besehen steckt aber hierin, woraus sich die Rubrik „Untertypus" rekrutiert, *Selbsterworbenes.* Sind wir auf die beschriebene Weise vorgedrungen zur differenzierten Deutung, so bekommen wir mit den Zwangsläufigkeiten der Struktur auch den Blick für das Undeterminierte, den *selbstbestimmenden Faktor.* Aus ihm ergeben sich diejenigen Abwandlungen, die wir als Hebung und Senkung des Niveaus bezeichnen, erlangt in stets einmaligen Situationen der Entscheidungswahl. Nur Verhaltensmuster, typenhafte Handlungsweisen enthält die Struktur, der spezifische Lebensentscheid ist nicht vorbestimmt. Dieser modus vivendi bringt die Menschheit weiter, ihn zu unterstützen fördert die Entwicklung zu Höherem: der eigentliche Sinn der

Deutung. Eine daraufhin abgefaßte Aussage läßt die Wahl offen für den individuell erreichbaren Wandel der Entsprechungen innerhalb des Gleichbleibenden.

Abwandlung, Entwicklung — dies verlangt noch ein Wort über das Thema:

Entsprechungen

Einer der wichtigsten Kunstgriffe in der Deutung eines Kosmogramms besteht im Auffinden der zutreffenden Entsprechungen für die Glieder der individuellen Struktur. Wir können dazu auch Analogien, Korrespondenzen sagen, zu definieren ist hier weniger als zu verstehen, inwiefern Prinzip und Konkretum aufeinander bezogen sind. Es gilt aufzusuchen, was dem Gleichbleibenden eines Menschen in der jeweiligen Lebenslage gemäß sei. Behauptet wird damit, daß es Grundausrichtungen, Prinzipien des Verhaltens gibt, die in jeder Lebenslage und ungeachtet der darin bedingten Verschiedenheit der Entscheidung auf analoge Weise sich äußern. Das, *woran* und *worin* sie sich äußern, macht den Gehalt disponibler Entsprechungen aus. Außerdem sind uns solche des Gestaltbaues, der Physiognomie ins Leben mitgegeben. So oder so ist die Entsprechung etwas konkret zur Erscheinung Gelangendes, das eine bestimmte *Bedeutung* aus dem Prinzip empfängt, zu dessen Verwirklichung sie nötig ist.

Was als Entsprechung benannt werden kann, fällt somit heraus aus der gewohnten stückweisen Betrachtung von Gegenständen, deren Verbindung nur in mechanischen Naturgesetzen gesehen wird. Jedoch die zugemessene Bedeutung, von der wir reden, ist wiederum nichts rein Ideelles, sondern ein *Lebenserfordernis.* Es sind ja Lebensstrukturen, die sich verwirklichen, und damit jedes ihrer Prinzipien zur Geltung komme, braucht es eben Dinge oder formale Elemente, die seiner inneren Natur gemäß sind, vorgefunden in der jeweiligen Lebenslage bzw. diese daraufhin gewählt.

Je näher wir den Erscheinungen kommen, in die Flexibilität des Lebens geratend, umso mehr müssen wir die großen Zuordnungen unterteilen. Im II. Bd. (S. 162/63) wurden z. B. die Werkelemente der Künste für Musik, Malerei und Plastik gebracht. Hiermit sind stilistische, also formale Elemente angeführt, welche den Tierkreisprinzipien entsprechen. Das heißt natürlich nicht, daß jeder Künstler sich seiner Geburtskonstellation gemäß in der betreffenden Weise äußert, obzwar dies bei *wesensechter* Äußerung bevorzugt gilt; es gibt aber auch Nachahmung, Anähnlichung künstlerischer Gestaltungen sowie den kollektiven Stil der Epoche, des Kulturkreises. Da es *Gestaltungsweisen* sind, keine Verhaltensmechanismen, liegt ein weniger eng-notwendiges Vorbestimmtsein zu Grunde. Die Freiheit hat darin größeren Spielraum, es ist nicht dieselbe Übereinstimmung zu erwarten wie zwischen Geburtsbild und leiblicher Physiognomie.

Hier zweigen nun besondere Entsprechungsreihen ab, zu verstehen in der Lockerheit des Lebensvollzugs (praktisch spielen dabei Voreingenommenheiten, fremde Einflüsse und Zufälle mit). Die Musik etwa verwirklicht sich instrumental und der ausübende Musiker neigt seiner Wesensart nach zu bestimmten Instrumenten. Unter den heute üblichen Instrumenten gilt vorzugsweise die Beziehung: ♈ = Holzbläser, besonders Oboe, ♉ = Blechbläser, gestopfte Trompeten, ♊ = Schlagzeug, Xylophon, Triangel, ♋ = Harfe, Laute und andere Zupfinstrumente, ♌ = Klavier, ♍ = Cembalo, Harmonika, Glasharfe, ♎ = Streicherensemble, ♏ = Trommel, Ratschen, Rasseln, ♐ = Orgel, ♑ = Pauke, Contrabaß, ♒ = Silber- und Bambusflöte, Saxofon, ♓ = Äolsharfe, menschliche Stimme. Cum grano salis zu verstehen, kombiniert sich dies im individuellen Falle; der Sologeiger etwa hat einiges vom ♐-Prinzip nötig, zur Fingerfertigkeit braucht er ♊ oder ♍, zum singenden Geigenton kommt das ♓-Prinzip in Betracht usw. Die beim letzteren unter die Instrumente eingereihte menschliche Stimme meint organisch sensibilisierte, dezente und gleichsam aus dem Unendlichen herkommende Klangfarbe, die auch auf verschiedenen Instrumenten praktiziert werden kann. Die üblichen Gesangsfächer finden wir anlagemäßig vor allem in den fixen Zeichen betont; ♉ = lyrischer Tenor, ♌ = Koloratur, ♏ = Hochdramatische, ♒ = Kirchengesang oder Tingeltangel.

Ob künstlerische Anlagen überhaupt vorhanden sind, ist Sache des Familienerbes, darin gilt auch für die Entsprechungen „wenn — dann". Doch unabhängig vom künstlerischen Wert sind die so zugeordneten Werkelemente anwendbar für den *therapeutischen* Wert von Beschäftigungen; der psychisch vielleicht verklemmte Ausdruck kann damit von intellektuell unbewachter Seite aus gelöst werden. Gerade der Tierkreis als Qualitäten-Ordnung bietet in seinen Entsprechungen ein Betätigungsfeld für unbewußte Korrekturen. In den Planetenentsprechungen zeigt sich Venus beteiligt an geschmacksmäßigen Hervorbringungen überhaupt, zur Musik insbesondere tendiert Neptun, Saturn hat außer seinen sachlichen, materialhaften Bezügen solche zu Plastik und Baukunst, Sonne gibt dem Augenmenschen einen Vorrang in der Malerei, ins Literarische geht Merkur, während Mars und Uranus mehr technische Ambitionen haben, Mond und Jupiter die Gesamtstimmung und kulturelle Einordnung der Tätigkeit betreffen. So ist jede Konstellation gleichsam überzogen mit einem Netz von Entsprechungen, die latente Möglichkeiten darstellen; Andeutungen über Berufseignungen finden sich in Bd. II unter „Einzeldarstellungen".

Als Materialisation auf der Grundlage der Erbverfassung gelten die *gesundheitlichen* Entsprechungen. Die Organzuweisungen zeigen eine enge Wechselwirkung zwischen Planetensymbolen und Tierkreissymbolen, wir verstehen sie aus einer Gesamtschau der Körperfunktionen.* Analytische Aspekte zeigen die anfälligen Stellen an, bis zu einer zusammenfassenden Konstitutionslehre sind aber noch viel Untersuchungen nötig. Natürlich haben Ernäh-

* Eine Anbahnung wurde versucht in meiner Schrift „Tierkreis und menschlicher Organismus", Ebertin Verlag, 3. Aufl., Freiburg im Breisgau 1979.

rung, Arbeits- und Wohnbedingungen, Atem, Schlaf usw. großen Einfluß auf Verhütung oder Herausbildung der Erkrankungen, abgesehen von Ansteckungskrankheiten, für welche das Meßbild gewisse Dispositionen enthält (vor allem die sog. wässerigen Zeichen, die auch für psychogene Erkrankungen im Vorrang stehen). Die Verwirklichung von Störtendenzen wird vorwiegend aus dem Felderkreis beurteilt. Die astrologische Tradition sieht hier einseitig als „Krankheitshaus" nur das 6.; es betrifft, beeinflußbar aber durch Lebensweise und Körperübung, die Organarbeit und ihre Störungen. Den definitiven Abbau der „Arbeitsmaschine" sehn wir im 8. Feld (traditionell „Todeshaus"), aber auch schon die Abnutzung durch schädliche Einwirkungen von außen, dispositionell eine hochgradige Ansprechbarkeit auf die Umweltsatmosphäre. Demgegenüber im 2. Feld finden wir Assimilations- und Aufbaustörungen, es geht hier um den Umsatz zugeführter Stoffe. Dem 6. Feld gegenüber im 12. geht es um Erkrankungen von Massencharakter, Seuchen, Auswirkungen kollektiver Mißstände auf den Einzelnen. Von den übrigen gerade bezifferten Feldern gilt das 4. für Erb- und Lokalkrankheiten (Bodenemanation), das 10. für Berufskrankheiten, im öffentlichen Dienst erlittene Schäden. Unter den ungerade bezifferten Feldern zählt außer dem 7. (gegnerische Aggression) normalerweise nur das 1. für Schäden, die zum physiognomischen Gepräge gehören (Deformation) und Besonderheiten der Leibeskonstitution.

In den Entsprechungen liegt das spezifisch Ausbaufähige der Deutungstechnik. Wer an der Erfahrung am lebenden Modell fortschreitet und neue Züge entdeckt, verifiziert die gemachte Beobachtung am besten so, daß er sich in gleicher Hinsicht, in Abwandlung des gleichen Gebiets, ein *Zweigsystem des Ganzen* hinzu erwirbt (wie an den Musikinstrumenten vorgeführt). Er geht dann nicht nur durch Verbuchen von Zufälligkeiten vorwärts; auch die differenzierende Entwicklung des Menschen überhaupt folgt einem *Auszweigungsgesetz mit Beibehalten der Grundordnung.* Dasselbe gilt für das, was wir psychologisch *Sublimierung* nennen, wenn es eine echte ist, nämlich die Übersetzung eines Begehrens auf eine höhere Ebene, kein Ausweichen in bloße Anpassung oder in den „Ersatz“, in eine minderwertige Kompensation.

Wie unser Leben bewegt sich die gesamte Deutung in Entsprechungen. Jede Wesenskraft kleidet sich gegenständlich, seelisch oder ideell ein. Die Bedeutungshaftigkeit eines Lebens zeigt sich daran, daß im Umgehen mit konkreten Dingen aufleuchtet, welcher Platz ihnen im individuellen Dasein gegeben wird. Veranschaulichen wir uns dies analog dem Mondstand und seinem Zeichen, aus Gemütsstimmungen in schlichtester Entsprechungsform. Die Seele würde verhungern, wenn etwa das absichtslose Naturerleben, wie es KREBS in der Intimbetrachtung, FISCHE in der Weite schimmernder Horizonte sucht, nicht zur Geltung käme, wenn das Hegen, Pflegen und Wachsenlassen geborener Blumenliebhaber, wie man sie unter STIER findet, ausbliebe oder unterbunden würde, ebenso wie die für SCHÜTZE nötige exzessive Bewegung in gefährlichen Lagen, die ein erhöhtes Selbstgefühl verschafft, das mutwillige Umhertollen, worin LÖWE unbekümmerten Kindern gleicht, die Anerkennung ernster Realziele, in welche STEINBOCK seinen Ehrgeiz legt, bei JUNGFRAU wiederum verfeinert und methodisiert, sozusagen ins unendlich Kleine gerichtet, oder bei WAAGE auch in sachlichen Verrichtungen ein wenig in die Sphäre des Konzerts und Theaters gehoben. Wie damit angedeutet, hat jedes Zeichen sein eigenes Erlebnisklima, dem andere Fähigkeiten und Interessen gemäß sind. Analog der Mondstellung ernährt sich hiervon das Gemüt. Die Dinge können auswechseln, wenn sie nur das entsprechende Klima herstellen. In den Marszeichen WIDDER und SKORPION etwa verlangt man geradezu Steine auf dem Weg, um seine Energie daran abzuwetzen oder sich aufzuregen, die Hingabe an das Leben verzagt nicht, wenn es Knüppel zwischen die Beine wirft. Das ist anders als bei ZWILLINGE, wo man ein Loch zum Durchschlüpfen oder die Flanke, die elegant umgangen werden kann, zum Intelligenzbeweis braucht. Anders auch als bei WASSERMANN, wo die Seele alles erträgt, was im Grundsatz und System seiner Notwendigkeit einsichtig wird.

Das innere Kräftespiel manifestiert sich in Entsprechungen. Kommt es bei Mond auf das gefühlsmäßige Anleuchten von Bedeutungen an, so bei Sonne auf eigenwilliges Hervorleuchten der Entschlußkraft, einsetzend in dem mit WIDDER beginnenden Sonnenkreis. Durch Widerstände, durch Reibung leuchten wir auf wie eine Sternschnuppe, die ebenso ungesehen durchs All ziehen könnte. Der menschliche Auftrag heißt: in seelischer, willensmäßiger und geistiger Bedeutung zu leuchten. Materielle Reibungslosigkeit kann nicht zum Sinn unserer Inkarnation gehören.

Im folgenden verlassen wir die Beschreibung der Deutungselemente als solche und untersuchen Beispiele typisch wiederkehrender Probleme, die sich aus dem Leben stellen. Wenn ich bei den Erläuterungen öfter auf die vulgäre Astrologie hinweise, so nicht aus überflüssiger und billiger Polemik, sondern weil eine revidierte Astrologie den Unterschied gerade in denjenigen Punkten betonen muß, an denen eingesessene Denkgewohnheiten die Sachlage verwirren.

MÄNGEL, FEHLHALTUNGEN

Ich beginne mit Erscheinungen, die wir gemeinhin als Entgleisungen betrachten, weil etwas mangelt oder fehl geht. Liegen zwar auch in diesen Fällen unkündbare Grundbedürfnisse vor, so wurden sie doch ungenügend oder übertrieben erfüllt. Auf solche Art schaden sie dem organischen Ganzen. Wie erkennen wir derartige Erscheinungen im Horoskop? Was wäre zu tun richtig, wo ist zu dämpfen und wo aufzumuntern, wo einzudämmen und wo zu ergänzen?

Wer Grundbedürfnisse nennt, nimmt einen Sinn an, den die betreffende Äußerung nur verfehlt, von dem sie abfällt. Was einem Grundbedürfnis entspringt, ist nie ganz sinnlos, es enthält vielleicht einen verdrehten Sinn. Darum haben auch Fehler im Persönlichkeits-Aufbau ihren Sinn, doch wurde das angestrebte Ziel verfehlt, wir gerieten vielleicht auf sonst richtigem Wege in eine Sackgasse oder es stauten sich Abfälle seiner Verwirklichung an. Es war ein Irrgang oder vom Material, das zum Persönlichkeits-Aufbau nötig war, blieb etwas übrig. Auch Abfälle haben es in sich. Während andere Sprachen etwa mit „déchets" oder „refuses", „scrops", „slops", „shreds", „waste", „trash" mehr in Betracht stellen, was ein Mensch aus irgendeinem subjektiven Grunde wegwirft, meint unser synonymes Wort „Abfälle" genau erfaßt etwas beim Zustandekommen sinnvollen Geschehens (nicht unbedingt einer menschlichen Tätigkeit) objektiv Überflüssiges, unverwertbare Reste.* Aus dem entstandenen Mißbehagen an den Folgen, aus Unzufriedenheit, heraufbeschworenen Gefahren, dem Gefühl des Sinnlosen können wir erkennen, was wir verkehrt machten und wovon wir abzurücken haben. Indem wir die Äußerung auf das richtige Maß bringen, geben wir der Handlung ihren Sinn zurück.

* Allerdings entwickeln wir uns immer mehr zu einer Verbraucher-, das heißt Wegwerfegesellschaft, mit der Haltung, den Sinn der Dinge nicht mehr so wichtig zu nehmen. Gleichlaufend mit diesem Prozeß wird sich der hintergründige Beiklang im Worte „Abfall verlieren.

Als Bezeichnung für Abweichungen vom gesunden Zusammenwirken der Kräfte sind die Überschriften der folgenden Kapitel zu verstehen. Wir kennzeichnen damit Entgleisungen unter der mannigfachen Ausformung weniger Prinzipien, Entsprechungen von Symbolen aber, deren sinnvoller Einbau in das Ganze andere Entsprechungen verlangen würde. Die Entdeckung des ursächlichen Prinzips enthält die Lösung, die wir finden müssen, wenn wir die Erscheinung, aber nicht den Grund verneinen. Die Kunst der beratenden Deutung besteht darin, aus den vorgefundenen Entsprechungen die Entwicklungshöhe des Klienten festzustellen, um die nächsthöheren Entsprechungen derselben Symbole vorzuschlagen. So helfen wir ihm in seiner Entwicklung weiter. Zwar soll astrologische Menschenkunde hauptsächlich feststellen und kombinieren. Wer aber nur Angeborenes feststellt, bestärkt das Bestehende und hilft leicht eingetretener Stagnation. Der Mensch ist ein zeitlich gerichtetes, sich entwickelndes Wesen. Wer beraten und somit entwickelnd in den Menschen eingreifen will, muß sich daher um die Kenntnisse und Praktiken der modernen Seelenführung kümmern; nach deren Studium versteht er erst richtig die eigentümliche Art von Psychotherapie, die möglich ist, wenn wir das Kosmogramm zugrundelegen können. Nur darf kein vorgestelltes „Soll", keine forderungshafte Ideologie, die Bestandsaufnahme verfälschen.

Bei den Störungen, welche durch Mängel und Fehlhaltungen hervorgerufen werden, begegnen wir auch Vorgängen, die heute unter dem Begriff der Neurose eine umfangreiche Literatur füllen (zum Teil das Verhältnis umkehrend: Störung als Folge von provozierten Fehlgriffen, der Mensch nicht Urheber, sondern Opfer). Ein Kongreß von Psychoanalytikern, der über das Thema „Aggression" oder „Angst" tagt, wird weitaus mehr dazugehörige Erscheinungen diskutieren als hier gebracht werden. Doch beabsichtige ich keine teilheitliche Begriffsanalyse, ebensowenig eine Gegenüberstellung der verschiedenen Schulmeinungen, sondern lediglich die Einordnung des Wichtigsten unter astrologische Deutungsbegriffe. Wenn schon von Neurose gehandelt wird, liegt der Schwerpunkt in dem, was wir Charakterneurose nennen (fehlerhafte Reaktion auf Lebensforderungen zum Unterschied vom schwereren Fall charakterogener Kernneurose: Konflikt mit krankhaften Störungen des Charakterkerns).

Anders als alle Methoden der empirischen Charakterdiagnose (die uns fördern können, doch mit ihrer Terminologie uns auf dem eingeschlagenen Wege nicht beirren dürfen) geht die Astrologie vom *angeborenen Wesensgefüge* aus. Wir sehen in den genannten Störungen ein Heraustreten einzelner Wesenskräfte aus dem Zusammenhang. Dieses Selbständigwerden des Teils kommt nicht ohne Versagen des selbstbestimmenden Faktors zustande, es liegt darin beginnende Zersetzung. Die Kräfte wirken sich dann in inferioren (minderwertigen) Entsprechungen aus oder es ergeben sich Irritationen, sozusagen ein zielloses Umherschlenkern zwischen zusammenhanglosen Dingen. Manchmal täuscht einseitige Überzüchtung anderer, gesund oder dringlicher erscheinender Anlagen darüber, daß die fraglichen Kräfte sich nicht auf der Höhe ihrer Bestimmung im Ganzen und nicht dem individuellen Stellenwert gemäß äußern. All dies geschieht oft unabhängig vom „guten Willen". Affektiv Aufgewirbeltes ist mit einer Ausdrucksenergie antreibender Vorstellungen bepackt, das heißt einer Bedeutung beladen, die ihrem Rang nicht zukommt . Derartiges betrachten wir als fehlgeleitete Auswirkung einer Ur-Aggression (Mars), Ur-Angst (Saturn) usw., die im Wesensgrunde aller Menschen liegen. Für die Spezifizierung treten *zusätzliche* Ursachen hinzu. Diese fallen vorwiegend in den Bereich tiefenpsychologischer Untersuchungen, wir schreiben ihnen aber nicht den *Entstehungsgrund* der Störungen zu. Deshalb genügt es meist, auf Querverbindungen hinzuweisen.

In den vergleichenden Beobachtungen astrologischer Art treten anlagemäßige Kräftespannungen hervor, affektiv und emotional dargelebt zu Konflikten führend. Um eine neurotische Form anzunehmen, ist insbesondere eine Affizierbarkeit der im gesunden Zustande intakten geistigen

Ökonomie erforderlich (Merkur = Denkvollzüge mit Anwendung auf praktische Aufgaben des Lebens). Doch liegen darin nur anlagemäßige *Voraussetzungen*, nicht unvermeidliche *Zwangswirkungen*, wonach sich eine Neurose herausbilden *müßte*. Die Verantwortung für sich und die Selbststeuerung nimmt uns keine Konstellation ab.

Astrologische Menschenkunde ist eine merkwürdige Sache, da sie mit Hilfe der Psychologie (die psychische Wirkungsweise ihrer Elemente erhellend) aus dem Psychologismus herausführt. Sie bleibt nämlich nicht stehen bei der Erklärung innerer Vorgänge, wie sie eine beliebige Psychologie abgeben könnte, sondern ergreift des Menschen anlagemäßiges *Sobeschaffensein* (Charakter) in Einheit mit seinem *Sobeschiedensein* (Schicksal). Über diese Determinationen hinweg den disponiblen Teil der Kräfte beachtend, weist sie ferner darauf hin, *wie man in einer bestimmten Lage das Disponible zur Verfügung bekommt und damit die Entwicklung weiter treibt.* Statt allgemeiner Ratschläge lehrt sie, den verändernden Hebel gefügemäßig richtig anzusetzen. Eine so gehandhabte Astrologie verlangt allerdings nicht nur Aufmerken auf vordergründige Einflüsse und Verhaltensmotive, man muß vielmehr Strukturen des Eingepaßtseins in den Welthintergrund durchdenken lernen.

Unumgängliche Bedingung hierfür ist, den Unterschied im Urteil der revidierten Astrologie gegenüber psychologischen Urteilsformen und denen der traditionellen Astrologie begriffen zu haben. Die älteren psychologischen Systeme beruhten großenteils auf einer Verteilung von Grundbegriffen *stationärer* Art, was sich in der Charakterbeurteilung als eine gewisse Starrheit von zugemessenen Eigenschaften geltend machte. Dementgegen suchten die tiefenpsychologischen Methoden den Hergang aus Prämissen zu verstehen, die auch außen liegen konnten. Sie leiteten die Erscheinungen von solchen als Ursachen ab, entdeckten Symptome daraus hervorgehender Erkrankungen; auf diese Weise kamen sie zur *dynamischen* Betrachtung des Charakters mit entwickelbaren Eigenschaften. Auch jede sonstige, Person und Umwelt verbindende, dynamische Psychologie wird Entstehen und Vergehen in Betracht stellen, macht Charakteränderung, Heilung von Krankheiten, Fortentwicklung möglich.

Die alte Astrologie nun dachte nicht nur an feststehende Bauformen des Charakters, demgemäß starre Eigenschaften, sondern betrachtete ebenso den Ablauf des Menschenlebens im Grunde stationär, sah Ereignisse im Schicksal fertig vorbestimmt. Das Horoskop war für sie ein Bild stationärer Geschlossenheit. Die revidierte Astrologie behält zwar eine geschlossene Systematik bei für das *Anlagengefüge*, versteht dies aber als *lebende* Struktur, insofern Anlagen sich erst zu Eigenschaften *entwickeln*, wobei Faktoren jenseits der astrologischen Aussagegrenze eine *mitgestaltende* Bedeutung haben. Hiermit erreichen wir eine Synthese stationärer wie dynamischer Urteilsformen.

Schon Goethes orphische Urworte legen eine solche Auffassung nahe. Gerade am „Gesetz wonach du angetreten", der „geprägten Form", verstehen wir durch kontrollierende Beobachtung, was „lebend sich entwickelt". Hierbei sind Erscheinungen anzutreffen, die man nach einem psychologischen System so oder so als erklärlich einreihen würde, in denen wir jedoch verglichen mit dem horoskopischen Entwurf eine Fehlentwicklung sehen. Die *Zurückführung auf das angeborene Maß* weicht dann mitunter ab von klinischen Methoden aus einer verallgemeinernden Theorie nach der Gleichung Mensch = Mensch. Eine Menschenbeurteilung wäre wiederum unvollständig, wenn wir nicht das *Ineinanderspielen von Anlage und Erwerbung* berücksichtigen würden. Dies geht das Eingreifen des selbstbestimmenden Faktors an, die Freiheit auch zum freiwilligen Untergang. Häufig entschlüpft das Einsehen dessen, was für gesunden Charakteraufbau *notwendig* sei, den Ratschlägen, von eingewöhnten Übelständen abzulassen. Sich selber tut keiner gern weh. Erst wenn wir persönliches Schicksal in Einheit mit dem Charakter als *Strukturzwang* verstehen und zugleich die *disponiblen Kräfte* erkennen, welche mit den Entsprechungen auch die Lage ändern können, entheben wir uns mancher niederziehender Determinationen.

Die revidierte Astrologie führt zu lebensfördernden Grunderfahrungen. Der Schlüssel zur Lösung aller Probleme liegt in diesen selbst, wenn wir sie aus dem Kosmogramm verstehen, das heißt, ihr mit unserem Wesen verbundenes Prinzip begreifen. Äußerlich läuft das Leben in Entsprechungen ab. Es kommt nicht darauf an, Konflikte möglichst schnell aus dem Wege zu räumen, sondern sie an der charakterlichen Wurzel zu packen. Auch Unglück und Krankheit können eine heilsame Bedeutung haben, indem sie zu Bausteinen der Fortentwicklung werden. Angeborenes Wesensgefüge, das besagt: bestimmte Fragen an die Welt, Aufgabe und Sinn im Dasein haben wir schon grundsätzlich mitbekommen. Was uns akut beschäftigt, ist ihre existentielle Einkleidung. Darin steht das Sinnliche, stehen die empirischen Tatsachen naturgemäß im Vordergrund, doch Tiefe und Hintergründigkeit, Ziele sensiblerer Sehnsüchte, erschließen sich aus dem Bezug der Existenz zum Wesen. Wir ermitteln es aus dem Kosmogramm als der Strukturformel, existentiell zu bestehen. Werden uns die Dinge fragwürdig und rätselhaft, so empfinden wir ihre vertretende Rolle als Einkleidung und Entsprechung wesenhafter Bedeutungsgewichte. Begreifen wir dies am Kosmogramm und was es ausdrückt als Entwurf unserer Existenz, dann wird der Sternhimmel zum Richtscheit, wesenhaft zu existieren.

Wenn meine Änderungsvorschläge mitunter moralisch klingen, so entspringen sie doch keiner ideologisch gemeinverbindlich festgelegten Norm und Regel, sondern betreffen die *Sozialtauglichkeit der individuellen Selbstverwirklichung*. Wir werden im Leben genugsam überzeugt von der Unwirksamkeit moralischer Maximen, die nicht aus eigener Erfahrung und durch Anspruch an sich selbst entdeckt wurden, sofern nicht aus sich wenigstens eine Bereitschaft zur Annahme hervorging. Meist sind es freilich schmerzliche Erfahrungen und durch Demütigung herausgeforderte Anpassung. Wer die gebrachten Vorschläge als für sich unpassend ablehnt, wird aus der Umweltslage und Eigenstruktur vielleicht zutreffendere Modulationen finden. Ich versuche jedenfalls, die Tatsachen ohne die meist mitgegebenen moralischen Wertungen, das standpunkthafte gut und schlecht, sehen zu lehren. Eine Konflikte lösende Wandlung leitet sich nach meiner Ansicht schon durch die Beschäftigung mit der Astrologie ein, indem wir erfahren, daß die Menschen nicht willkürlich, in zufälligen Zeitpunkten erzeugt und geboren werden, sondern diese anscheinende Beliebigkeit Halt macht vor übergreifenden Gesetzen. Das Einzelleben und seine Dialektik in das große Leben eingefügt zu sehen, läßt manche persönliche Eitelkeiten ablegen.*

An den vorgeführten Beispielen (der erläuternde Text sieht natürlich ab vom allzu Privaten) wird sich zeigen, daß die Ordnung der Deutungselemente keine abstrakte und hineingetragene Theorie ist. Sie bildet vielmehr die Grundlage, die uns den Sinnzusammenhang der Wirklichkeit begreifen läßt. Hat man die Symbolik der „Planeten" und die Ableitung der „kreisläufigen Systeme" sowie ihre formale Übereinstimmung mit dem „Aspektkreis" begriffen, so wird dies von Nutzen sein für eine Heuristik (Kunst, zu finden) beim Aufsuchen der Entsprechungen. Die Dinge werden dann greifbar aus den Ordnungszeichen, welche Vorgänge und Sachverhalte zusammenschließen.

Die Seitenhinweise betreffen, wenn nicht anders ver-

* Es gibt immer noch philosophische Wörterbücher, welche Dialektik als Kunst der Überredung bezeichnen. Denken wir bloß an eine Gesprächsform, dann ist es die Kunst, in Rede und Gegenrede die Widersprüche des Lebens aufzudecken und zu ihrer Überwindung hinzuleiten. Dialektik ist die gemeinsame Wahrheitsfindung in jeder echten Diskussion. Als Hegel mit seiner dialektischen Logik die Sackgassen der formalen Logik zu öffnen und den Erkenntnisgang auszuweiten trachtete, meinte er widerspruchshaltige allgemeine Bewegungs- und Entwicklungsgesetze der Natur und Gesellschaft. In diesem Sinne sprechen wir hier von einer „Dialektik der polaren Gegensätze" (These und Antithese) sowie ihrem Hinstreben auf Vereinigung in einem „höheren Dritten" (Synthese) der uns aufbauenden und unsere Entwicklung bestimmenden Wesenskräfte.

merkt, die vorangegangenen 3 Bände „Astrologische Menschenkunde".

Unmißverständlich sei am Schluß dieser einführenden Worte gesagt, daß keineswegs der soziale Anteil am Entstehen von Mißständen geleugnet und zum Verschwinden gebracht, also auch nicht ein stets einzuschlagender, restlos befriedigender Lösungsweg behauptet werden soll. Es wird somit keine bloße Anpassung an das Gegebene empfohlen, sondern die redliche Auseinandersetzung damit und Entwicklung eines Urteils, das eben auf Grund einer Erkenntnis der individuellen Lage hinausgreift über anlagebedingte Ablehnungen oder Zustimmungen. Eine solche Entwicklung wird auch der kollektiven Behandlung dieser strittigen Fragen dienlich sein.

Veränderungslust

Was wäre einem Unzufriedenen mehr erwünscht, als sein Leben zu verändern? Freie Sicht durch Beiseiteschaffen lästiger Umgebung, in gleichbleibenden Verhältnissen die Erwartung des großen Abenteuers, spannungsvolle Anregungen, neue Vorstellungen und Formen der Tätigkeit, Wegfall unzulänglich gewordener Maßstäbe — für all dies steht das Zauberwort Veränderung. Wir leben in einer änderungslustigen Zeit. Man verspricht uns eine Bewußtseinsveränderung durch Einnehmen einer Droge. Es gibt Kunstanschauungen, denen Reste eines Formwillens als reaktionär gelten, andere wiederum, die eine Wiederbelebung gestaltender Impulse aus dem Anblick überraschender „Objekte" erhoffen. Manche politische Bewegungen inszenieren Demonstrationen, Attentate, ohne genau hinzublicken, wofür, durch Schlagworte von „Repression" angeheizt, Kultur- und Wirtschaftsformen durcheinander werfend. War früher der linke Flügel der Parlamente vorwiegend auf Änderungen sozialer Grundlagen eingestellt, so schließt „links" heute oft Pornographie, technischen Fortschritt um jeden Preis, Reduktion des Gemüts auf einen „seelischen Apparat", Ablehnung von Familie und privater Kindererziehung oder was sonst als überholte Einrichtung gilt, ein. Vielen, die bei jedem Führungsversuch gleich „autoritär" schreien, erscheint eine Unumschränktheit der Triebe als Garant der Erneuerung überhaupt. Alle Blickrichtungen seien von da umzuschulen.

Gewiß bringt allermeist das Umstülpen gewohnter Sachverhalte die Entwicklung vorwärts, wenn es nämlich an den Gelenkpunkten ansetzt. Wo diese liegen und was veränderungswürdig sei, verlangt einigen Überblick. Es gibt nicht nur aufsteigende Bewegung, sondern auch Rückschritte, die man als solche schwer erkennt. Dem Geschehen sieht man es ohne Maßstab nicht an. Veränderung im Beiläufigen kann ein Mittel zur Verfremdung dringlicher Anliegen sein. Stets tarnten sich mit solchen Herrschende aber Gefährdete, um auf Harmloses, Ungefährliches abzulenken. Eine Stagnation verschleiert sich, sobald Interessen dahinter stehen. Zumal Zeiten wie die unsere, die neue gesellschaftliche Fundamente verlangen, gebieten Wachsamkeit in dieser Hinsicht. Angesichts der vielen Scheinveränderungen, die einen faulen Grund bestehen lassen, frage man mitunter kritisch: worüber will der Wechsel der Situation mich täuschen?

Im Individuellen liegt es nicht anders. Äußere Betriebsamkeit überdeckt oft das Wesentliche da, wo es Anstrengung erfordern würde. Auch hier kann dasjenige, was mit dem Neuheitsanspruch auftritt, ein fortschrittlich getarntes Symptom für Beharren von Altem sein, das den Weg verbaut. Immerhin befindet sich der Einzelmensch in stiller Obhut des Kosmotypus, der, manchmal hindernd, manchmal eine Tür aufstoßend, automatisch die Dinge nach einem Gesamtzusammenhang ordnet. Erkenntnis der Situation und bewußtes Planen obliegt dem selbstbestimmenden Faktor. Je nachdem er diese Aufgabe erfüllt, greifen wir zum Guten oder Schlechten in die unbewußt hergestellte Ordnung ein. Vermag Selbstbestimmung etwas im Grunde zu ändern, dann durch Verfügbarmachen der Wesenskräfte für andersartige Reaktionen als bisher. Diese Kräfte wirken bei gesunder Verfassung immer zum Wohl des Ganzen, obwohl sie ihre eigenen Aufgabenbereiche haben. Universelle Kräfte der Gestaltbildung bezeichnend, die Individualität ein Kompositum aus ihnen, ist durch sie in allen Teilfunktionen stets die ganze Person gegenwärtig.

Unter den sieben wichtigsten Wesenskräften des astrologischen Meßbildes benennt „Saturn" den Widerstand gegen manische Veränderungslust. Eben deswegen fordern seine Spannungsaspekte oft die Lust heraus, das Vorhandene umzuwälzen. Besonders Aspekte mit Mars und Sonne tun es, zu schweigen von Uranus, während Jupiter gemeinhin toleranter gegen das Bestehende stimmt und Merkur in gleichen Aspekten es kritisch benagen läßt, wobei Nervenspannung und Neugier sich verdrängt. Dies gilt, wenn Saturn in seinen Entsprechungen als Hüter konformistischer Ansichten und von Gewohnheitsrechten auftritt. Doch eine Welt ohne Saturn, richtig verstanden, wäre halt- und bodenlos. Ein Organismus ohne dies Element hätte nicht Knochen oder Rinde, weder Schutz noch Standfestigkeit, unser Geist keine Konsequenz, die Seele keinen Rückhalt. Die unter Sonne begriffene vitale Mittelpunktskraft, unter Mars die Angriffslust, unter Jupiter die Expansion und Hebelkraft des Optimalstrebens gegenüber Bestehendem, sie nehmen im gesunden Organismus bezug auf Saturn als Macht der Integration: Einbau des Notwendigen und Gesetzmäßigen, Abweisung des Flüchtigen und bedrohlich Unstabilen. Insofern wäre echter Konservativismus die Zurückführung auf das richtige Maß. Es geht bei Saturn insgesamt um Erhaltung unversehrter Existenz. Zum Begreifen der positiven Züge dieses in der astrologischen Tradition schlecht weggekommenen Planeten müssen wir seine Rolle eines *Lebensbeschützers* verstehen. Dies auf Saturn zu beziehen, fällt nur schwer, weil naive Erfahrung vorzugsweise die Hindernisse, das schleppende Tempo im Saturnalen sieht und negativ wertet. Doch Einschränkungen können auch eine Ausrichtung auf lange Dauer sein. Leichter einsehbar ist die Abwehr von Störungen, der zum Selbstschutz gehörige Widerstand gegen

Fremdes als saturnisch. Aber das Prinzip gilt auf richtigen und falschen Wegen, es gibt auch einen krankhaften Beharrungszwang, paradoxerweise kann sich sogar manische Veränderungslust, wenn einmal herausgebildet, gegen vernünftigen Zuspruch krampfig erhalten.

Beim Gesunden und bei gleichbleibenden Grundlagen hat Saturn die Form der Tradition, folgerichtiger Weiterführung des Gewordenen. Innerseelisch bedeutet er das Meditative sowie eine Voraussetzung der Selbstdisziplin in der Fähigkeit, sich selber Gesetze vorzuschreiben, Grenzen zu setzen, welche den Fortbestand des Ganzen sichern. Er ist wie jedes dieser Symbole mehrdeutig, je nach bedingenden Faktoren, welche die Entsprechungen hervorbringen. Bei völlig veränderten Bedingungen drängt auch diese Wesenskraft zum Aufsuchen neuer, dann aber dauerhafter Grundlagen der Fortexistenz. Wird diese Situation nicht begriffen, entsteht freilich auch negativer, „kranker" Saturn mit inferioren Entsprechungen: zwangshaftes Beharren in überholten Formalitäten, Normen, Sitten, Einrichtungen, ein nur abwehrender Konservativismus, stumpfe Akkumulation und Wiederholung gewohnter Tatsachen, Sperrung gegen alles Ungewöhnliche ohne Phantasie für einen Luftwechsel und was er bewirken könnte. Im Physischen ist es ein Versinken in die Schwere der Materialität. Dieser sinnlos gewordene Saturn läßt in die Erfahrung nur eingehen, wofür Präzedenzfälle vorliegen und was in unverbrüchlich angesehene Grundsätze hineinpaßt.

Innerhalb des Gefüges liegt bei allen Wesenskräften die Entscheidung über gesund und krank im *Zusammenspiel*, im Gebrauch für das lebendige Ganze. Saturn, dieser „Übeltäter" der vulgären Astrologie, wird tatsächlich zu einem solchen bei Unverständnis oder Störung seiner organischen Rolle. Kontrollose Lust an Veränderungen ist meistens ein Zeichen dafür. Was wir geistig Konzentrationsmangel nennen, bereitet sich unbewußt vor im Aushöhlen des Erhaltungsinstinkts, dem Fortfall seiner automatischen Sicherungen; bewußt fehlt die ernste Verpflichtung zum Zusammenhalt. Allzu rascher und unbedenklicher Wechsel der Ziele, des Schauplatzes, der führenden Idee zehrt an der inneren Substanz. Dies täuscht Lebendigkeit vor, lenkt ab von brüchigen Stellen und sachlichen Erfordernissen. Verdeckt wird ein Mangel an Ausdauer und Beständigkeit. Der Mensch solcher Verfassung ist zu „molluskoid", um komplexen Lebensbedingungen zu genügen, er wehrt sich gegen notwendige Härten mit dem Hinweis, abtötender Erstarrung zu begegnen. Sicherlich gibt es solche verurteilbaren Starrheiten, doch als inferiore Saturn-Entsprechungen: hemmender Sand im Getriebe.

Gesundes Zusammenspiel ist im Horoskop nicht ersichtlich, doch erschwerende Voraussetzungen sind es. Alle analytischen Aspekte enthalten die Gefahr, daß die betreffende Wesenskraft sich von ihrer Koordination im Ganzen absondert, ihr isoliert Eigentümliches zum Selbstzweck wird. (Dies meine ich, wenn ich diese Aspektgruppe „analytisch" nenne statt des gewohnten „disharmonisch"; die Äußerung kann völlig harmonisch erscheinen, dennoch im Verhältnis zum Ganzen dissonant sein). Bei den kollektiven Entsprechungen des Saturnalen wäre folgendes geltend zu machen. Auch in sozialistischen Staaten liegt die Hauptgefahr weniger darin, daß die Aufgaben von den tätigen Kräften nicht bewältigt würden, als darin, daß eine Bürokratie durch Verregelung sie hindert und starre Doktrin dem Leben Schlingen legt. Inferiorer Saturn ernüchtert.

Haben wir den polaren Gegensatz der „solaren" und „saturnalen" Reihe begriffen (vgl. Bd. I, S. 78), so verstehen wir ihren wechselbezüglichen Charakter. Es kommt darauf an, einer *manischen Veränderungslust* heilsame *Schranken zu setzen.* Schranken gehen aus der saturnalen Reihe hervor. Sie müssen natürlich wirksam sein und das Augenmerk soll zum Unterschied vom Schicksal, das kommentarlos eintrifft, auf das „Warum" gelenkt werden. Manische Veränderungslust sticht ab vom angeborenen Wechselbedürfnis der antreibenden, steigernden Normalbetätigung der solaren Reihe, besonders in labilen Zeichen, die auch veränderliche Zeichen heißen. Manie, eine heitere aber reizbare Verstimmung, hat etwas übertrieben

Leidenschaftliches, obzwar sie sich in festgelegten Bahnen bewegt; die denkmäßige Erregung geht bis zur Ideenflucht und schäumt hinweg über den Grund der Festlegung, des „Besessenseins". Nicht erwartet werden darf das „saturnische Ernstmachen mit sich", es muß durch geeignete Eingriffe erreicht werden.

Im Einzelfalle sind freilich nicht immer derart drastische Mittel zu empfehlen, wie ich sie zu Beginn meiner Beraterpraxis bei einer Frau anwandte, die in hektischer Unrast alle paar Wochen die Möbel umrückte, ohne den Grund in sich zu begreifen. Dem darüber bekümmerten Ehemann gab ich den Rat, beim Neuanstrich der Zimmer die Wand hinter den großen Möbelstücken auszusparen. So geschah

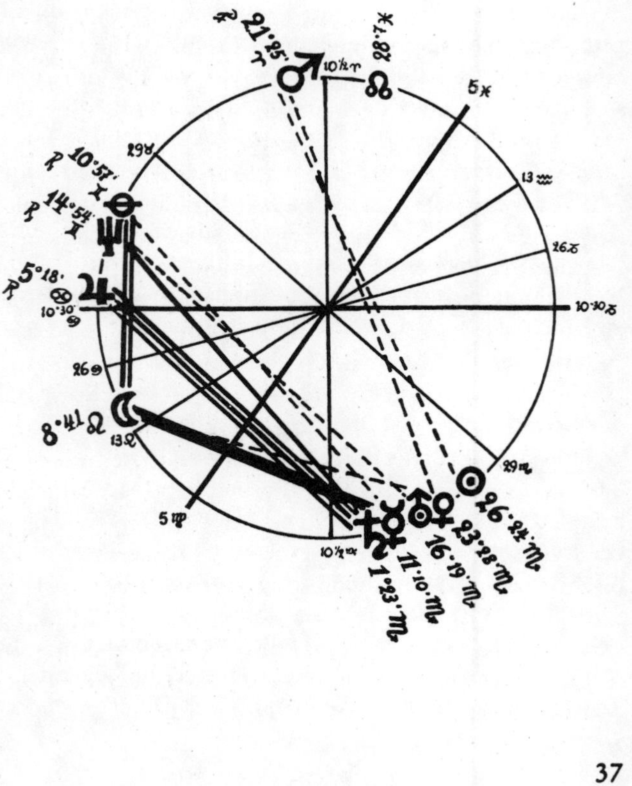

Abb. 1

es. Die von einer Reise zurückgekehrte Frau war zuerst begeistert von der Fürsorglichkeit des Mannes; als sie aber bald darauf die Möbel wieder verstellen wollte, entdeckte sie die Bescherung. Nach einiger Aufregung war nun aber möglich, was zuvor nicht in sie einging, nämlich ihr das Ablenkungsmanöver, das sie mit sich getrieben hatte, klar zu machen.

Ein einfaches aber gefährliches Mittel, entschuldbar aus der Überzahl von Marszeichen, wo das Sprichwort gilt: „auf einen groben Klotz gehört ein grober Keil". Bei Hochsensiblen kann es gegenteilig ausschlagen und immerhin war dieser Art der Aszendent in KREBS. Ich kam mir nach der Heilung vor wie der Reiter überm Bodensee. Es gibt keine stets wirksamen Rezepte, sondern bei manischer Veränderungslust ist zu untersuchen, welche Stellung der „Grenzsetzer Saturn" und welche der „sinngebende Jupiter" im Kosmogramm haben. Stehn sie im Aspekt miteinander, so besteht eine direkte Beziehung; darin zeichnet sich vor, wo Halt zu gebieten ist und worauf hinzusteuern wäre. Jupiter gibt die *Gipfelung des Expansionsstrebens und Glücksverlangens* an, Saturn zeigt den *Grund des Mißbehagens und die Rückenstützen einer Heilung.* In schwierigen Fällen liegen mangelnde Lebenssicherheit, Angst, auszubessernde Schäden vor. Therapie: persönliche Erfahrungen sind richtig auszuwerten, falsche Verzichte aufzuheben, manchmal Schuldgefühle zur Katharsis zu führen, der Schwerpunkt ist von negativistischem Ballast zu säubern und, je nach der individuellen Saturnstellung, der Selbstschutz ins Lot zu bringen.

Jene Frau litt mit einem garnicht so dissonant gestellten Saturn in SKORPION an sexueller Unerfülltheit und zutiefst dem Wunsch nach einem Kinde. Die Haupt-Lebenssymbole unter dem Horizont bestärkten die beim KREBS-Aszendenten typische Introversionsneigung und Schwellenangst. Saturn am Anfang der Häufung im 5. Felde in SKORPION (vgl. Bd. III, S. 474 u. f.) äußerte sich in Verweigerungstendenzen, nie erfolgten Orgasmus (Zurückhaltungszwang!); das lange Ausbleiben einer Empfängnis gab der mitgebrachten Enttäuschungsbereitschaft Nahrung, die Wirklichkeit malte sich der Horoskopeignerin grau in grau. Eine so imprägnierte Saturnstellung beeinträchtigt mit dem nachfolgenden Merkur die weitere Besetzung des 5. Feldes, das düster gefärbte Gedankenleben legte sich als Riegel vor die zentrale Wunschkraft analog der Venus-Sonne-Konjunktion, nur Uranus in der Mitte der großen Häufung ließ einen plötzlichen Umschwung erwarten.

Bei hochgezüchtetem Intellekt, wie vorfindlich, steht Merkur Quadrat Mond früher Mutterschaft im Wege, Jupiter im Mondzeichen KREBS zeigt sie wiederum als optimale Erfüllung, wenn auch analog dem Trigon zu Saturn relativ spät zu erwarten. Fühlt die Lebens-Ungeduld von KREBS die Erfüllung nicht gleich in Reichweite, so greift die Jupiterkomponente nach *Kompensationen* (Ausgleichsvergütungen). Bei solchen ist wichtig *was* kompensiert wird und *wodurch*. Hier war es der Wunsch, ein Kind zu haben, und Mond in LÖWE, dominant über die Jupiterstellung und den Aszendenten, verlegt die „sublimierten Nestbau- und Brutpflegeinstinkte“ gemäß dem 2. Felde auf zärtlich gehegte Besitztümer. Mond drückt zugleich die kindliche Verfassung aus und brachte die rückbezügliche Tendenz von Jupiter auf eigenartige Weise zur Geltung. LÖWE und das stark besetzte 5. Feld deuten auf lebhaften Spieltrieb, das kleine Mädchen war, soweit die Erinnerung zurück reichte, eine ausgesprochene „Puppenmutter“. Dieses Spiel, das An- und Umkleiden der Puppen, kehrte nun symbolisch wieder im Umherrücken der Möbel, dem Sinn nach war ein Nest zu bereiten für das insgeheim erwartete Kind. Jupiter in Aszendentennähe (genau genommen im 12. Felde, sozusagen „Schuß aus dem Hinterhalt“) schuf einen Ausgleich der Erwartungs-Unruhe in einem launenhaften Dynamismus gegenüber der persönlichen Umgebung, an den Mann gerichtet eine versteckte Aufforderung.

Auf das drastische Mittel zur Aktivierung verborgener Strebungen verwies der kulminierende Mars in WIDDER (im eigenen Zeichen und dominant über die Positionen in seinem anderen Zeichen SKORPION). Der mit dem Eingriff erreichte Schock gab freilich nur ein Signal, dem Aufklärung folgen mußte. Doch bei fünffacher SKORPION-Betonung sowie Aszendent und Jupiter in KREBS war auf eine Umwandlung der Werte und seelische Wiedergeburt zu rechnen. Die geduldigen Zuspruch erfordernde Regeneration bestand nun im Auflösen der komplexhaften *Selbstausstreichung*, der an der Wunscherfüllung verzweifelnden *Abwehrhaltung*, der mangelnden *Lebenszuversicht.* Ausschlaggebend ist bei Jupiter am Aszendenten stets der Glaube an den persönlichen Wert; der dem KREBS-Prinzip entsprechende Sinngehalt liegt in einer Mission, die im weiblichen Fall die Versorgung und Aufzucht des Kindes sein kann. Zum Wertgefühl gehört die Gewißheit, sein Optimum zu erlangen. Dies konnte hier gestützt werden durch die aus dem Trigon zwischen Jupiter und Saturn erschlossene Aussage, ein „Spätblüher" zu sein. Ein fatalistisch denkender Astrologe hätte Merkur Quadrat Mond (und schwächer ein Saturnquadrat) vermutlich als Verneinung der Mutterschaft gedeutet. Um die Mitte der dreißiger Lebensjahre bewies die Wirklichkeit das Gegenteil.

Zum Hervorrufen manischer Veränderungslust kommen allerdings immer mehrere strukturell verknüpfte Momente zusammen und sie kann Begleiterscheinung einer endogenen Psychose sein. Sorgfältige Beurteilung der Sachlage ist erforderlich. Der sprichwörtliche Satz, der Mensch sei ein Gewohnheitstier, hat etwas für sich, denn gemeinhin verspürt man wenig Lust, die gewohnte Lebensweise zu ändern. Radikale Änderungen der Lage durch unvorhergesehene Ereignisse bewirken manchmal mehr zur Umgestaltung der Persönlichkeit, als gedankliche Reflexion. Indem sich der Mensch dem „Schicksalsschlag" *stellen muß*, werden oft *kompensatorische* Befriedigungen für empfundene Mängel, eine „Scheinzufriedenheit mit schlechtem Gewissen", *aufgehoben.* Diese mehr durch Uranusaspekte angezeigten Vorgänge besprechen wir später unter „Krise". Eine aus Problematik, angezeigt durch Planetenaspekte, hervorgehende *innere Wandlung* ist gar wohl zu unterscheiden vom anlagemäßigen Wechselbedürfnis der labilen Zeichen; das Neue, bei diesen als gewandelte Situation erfaßt, erfolgt bei jener als Frucht einsichtig gelenkten Strebens.

Wir sprachen von „imprägniertem" Saturn. Gemeint ist die jeweils gehäufte Erfahrungssumme und die zum Selbstschutz nötig erachtete Form, daraus Folgerungen zu ziehen. Dies kann also bei gleichem Saturnstand verschieden sein, je nach den gemachten Erfahrungen. Abänderbar jedoch ist die Form, Erfahrungen zu sehen, mithin auch, wie man das Erfahrene weiteren Erwartungen oder Unternehmungen zu Grunde legt.

Bei der saturnischen Integration geht es darum, ob jemand Grund und Boden in sich findet, ob er die realen und konstitutiven Grenzen seines Strebens einsieht, ob er schließlich im Hereinnehmen förderlicher Tatsachen von sich und seinen Möglichkeiten Besitz ergreift. Sich selbst als Wirklichkeit annehmen, ist hier das erste Gebot. Schulbeispiele wie das soeben gebrachte sollen und können lediglich die Methode, eine Lösung zu finden, vorführen. Nur der astrologische Teil steht in unserem Buche zur Diskussion, die angeborenen Strukturen gelten als Rahmen zum Einbau psychologischen Wissens, das für sich erworben sein will. Mit jeder Konstellation liegen die Dinge anders, etwas wie Veränderungslust ist aus dem Bau des Ganzen als Problem oder als Anlage zu beurteilen.

Angst

Es gibt Neurotiker mit der Angst, Frauen seien strikt zu meidende Einschläferungsdämonen, vielleicht noch häufiger stoßen wir auf erotische Zechprellerinnen, die Männer anlocken, doch angstvoll besorgt um den Verlust ihrer Persönlichkeit sich ihnen nicht hingeben. Diesen beiden ist keckes Wagnis oder vertrauensvolles Geschehenlassen auch in anderer Hinsicht verriegelt. Klar unterschieden von solchen sexuellen Stauungsängsten (sie hängen zusammen mit nicht abgeführter genitaler Erregung) untersuchen wir hier *Angst als Allgemeinbefindlichkeit.* Gewöhnlich denken wir an Angst vor Vernichtung und Tod, wenn auch in den ersten Lebensjahren der Tod nur eine vage Vorstellung, Angst aber schon da ist. Die Angst, sterben zu müssen, entwickelt sich allmählich und bei Kriegsfreiwilligen konnte man beobachten, wie erst mit der Feuertaufe ihnen derartiges bewußt wurde. Dies schließt natürlich eine unbewußte Angst um sein Leben nicht aus und freilich hat der Tod mit Angst zu tun, weil er der Engpaß ist, durch den wir alle am Ende unseres Daseins hindurch müssen. Diese Art von Angst betrifft das schlechthin Kreatürliche. Auf unsere humane Stufe bezogen ist Tod der Preis für die Geburt als Eintritt in die Gelegenheit, durch Persönlichkeitsgestaltung sein Wesen freizusetzen, es im Werk offenbar zu machen. Hinter der Todesangst steckt die *Angst, sterben zu müssen, ohne seinen Anspruch als Mensch verwirklicht zu haben.* Von der Vorstellung des Menschenwürdigen aus versteht man die verschiedenen Angstsymptome, von hier kann man sie überwinden. Die Not der Angst zu wenden, ist das Erstnotwendige unserer Existenz.

Angst rührt somit an die Rätsel des Daseins und ist selbst ein rätselhafter Zustand. Viele fassen die Angst als Geburtstrauma auf: ein Ur-Erlebnis, herstammend vom Ausgestoßensein aus dem Mutterleib in das Unbekannte, Unbegreifliche der Welt. Kausalistisch kann sie aber nicht erklärt werden und statt der Berufung auf den Geburtsakt nehme man sie hin als *Grundbefindlichkeit des ungeschützten Lebens* (wobei also die vornehmste saturnische Aufgabe ungelöst blieb). Empirisch ist sie eine Aktionsstörung, die bei Nichtüberwindung uns hindert, etwas Neues anzufangen. Eine solche „Schwellenangst" gelinder Art veranschaulichen potentielle aber verhinderte Dichter mit der an ihnen bekannten Angst vor dem weißen Papier. (Die praktische Colette sagte: da nehme ich einfach blaues!). Wie mehr oder minder jedem Beginnen stellen sich dem Schreiben gewisse Hemmungen entgegen, indem die Konzentration auf das, was zu sagen *Wert* hat (als wesentlich integrierte Erfahrungen zusamt den eingeborenen Forderungen) schon in die *Anfangsworte* eingehen soll. Ein derartiger Mensch hat beim Verhältnis von Idee und schreibender Hand im Anfangsstadium „sich nicht beisammen". Astrologisch steht vielleicht ein Faktor der saturnalen Reihe einem solchen der solaren Reihe im Spannungsaspekt vorgelagert (vgl. Bd. I, S. 78 sowie 262). Behelfsmäßiger Schutz dessen, was zum Leben kommen will, verhindert vielleicht durch komplexhafte Festlegung der Werte den ungezwungenen Anfang; die saturnische Entsprechungsfolge „Konzentration-Hemmung-Angst" schraubt sich auf die unterste Entsprechung zurück, den *gehemmten Entschluß, in diesem Dasein Fuß zu fassen.*

Der Rückfall auf einen Zustand, der als Aufbaustufe berechtigt ist, hat meist etwas Krankhaftes an sich und dabei gilt es die Tendenz zum *Chronischwerden* zu beachten, als Disposition in analytischen Saturnaspekten enthalten, zumal in fixen Zeichen. Hieraus resultieren die eigentlichen Leiden. Die Konzentration des verhinderten Dichters sitzt falsch und will das Pferd vom Schwanz aufzäumen. Er soll bloß *anfangen* lernen, nicht sofort sich in Töne des höchsten Werts hinein steigern. Jeder Neubeginn ist „mondhaft" mit dem Gesicht zur solaren Reihe; im Schreiben, im musischen wie im technischen Tun, in allen natürlichen Funktionen überhaupt kommt es dabei auf Lockerung, Flüssigmachen an. Das universelle Geschehen hat keine Ansatzpunkte, nur die Episode beginnt und endet. Gelingt es mit dieser Einstellung, unbeschwert loszuschreiben, dann kann vielleicht nachträglich aus dem Fluß heraus gefunden werden, was sinngemäß am Anfang zu stehen hätte. Schreiben ist freilich etwas anderes als reden, wo Angst die Form des „Lampenfiebers" bekommt: der saturnbepackten Latenzpause, bevor man sich, Einleitung, Gedankenentwicklung, ihre Brennpunkte und Schlußwort auseinanderhaltend, auf Gedeih und Verderben losläßt. Angebracht ist zu Beginn jene mondhafte Naivität, die mit Anmut und ohne vorwegnehmende Behauptungen eine

Überprüfbarkeit dessen, was man tut, einbeschließt, dies in jeder Form des Handelns. Die kernhafte Existenzbejahung, das Sonnenhafte, kann nicht immer als uranfängliche Reaktion sichtbar werden. Zuerst muß überhaupt etwas funktionieren. Kann man zwar in großen Entscheidungen nicht auf Probe handeln, so ist es doch bei peripheren Dingen möglich — und meist auch vor der entscheidenden Tat —, wartend nach innen zu horchen, bis das organisch belebte Ganze sich von selbst in Fahrt setzt.

In wesentlichen Angelegenheiten sollte dieses „von selbst" allerdings eine Kernreaktion sein. Das bedeutet, daß *umgestimmt* und *umfunktioniert* nicht dasselbe sind; jenes betrifft den Entwurf und Grundbau, dieses den ausführenden Energieumsatz. Machen wir uns solch Zweierlei an der vernützlichten Wasserkraft klar. Die Strömungsenergie wird wirksam durch gewisse Vorrichtungen (Staudämme, Turbinen, Mühlräder usw.) die sie „umfunktionieren". Daran veranschaulicht sich ins Seelische übersetzt der Sinn saturnischer Dissonanz mit dem Mondhaften. Auch die Gemütskraft bedarf, um sich lebensdienlich auszuwirken, einer Stauung und Umlenkung. Gestaut werden unsere Gefühle durch Erfahrungen, die wir an wirklich existenten Dingen machen, am deutlichsten da wo sich die Tatsachen unserem Wunsch versagen. Die richtige Lenkung aber setzt einen schöpferischen Selbstentwurf voraus, der uns nicht an unerfüllten Wünschen leiden und am Leben verzweifeln läßt, sondern Erfahrungen wesensgerecht „umstimmt". Verstopftsein der Wege, Trägheiten der Lebensfunktion, sinnlose Vergeudung von Herzenskräften machen im Verausgaben der Energie eine Neuordnung des Laufs nötig; sie erfolgt aus dem Geist und Impuls der Selbstbehauptung, dem Solaren. Solche Selbstorganisation gibt uns spontan den richtigen Griff ein, auch peripher herausgebildete Ängste zu überwinden. Zuerst muß man die Angst natürlich sich eingestehen, nicht sie abschieben wollen in „falsche Sachlichkeit", untaugliche materielle Rückversicherungen gegen die Gefahren der Welt. Dann, es klingt tautologisch, darf man zur Überwindung der Angst nicht ängstlich sein, sondern muß herzhaft zupacken. Strömt es innerlich und werden Widerstände vom Schöpferwillen bewältigt, so vereinigen sich die drei wichtigsten existentiellen Bereiche: *Schicksalsbereich, Begrenzung* (Saturn), *Gemütsbereich, Ausbreitung* (Mond), *Willensbereich, Ursprung* (Sonne). (Vgl. Bd. III, S. 69.)

Paradox zugespitzt kann man sagen, daß die Angst des Menschen mit seiner Freiheit zusammenhängt. In astrologischen Symbolen ausgedrückt klafft darin der existentielle Gegensatz von Sonne und Saturn auf. Eine Synthese ist erreichbar, die Kluft kann geschlossen und die Angst überwunden werden aus dem solaren *Daseinsanspruch,* wenn er sich in Funktion übersetzt. Organische Funktion heißt dann: ich verwirkliche Werte im freien Ergreifen meiner Aufgabe und Lebens-Leitlinie aus dem Entwurf dessen, wozu ich da bin. Schwächungen des so im Sinn gegründeten Ichs begünstigen die Angst, seine Stärkung beflügelt das Hoffen mit jovischer Zuversicht, merkurial aber läßt sich solches Überzeugtsein nicht beweisen und begründen. Das Nichtwagen der Verwirklichung indes, die Umkehr schon an der untersten saturnalen Entsprechung, dies ist die Angst. Wer sich nicht selber akzeptiert und dem Wagnis der Existenz nicht zustimmt, weil er keinen persönlichen Sinn darin findet, nicht substantiell von sich Besitz ergreift, sperrt sich dem Einstrom schöpferischer Möglichkeiten, läßt seine Entität unverwirklicht. Dann rückt das Außen, das Fremde und Unheimliche in seiner Unbestimmtheit, das nicht Geheure, rückt die Angst an. Bestimmtes erblicken, würde gegebenenfalls Furcht erregen, die Gefahr und was dagegen zu tun ist, könnte abgeschätzt werden. Dem Unbestimmten der Angst jedoch entspringt Leere, Lähmung oder kopflose Flucht. Kierkegaard beschreibt dies ungenaue Hinblicken: „Angst ist der Schwindel der Freiheit, der entsteht, indem die Freiheit in ihre eigene Möglichkeit hineinschaut und dort die Endlichkeit eingreift, um sich daran zu halten. In diesem Schwindel sinkt die Angst ohnmächtig um. Weiter kann die Psychologie nicht kommen ..." Psychologie versucht aber weiterzukommen. Wir halten uns nicht an die Beschreibung des Zustandes. Ursache der Angst ist das Fremde, das nicht integriert wurde. Dies trifft auch auf sekundäre Ängste zu, ableitbar aus psychischen Komplexen. In solchen gelangte die saturnale Hauptaufgabe, Leben zu schützen, nur bis zur Primitivform der Verkapselung (vgl. Bd. I, S. 4-7), die pathologische Behelfsform, Störendes zu beseitigen, hat aber gleichfalls das Saturnmerkmal der Dauer. Komplexe aufzuschließen, erfordert eine Kenntnis dessen, was verdrängt wurde, wofür Saturnaspekte prinzipielle Hinweise geben. Doch muß man auch den möglichen Erfolg der Bemühung und die erreichbaren Ziele einschätzen. Nicht immer ist es therapeutisch richtig, zu sagen, was man weiß oder zu wissen glaubt. Manche Probleme sind nur durch Sublimierung und auf keine andere Weise lösbar. Unter Umständen kann es besser sein, sie nicht anzutasten und herausgebildete Kompensationen (das Wettmachen des Versagten) als einen gerade noch lebensfähigen Zustand bestehen zu lassen.

Als frühestes Auftreten in der Entwicklung des Säuglings beobachten wir das jeder Mutter bekannte „Fremdeln“ (s. Untersuchungen von René Spitz). Alleinsein im Gefühl der Existenzbedrohung, Dunkelheit, Eindrücke die das Kind nicht bewältigt, vertiefen und bestärken das Erlebnis des Ausgesetztseins im Unermeßlichen. Dies und die neue Angstwelle der Vorpubertät, die späteren Sexualängste ergeben Einkleidungen der saturnalen Ur-Angst, des mangelnden Grundvertrauens. Hierher gehört auch die von den meisten Frauen empfundene „Angst vor dem Einbrecher“, sowie vor Alleinsein und Verlust gefühlsmäßigen Angenommenseins. (Eigentlich hat man nicht Angst *vor* etwas, dies wäre Furcht, nämlich Bewußtwerden des Bedrohenden, sondern *um* etwas, um sich oder den Menschen überhaupt.) Hinzu treten die Zivilisationsängste: Übervölkerung, Unfall- und Mordgefahr, Umweltsverschmutzung, Entdeckung von Gefährlichem beim Versuch, der Herkunft von Krankheiten nachzuspüren, Bakterien, Viren, alles kann zum Motiv der Angst werden. Unsere Gesellschaft umbaut uns mit einem System von Sicherungen, für die wir

Verzichte leisten und unangenehme Tätigkeiten auf uns nehmen. Im Erpresser-Terrorismus liegt die Gegenführung des „Geschäfts mit der Angst". Fällt die Zuversicht ab, tritt Desorientierung ein, so ziehen die bestgemeinten Einrichtungen mehr oder minder verkappte Ängste nach sich: Pensionskrise, Versicherungskomplex, Bestimmungslosigkeit im Altersheim, die tödliche Langeweile manipulierter Ferien und deren künstliche Aufreizungen. Unabstellbar im Fortschritt lagern sich die Anlässe um. Gar angesichts der Werkzeuge heutiger Massenvernichtung, unter kollektiven Haßparolen, vor Degenerationserscheinungen kann schon die Scham, das Menschenbild entstellt zu sehen, lähmend wirken. Jede Regierung, sagt man, habe ihre Skelette im Schrank. Auch im Negativum ist der Hegelsche Gedanke anwendbar, daß der Zeitgeist die Umweltsbedingungen schafft, unter denen er sich ausbildet und gedeiht.

Halten wir fest: jedes Mittel der Verbesserung kann zur Quelle neuer Angst werden. Sie ist nicht von außen überwindbar. Wir müssen das Gegengift innen suchen. Gegenspieler des Saturnischen sind Sonne und Mond. Was soll nun der machen, der etwa Sonne Opposition Saturn oder Mond Konjunktion Saturn im Geburtsbild hat? Ist ihm nicht die Angstneigung angeboren? Gegenfrage: sind denn aber *Entsprechungen* angeboren, bedeutet das Angeführte nicht lediglich einen *Widerspruch der beiden existenzbestimmenden Symbole* sowie eine *Koppelung des lösenden und hemmenden Faktors?* Gegeben sind Anlagen, ihre Verschränkung wird zur Aufgabe. Es könnte auch Saturn Konjunktion Venus oder Mars sein, dann wäre Eros oder Trieb gehemmt, ihr Erlebnis beeinträchtigt, als schicksalhafte Stauung bei Frau und Mann verschieden zu deuten. Mit solchen Einsichten beschreiten wir den Weg aus der Angst *individuell vorgezeichnet.* Es geht um das *Annehmen von Wesenseigenem.* Angst ist nur die unterste saturnische Entsprechung, dann eintretend, wenn man nicht überzeugt von seinem Wert und Werk in sich steht oder durch falsche Konzentration in eine Sackgasse geraten ist. Findet man keinen Ausweg, dann entsteht panikhafte Fluchtstimmung. Die nächsthöhere Entsprechung heißt Furcht. Angst in Furcht zu verwandeln, gebietet dem Unfaßlichen der Regung Einhalt, denn es macht faßbar, wem sie gilt. Mit der fest ins Auge gefaßten Bestimmtheit einer Gefahr bekommen die Abwehrkräfte eine Richtung. Wichtig ist daher, wenn schon das Kleinkind die Ursachen seines Erschreckens benennen lernt; im Erfassen des Motivs, indem die Objekte als konkrete Dinge gedacht sind, wird Angst zur Furcht. Mit dem Bewußtmachen traut sich der erweckte Impuls des Widerstands leichter eine Überwindung zu oder findet Auswege, die schöpferische Aktivität von Sonne, Mars und Jupiter wird herangerufen.

Selbst wenn eine Gefahr unüberwindlich, die Situation hoffnungslos ist, gibt doch das tragische Bewußtsein ein „Darüberstehen". Jede Wahrheit stärkt, so auch das täuschungsfreie Bewußtsein eines Mißverhältnisses eigener Kraft zur Realität, wenn frei vom Ressentiment, in eine solche Lage gekommen zu sein. Manchmal bleibt nichts übrig als die stoische Geduld, ein Schicksal geistig überlegen zu ertragen.

Religiöse Lehren haben die Existenzbedrohung zu objektivieren gesucht, indem sie demgegenüber eine subjektive Macht verkündeten, vor welcher die Furcht sich in Ehrfurcht wandelt. Glaube an Übermächtiges, Ergebung ins Unvermeidliche (wie bäuerliche Einstellung Regen und Sonnenschein hinnimmt) kann mit dieser Gottesfurcht die Angst auslöschen, kann aber nicht verhindern, daß Wünsche sich einem äußeren Erlöser zuwenden. Nach innen genommen bildet schon die Ehrfurcht vor anderem Leben eine passive Grundlage, auf welcher die Aktivierung der lebensimmanenten Schöpferkräfte eine souveräne Überwindung der Angst erreicht.

In der kindlichen Lebensangst steckt eine Unsicherheit, weil den Ursachen nicht zu Leibe gegangen wird. Ähnlich ist die Angst des Infantilen, ihm fehlt die sachliche Erprobung seiner Urteile und das Aufsichnehmen der Verantwortung für seinen Entschluß. Von solchen Schwächen unterscheidet sich das *schöpferische Meistern* der Angst durch *geniale Kindlichkeit.* Wie der Anfänger beim Skifahren ungeschickt ist aus Angst, zu stürzen, und darum erst fallen lernen sollte, lernt man mit der Lebensangst umgehen durch Erproben des Verhaltens *unter* der Angst. Edvard Munch und Alfred Kubin erlebten die Angst intensiv, jeder auf seine Art, und machten ihr Erlebnis künstlerisch anschaulich. Ihre Gestaltungskraft war nicht gelähmt durch Ichbezüglichkeit und ihre Beengungen; wenn, wie bei diesen beiden, abgründige *Weltangst* private Glücksbedürfnisse überwölbt, entsteht sozusagen der Demiurg der Nachtseite. Der *Gestalter* ergreift Besitz von der persönlichen Existenzform, die Motive der Angst werden zu Motiven der Darstellung; wenn man will, sind es jene Kompensationen, die man besser nicht antastet, doch solche in sublimierter Form. Künstlerische Verantwortung beantwortet die Doppelfrage, *für wen* und *wem* man verantwortlich ist, unprivat, so persönlich die Formsprache sein mag. Hiermit verändern sich die Symptome. Beim Tier spannt Angst die Kräfte an zur Verteidigung oder Flucht, Menschsein erfordert andere dynamische Haltungen als Tiersein. Im genialen Falle gilt die Angst *der Sicherheit und dem Bestand des Menschen in höchster Potenz;* dies entbindet eine seelisch-geistige Dynamik, deren Ziele nicht in der Einzelexistenz befangen und nicht auf deren Schutz bezogen sind. An diesem Punkt beginnt das sakrale Menschenopfer: man ist es nicht, weil man keine Angst hat, sondern gibt sich trotz Angst dazu hin durch die Kraft einer höheren Bestimmung.

Solche Konstellationen wie die von Munch und Kubin wollen anders gedeutet sein als die eines Durchschnittsmenschen, doch dieser kann daraus lernen. Einen klassischen „Angstaspekt“ finden wir bei Alfred Kubin in der engen Konjunktion von Mond und Saturn in FISCHE, dem Zeichen des Weltverlorenseins. Mond ist außer dem Bezug auf das Gemüt auch Muttersymbol. Am frischen Grabe der Mutter hatte Kubin Selbstmord versucht, dann aber seine bedrohlichen Stimmungen erfolgreich mit der Zeichenfeder bekämpft. Wesenskern (Sonne), Intelligenz (Merkur) und visionäre Bildphantasie (Neptun) tendieren dem 8. Felde gemäß zur Beschäftigung mit dem Transzendenten, Kubin „sah“ Geisterhaftes, das für andere nur Literatur war. Statt aber sich in der „anderen Seite“ zu verlieren (Titel seines Romans), womit man nicht mehr in die normale Welt hineinpaßt, begegnete sein Gestaltungswille dem Sog des Hintergründigen. Als seine Frau ihn zum Psychoanalytiker bringen wollte, wehrte er ab: „Laßt's mir die Angst, dös is mei Kapital.“

Bei Edvard Munch ist die Stunde nicht zu ermitteln, wir müssen uns an die Tageskonstellation im Tierkreis halten. Hier finden wir Saturn „unversehrt“ im Sextil zur Sonne, diese aber in Konjunktion mit Merkur, der in Opposition zu Uranus von hochgradiger Sensibilität und Anfälligkeit des Nervensystems spricht. (Auch bei Nietzsche, Grillparzer, Voltaire vorhanden.) Ein Aspekt der geistigen Grenzgänger. Die andere Opposition, die von Pluto zu Jupiter, leuchtet in die Extreme des hintergründigen, gefahrenumwitterten SKORPION-Prinzips, besetzt durch Venus, Jupiter, Mars und Mond; die beiden letzteren umklammern mit dem aufsteigenden Mondknoten das „Tor zur Nachtseite“ (vgl. Bd. III, S. 433). Anfang und Ende dieser Kette stehen in Aspekten zu Neptun, dem visionären Element. SKORPION, als Stilprinzip dem 8. Felde analog, bedeutet im Kreislauf die Krisis durch Zerstückelung der normalen Welt; ein den „alten Adam“ betreffender, zumindest unbewußt vorhandener Todestrieb erzeugt eine Unruhe, die nach seelischer Wiedergeburt drängt. Die pathologische Bedrohung brachte Munch in die Nervenklinik. Doch der Wesenskern enthält, entsprechend der Sonne in SCHÜTZE, eine „Überstiegstendenz“, sie wird belegt durch seinen Ausspruch: „Ich glaube nicht an eine Kunst, die nicht dem Drang des Menschen entwachsen ist, sein Herz zu offenbaren.“ Munchs Bilder sind Selbsterforschung durch künstlerische Mittel, sein Werk ist durchzogen mit Angst in Verbindung von Liebe und Tod; das Hineinblicken in sich und sich Offenbarenkönnen wurde ihm zur Heilung.

Dieser Fall Munch veranschaulicht, daß Schutzbedürfnis (Saturn) nicht immer eine Mauer um sich baut und einer

Abb. 2 Edvard Munch,
9. Dezember 1863,
Löiten/Hedemarken

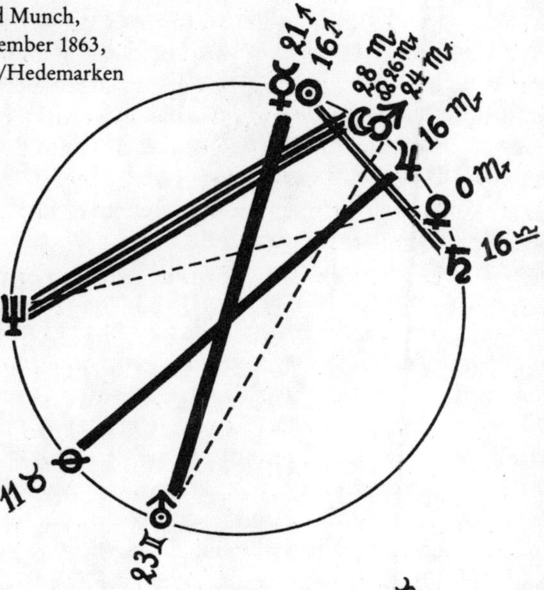

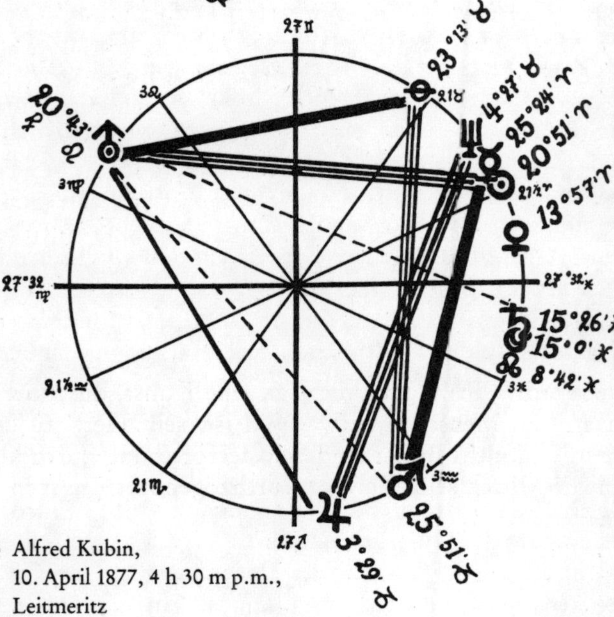

Abb. 3 Alfred Kubin,
10. April 1877, 4 h 30 m p.m.,
Leitmeritz

Öffnung des Herzens (Sonne) nicht zu widerstreben braucht. Munch wie Kubin zogen ein einsames Leben vor, ihr Schaffen behielt eine die egozentrische Enge durchbrechende Strahlkraft. Darin liegt die aufbauende Bedeutung des Stützungsaspekts zwischen Saturn und Sonne, bei Kubin auf ein schwaches Halbsextil reduziert, stärker aufgefangen von Venus.

Natürlich braucht man zur Auswertung disponibler Kräfte nicht Künstler zu sein, die Gestaltungskraft kann sich auch anderer Mittel bemächtigen. Weniger heißt die Lösung, Versagen durch Vitalität zu überwinden, als *Wegfall inferiorer Sicherungsmaßnahmen,* mit denen „negativer Saturn“ uns in die Enge treibt (Munch erlag solchen teilweise erst im Alter). Abgesehen vom epochalen Wert betrachten wir das Werk dieser beiden Künstler hier aus der Perspektive erfolgreicher Angstbekämpfung. Der konstellative *Ansatz* der Angst ist nicht allein in Saturn zu suchen, dieser betrifft mehr die *Zuständlichkeit;* bei Munch lagen die Einfallstore analog dem SKORPION-Prinzip besonders im gestörten Grundvertrauen zum anderen Geschlecht. Die meist bei der Angst gefundene affektive Note (Herzklopfen, Zittern, auch Erblassen) oder schmerzbegleitete Aggressionen entspringen den aufgerufenen Gegenkräften, die nur nicht durchdrangen gegen Realitätsverlust und extreme Hilflosigkeit. Das Wort Angst hängt mit Beengung zusammen (angustia), der freie Atem ist eingeschnürt, gelöstes „Lassen“ ist für die Überwindung wichtiger als gespanntes „Tun“.

Dies unterstreicht die Wichtigkeit des Mondhaften als Gegenspieler des Saturnischen. Spätere Symptome bereiten sich im „mondhaften Zustand“, beim Kinde vor. Grobe Erziehungsfehler wie Drohungen mit dem schwarzen Mann, den Kleinen in den Schrank sperren, fördern bekanntermaßen die Angstbildung. Leere Sprüche wie „mach keine Geschichten“, „nimm dich zusammen“ beseitigen nicht, was ins Kraut schoß. Gerade unselbständige Musterkinder wissen nachher bei Erblicken des Ungewohnten, Unheimlichen meistens nichts mit sich anzufangen. Ein Irrtum ist es jedoch, daß zivilisatorischer Druck (Reinlichkeitsritual, soziale Anstandsregeln) die Angst hervorriefe; Anlagen wie starke JUNGFRAU-Betonung enthalten neben Willigkeit dafür oft eine Ängstlichkeit des Verhaltens zum Unbekannten. Man kann späterer Lebenszuversicht nicht besser vorarbeiten, als wenn man das Kind eigene Entschlüsse erproben läßt, ihm dadurch zur Erfahrung seiner selbst, zur Bewährung im tätigen Umgang mit der Mitwelt verhilft. Ein so „erzogener Saturn“ hindert keineswegs den „solaren Zustrom“, sondern verschafft dem Lebensantrieb ein Fundament. Angst beruht weniger auf einer Einzelursache, als der Häufung vieler in die Haltung eingegangener Bedingungen; so, wenn man verpaßten Gelegenheiten ewig nachtrauert oder Schuldgefühle züchtet, deren Recht oder Unrecht man im Dunkel läßt statt Greifbares in eine Katharsis (Reinigung) überzuleiten. Dergleichen überspannt bildet die „Gewissensangst“. Vielerlei nachklappende Vergangenheit pflegt sich in der Lebenskrise um 56 (der hippokratischen Cäsur) in Form von grundlosem Mißbehagen, Unbefriedigung, Todesangst oder in massiven Krankheiten zu melden.

Auch die Regierung des Einzelnen hat ihr Skelett im Schrank und es folgt ihm heimlich, unterschwellige Ängste auslösend, mit dem, was C. G. Jung „den Schatten“ nennt. Hiervon an seiner Stelle. Wer das Aktivum in sich weckt, öffnet den Schrank und faßt ins Auge, was zu befürchten wäre, wenn man es heraus ließe. Der ertappte Gegner bietet die Handhaben, ihn zu besiegen. Einmalige Überwindung genügt aber nicht, sondern stets wenn die solare Selbstüberzeugung nachläßt, regrediert man auf die Angst als der primitivsten Saturn-Entsprechung.

Man kann einen Menschen nur eingebettet in seine Epoche und seinen Kulturkanon richtig verstehen. Die Gesamtstimmung färbt auf den Einzelnen ab, das Zeitklima begünstigt oder unterbindet die Ausbildung bestimmter Anlagen. Das, worin Munch und Kubin, auch Kafka und andere noch Außenseiter waren, hat eine nachfolgende Generation überschwemmt. Gesprochen wurde allgemein von einer Angstpsychose. Dies war und ist nicht nur eine begreifliche Gemütshaltung nach Kriegen und unabsehbaren politischen Katastrophen. Freilich klingen Hunger- und Bombenjahre in vielen Überlebenden heute noch nach. Als Bestandteil einer längst im Gange befindlichen Menschheitskrise kommen darin Elemente zum Vorschein, die sich im individuellen Meßbild konstellieren. Kollektive, meist inferiore Entsprechungen unterbauen die Äußerungen des Einzelnen, soweit er im großen Strome schwimmt. Heute darf etwa Jupiter nur mit Vorbehalt als Symbol religiöser Sinngebung und Hort des Vertrauens eingesetzt werden, während die Bedeutung von Saturn für Gewissen, Erfahrung und gesunden Wirklichkeitssinn oft übertönt wird durch seine Geltung als Angstsymbol. Es sind mit anderen Worten Gestirnstände anders zu deuten als wenige Generationen zuvor.

Mancherlei Gründe gibt es. Geschichtlich wirkt der naturwissenschaftliche Realismus aber auch unverdaute Romantik des vorigen Jahrhunderts nach, der Geist-Materie-Dualismus, die christliche Trennung von Gott und Welt, soziale Umschichtungen: Unvereinbares in vielen Kanälen der Einflußnahme. Hochgezüchteter Intellektualismus und Wirtschaftsdenken untergraben eine glaubwürdige Sinngebung. Kein Wissenschaftler überblickt mehr das rapid anwachsende Gesamtwissen. Technische Entwicklung, wo sie außer humane Führung geriet, spiegelt das gestörte Verhältnis zwischen menschlicher Zivilisation und außermenschlicher Natur. Viel Ratlosigkeit vor den vom Fortschritt aufgedeckten Widersprüchen geht um, Bildungsvorurteile suchen erklärende Begriffe für das Unbekannte bereit zu halten. Politische Desillusionierung und Proteste gegen das Bestehende untergraben gültige Maßstäbe. Allgemein ist der Druck ungelöster Probleme. Manche erwarten Ferien im Rauschgift, taumeln sozusagen illegal in ausgeweitete Räume, andere packt das Reisefieber, einige beschränken sich pedantisch auf ein Sachgebiet. Hinter allem lauert die Weltangst mit dem Gefühl der Ausweglosigkeit.

In dieser Umgestaltung aller Werte, die sämtliche Beziehungen des Menschen zur Existenz, des Denkens zur Sinneswelt, nicht minder staatliche Zusammenfassungen, einbegreift, sollen wir heute unser Wesen verwirklichen. Unverkennbar enthält die moderne Gesellschaft eine Tendenz, die lebendige Auseinandersetzung zwischen Persönlichkeiten aufzuheben im Begriff der Funktion. Wenn ich aber nur das bin, was ich funktionell für das kollektive Ganze darstelle, kann mich jeder ersetzen, der diese Funktion besser erfüllt. Mein übriges ist dann nichtig, zählt nicht, mit Recht werde ich zum alten Eisen geworfen. Das so geschwächte Persönlichkeitsganze wird anfälliger für die Angst. Mein Selbstvertrauen gründet sich ja darin, daß ich in meiner besonderen Artung, mit erworbenen Fähigkeiten, Erfahrung und Einsicht, einen Platz einnehme, den kein anderer ausfüllen könnte. Dann ist wechselseitige Beziehung mit nicht austauschbaren Eigenschaften möglich und was geschieht, wird nicht an der großen Zahl gemessen.

Stoff genug zur Angst ist vorhanden, aber auch Lebensglaube, trotz Ungewißheit, Suchen nach einem Sinnzusammenhang.

Unser Thema der Astrologie verlangt noch ein Wort zur *Schicksalsangst.* Sie ist sozusagen die Angst der Ängste und scheint mit dem Begriff des Schicksals, wenn wir darunter das *unbestimmt Anrückende* verstehen, unzertrennlich verknüpft zu sein. Die Sucht, genau wissen zu wollen, was einem beschieden ist, brachte die fatalistische Astrologie hervor. Auch im tragischen Fall kann ein Vorauswissen zur Peripetie führen, mit der sich ein Knoten auflöst und heroische Entschlußkraft frei wird. So stellten es die großen Bühnenstücke dar. Hier nun bringt die revidierte Astrologie eine grundsätzliche Wendung mit dem Begriff des *Strukturzwangs.* Sehen wir, was persönliches Schicksal genannt werden kann, in Einklang mit dem Anlagengefüge, so ändert sich die Haltung den Determinationen gegenüber. Wir sehen dann einen Sinnbezug und werden auch ein widriges Schicksal annehmen, um den darin verborgenen Auftrag zu erfüllen. Die Symbole bleiben dieselben, die Wunden und

Beglückungen des Einzelnen werden nicht weggewischt, aber die daraus entspringenden Probleme sind eigene und wesentliche, ihre Lösung stellt uns anders in das kollektive Schicksal, das wir der Geschichte anvertrauen.

Aggression

Beim homo ludens Huizingas kann kriegerische Auseinandersetzung ein nobel geregeltes Spiel sein, für Heraklit war der Krieg der Vater aller Dinge, Machiavelli läßt sogar die Freiheit dem Parteienkampf entspringen, nach Konrad Lorenz wandeln lernbegierige Menschen ihre Aggression in Gestaltung der Umwelt. Diese Autoren meinten allerdings samt und sonders etwas anderes als rohe Schlächterei und waren sich darüber klar, daß es um Auswirkungen einer uns gemeinsamen *dynamischen Komponente* geht. Die Auswirkungen fluktuieren in Spruch und Widerspruch, denn auch auf der Triebebene schlägt der Unruhestifter bisweilen in den Retter um, nicht infolge aufgepfropfter Moral, sondern aus dem Spielcharakter einer um Vorrang und Auszeichnung ringenden Dynamik, wechselseitig sich antreibender Kräfte.

Man wird dem hierauf bezüglichen „Mars" erst dann gerecht, wenn man ihn aus der Moral heraushebt. Es lassen sich ebensoviel triftige Gründe herbeibringen dafür, daß der Mensch gut, als dafür, daß er böse ist. Doch die Grundthesen von Robespierre, Metternich, Bismarck, Hitler, Gandhi und wie sie heißen mögen betreffen sämtlich das politische Verhalten. In ihm ist der friedlichste Mann, wenn er alle anderen von seiner Überzeugung ausschließt, kaum weniger aggressiv als der bedenkenlose Angreifer.* Politik

* Im Absolutheitsanspruch gegenüber anderen Religionen liegt eine aggressive Note auch des Christentums und Islams, nicht minder als in der Intoleranz wissenschaftlicher und politischer Richtungen. Wo sich dies zum Fanatismus der Weltverbesserung steigert, werden die Auswirkungen einer Überzeugung schonungslos. Über den darin steckenden Denkfehler vgl. S. 149.

im wahren Sinne geht hervor aus der Form, die Dinge, die mehrere angehen, gemeinsam zu bedenken. Gemeinsame Betrachtungsart und Koordination ist dem principium individuationis entgegengesetzt, insofern „venushaft“ gegenüber dem „Marsischen“. Damit könnte man dem Clausewitz'schen Satz, daß der Krieg die Fortsetzung der Politik mit anderen Mitteln sei, recht geben, nur deckt die kausale Ableitung nicht völlig die Gegensatzverwandtschaft, also das dialektische Verhältnis zweier in uns verankerter Prinzipien.

Noch etwas sei zur Klärung der Begriffe vorausgeschickt. Zuweilen hat man Aggression und Sexualität als Gegensätze aufgefaßt; untergründig spricht dabei die Spannung von Haß und Liebe mit, auch diejenige von angriffslustigem und genießerischem Verhalten. Richtiger stellt man *Trieb und Eros* einander gegenüber, analog der Verwandtschaft triebmäßiger Angriffskraft mit Aggression, aufschließendem Eros mit friedlicher Zuwendung und Einigung. Ebenso klingt Platons „Thymos“, ungestüme Leidenschaftlichkeit, und „Epithymia“, Wunschkraft und Lust, an. Astrologisch wäre dies das Gegensatzpaar Mars und Venus (in der Antike bekanntlich der Kriegsgott und die Liebesgöttin); das aggressive, vorwiegend männliche Verhalten im Sexualakt bezeichnet also das Marsische. Nur muß man unterscheiden zwischen der feindseligen Note in der Aggression, sowie der Aktivität, dem alle Organäußerungen und innere Zustände umfassenden Tätigkeitsdrang, dem marsischen Oberbegriff. Wer das Gewicht auf gehässigen Streit hin schiebt, verfälscht das Marssymbol, gibt ihm den primitivsten Inhalt.

Wollte man die menschliche Vielschichtigkeit und die Vielart der Individuen auf „Marsmenschen“ und „Venusmenschen“ vereinfachen, dann würde man damit folgenden Unterschied hervorkehren. Für den marsischen Menschen bedeutet das gegenwärtig Vorhandene eine ewige Herausforderung, auf die er aktiv antwortet; auch wenn er nichts zu sagen weiß, tut er oft etwas um des Tuns willen. Der venusische Mensch hingegen betrachtet das Vorhandene vom ästhetischen Standpunkt, als Angelegenheit des Geschmacks. Er läßt gewähren, was er schön findet und flieht, was er verabscheut, wovor ihn ekelt, modelt nur um, was sich willig formen läßt und so, wie es in seinem Belieben steht. Jener ist der ständig Aufgereizte und Getriebene, er sucht und braucht die Arbeit, dieser kultiviert die Muße, genießt den Augenblick und erlebt darin die Ewigkeit.

Solche einseitigen Ausformungen mit denen man eine Typologie aufstellen könnte, kommen natürlich nie rein im Leben vor. Es sind Faktoren in jedem, die hier zugrunde liegen. Aus dem Unterschied aber wird verständlich, daß im Marsischen der *Ansporn zu höherem Rang der Leistung* steckt. Er gibt den Ausschlag bei der natürlichen Selektion. Allerdings kann die Ansprechbarkeit darauf auch Stopsignale auslösen. Bei manchen Tierarten findet kein Auslesekampf zur Befruchtung statt, vielmehr bewirkt das Vorhandensein eines „Ranghöheren" bei den jüngeren, weniger entwickelten Männchen eine bis in den Hormonhaushalt gehende Uninteressiertheit an der Fortpflanzung. Man hat dies psychische Kastration genannt; der Ausdruck war schlecht gewählt, denn Kastration ist etwas Unwiderrufliches, während bei den betreffenden Tierarten der Wegfall dessen, der als Befruchter bisher den unumstrittenen Vorrang hatte, in den aufrückenden Individuen den Geschlechtstrieb neu erweckt. Analoges findet sich beim männlichen Menschen zumal in der Primitivverfassung, jedoch stärker ins Seelische und Geistige übersetzt: ein Zurückstehen, sich nicht die Leistung zutrauen angesichts des Erfolgreichen, Vitalen, Durchsetzungskräftigen, der „abschießt was ihm vor die Flinte kommt", scheinbar besser Begabten oder sonstwie „ranghöher" Abgestempelten. Dies wird zur Quelle bestimmter Minderwertigkeitsgefühle, für welche die „angeschlagene" Marsstellung einigen Anhalt gibt, sowie für den Gegenschlag eines im Protest sich bekundenden Aufwertungsdrangs.

Wissen wir, daß die Wesenskraft Mars eine unveräußerliche Komponente der Individualisierung ist (auch das kreisläufige System der Auseinandersetzung mit der Welt, der Tierkreis, beginnt in einem Marszeichen), dann werden wir die Beurteilung nicht nur aus Analogien von menschlichem und tierischem Verhalten ziehen, Aggression nicht gleichbedeutend mit dem Tötungstrieb verstehen oder sie schlagwortartig als „das Böse" abtun. Zugrunde liegt einfach der *dynamische Ansporn* im Guten wie im Bösen. Freilich, gewalttätiger Angriff auf Selbständigkeit und Leben der Mitmenschen, Einmischung zum Zweck der Ausbeutung bedeutet jenes Gift menschlicher Beziehungen, das Mars in der Vulgärastrologie das Odium eines Übeltäters eingetragen hat. Doch abgesehen davon, daß hierzu immer vielerlei zusammentritt, kommt es in der Individual- wie in der Kollektivgeschichte auf Gerichtetheit und Dosierung an. Was bei gleicher Richtung in kleiner Dosis kulturfördernd ist, kann massiv angewandt zerstörend wirken. Große Umwälzungen im Massenmaßstab kommen anscheinend ohne starke Dosen nicht zustande. Wichtiger als mechanische Richtung und quantitativer Einsatz ist aber die *Qualität der Antriebe*, welche der *Entwicklungshöhe* entspricht. So kann Mars im Kosmogramm gleicherweise edlen Wettbewerb wie eifersüchtige Rivalität oder rücksichtslose Konkurrenz bedeuten, beim einen ist er Repräsentant geschärften Erkenntnistriebes, beim anderen dienen dieselben Begriffe (etwa „Kampf um neuen Lebensraum") zur Beschönigung der Gewalt. Es gibt sowohl offen gezeigte als auch verschleierte oder verfälschte Triebe. Stagnierende Verhältnisse in Fluß bringen sagt noch nicht, was antreibt und aus welchen Motiven es geschieht.

Wissenschaftliche Untersuchung stellt also fest, *daß* und *wie* aktive Entäußerung stattfindet. Das *Warum* ist Sache der Entwickeltheit. Keineswegs ist diese Wesenskraft deswegen eine motivisch indifferente Bewegungslust. Organische Kräfte sind immer konkret. Jeder Trieb will Bestimmtes, Mars will „verändern", und die psychische Substanz, die zu Gewalthandlungen der Massen organisierbar ist, liegt in jedem Einzelnen bereit. Physiognomisch fängt es klein und unbemerkt an. Man geht impulsiv auf den Angeredeten los, mancher unterstreicht seine Worte durch drohendes Augenrollen ohne bewußt eine Drohung zu beabsichtigen. In der Spielart des Temperaments haben wenige den Tätigkeitstrieb am Zügel und nach einem russischen Sprichwort geht der Verstand in die Trompete, wenn die Fahne flattert. Gerade Mars braucht deshalb Kontrolle und Disziplin. Es gibt eine Aggression aus Angst: damit man mir nichts tut, greife ich an (Motto: „Der Angriff ist die beste Verteidigung"). Es gibt auch eine Flucht nach vorn: Draufgängerei, die sich tapfer dünkt, verbirgt oft ein feiges „sich um einen Konflikt herumdrücken", statt ihm standzuhalten.

Elementar gesehen möchte Mars durch Kalorien erledigen, was geistige Einsicht verlangt. Seine hervorgehobene Stellung macht Menschen, die dem erstbesten Antrieb nachgeben, sozusagen zur Kraftmaschine, bei welcher Wärme in Arbeit umgesetzt wird. Es entspricht durchaus unserer „Leistungswelt", nur sind die natürlichen Äußerungen verschieden mit dem Zeichen. Bei Feuerzeichen liegt die Betonung im Fertigwerden mit der Triebsphäre, der Verantwortliche beherrscht sie, der Unberechenbare will durch sie herrschen, faszinieren. In Wasserzeichen ist Tätigkeit oft der Rückschlag empfundener oder auch nur vage gefühlter Verletzungen, Aggression mitunter Reaktion auf eingebildete Gegnerschaft. In Luftzeichen entstehen kämpferische Impulse aus begrifflichen Diskrepanzen, dem Andrang von Nervensentationen, manchmal einem leichtherzigen „mal sehen, was dabei herauskommt". In Erdzeichen dominieren materielle Zielsetzung und Vorsorge, mitunter ein sich selbst aufgedrungener „Streß", um den schwerblütigen Tätigkeitstrieb anzukurbeln. Dieser dem Tierkreiszeichen gemäße Stil des Ausdrucks lehrt einen sich selbst überwachenden Menschen den Reizmechanismus erkennen, den es an Kandaren zu halten gilt. Verbissene oder frivole Übergrifflichkeit, sarkastischer Schnitt durch bestehende Beziehungen entsteht aber meist aus Konflikten, deren Lage sich in Marsaspekten anzeigt.

Hieran bricht die niveaumäßige Verschiedenheit der Entsprechungen auf. Etwa „Mars analytisch zu Jupiter" greift in den Unterschied von Trieb und Drang ein (vgl. Bd. III, S. 191). Eigentlich sollte menschliche Sinngebung und Vernunft, Wohlwollen und Rechtlichkeit, insgesamt Jupiterforderungen, die tierischen Instinkte überbieten. Zum Menschen gehört eine andere Form gegenseitiger Hilfe als in Brutpflege und Herdentrieb vorgegeben. Doch bei der üblichen Sündenbockpsychologie verwandelt sich dies gern in Forderungen an andere, gegen die man, wenn sie der projektiven Erwartung nicht genügen, aggressiv wird. Die Streitlust setzt also genau da an, wo ein charakterliches Manko rumort, Unrecht droht verübt zu werden, wo man an sich selbst zu bessern hätte. Im eigenen Inneren ausgekämpft lösen sich solche Probleme.

Wer angegriffen wurde, unterscheidet gewöhnlich nicht, ob es aus Böswilligkeit, unter dem Druck von Naturgewalt oder als engagierte Selbstbehauptung geschah. Er wehrt sich oder leidet, am Affekt entzünden sich wieder neue Taten, im überhitzten marsischen Klima wartet man nicht ab, bis Ziel und angemessene Tätigkeitsform sich aus der Sache entwickeln, man greift zu, greift vor, greift ein, bis ein Herrschafts- und Unterwerfungsverhältnis hergestellt ist.* Kants Friedensmodell und andere Aufrufe zum ewigen Frieden bleiben wirkungslos, solange wir nicht im Alltag das Trieb- und Dranghafte lebensfördernd unterbringen lernen. Der persönliche Unruheherd ist schwer erkennbar, auch Doktrinen mit dem Absolutheitsanspruch verleiten zu streitbarem Verhalten aus dem Ehrgeiz des „Vorkämpfers für eine gute Sache."

Man kann in Aggressionshandlungen hineingezogen werden ohne sie zu billigen, sich aber dem Problem nicht stellen, sondern es verdrängen. Das heutige Stichwort „unbe-

* Das angreiferische Tempo kommt außer im Zeichen in Marsaspekten zum Ausdruck. Man vergleiche etwa bei Napoleon III. (Bd. III, S. 453-459) die Konjuktion von Mars und Sonne, sowie die Opposition des Uranus, mit der Marsstellung bei Bismarck. Bei diesem hält Venus Quadrat Mars eine vielleicht ebenso starke Angriffslust zurück, das Trigon zu Jupiter im Venuszeichen läßt das Zurückgehaltene diplomatisch auf den Erfolg hin einfädeln, die Nähe von Saturn zu Mars verstärkt die Tendenz, „auf sicher zu gehen".

wältigte Vergangenheit", auf Gewaltherrschaft und Krieg gemünzt, schließt auch private Versäumnisse ein. In diesem Zusammenhang sei an das Aktivum des Vergessens erinnert, das die Reproduktion unangenehmer Inhalte abwehrt (vgl. Bd. III, S. 154). Vergessen ist kein zufälliges Herausfallen aus dem Gedächtnis. Gerade ein Mensch mit einem „Rechtsgefühl das einer Goldwage glich", wie es Kleist dem Michael Kohlhaas zuschreibt, kann durch psychische Komplexe seinen Lebensglauben schützen. Anderseits gibt es Situationen, in denen sich das Versäumte auf skurrile Weise meldet. Hierfür ein Beispiel.

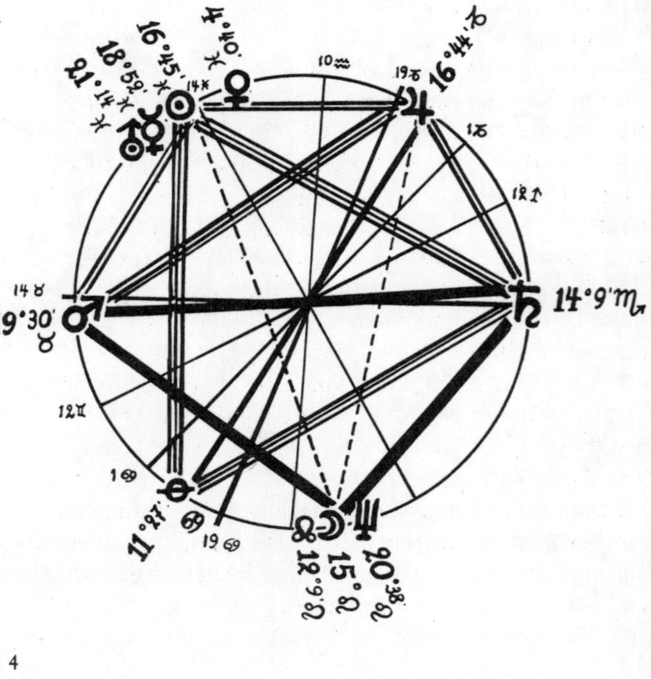

Abb. 4

Ein junger Soldat kehrt aus dem Kriege heim, wirft den Druck der Verpflichtungen ab, findet eine passend scheinende Frau und will heiraten. Beim Hinschreiten mit ihr zum Altar und während sich sein Gemüt der Feierstunde öffnet, bestürzt ihn der Einfall: wie war meine Gewehrnummer? Er kommt sich vor wie in der Rekrutenzeit und erinnert sich an Aussprüche des Vaters, welchen Wert man im früheren Krieg auf das Wissen darum legte. Unklar ist ihm, ob es auch diesmal der Fall war. Beruhigend fällt ihm ein: aber sie muß ja im Soldbuch stehn! Die eingeredete Gleichgültigkeit, heute nehme man es nicht so genau, stellt sich trotzdem nicht her. Die ehedem automatisch vorgestellte Ziffer ist unauffindlich, scheint völlig dem Gedächtnis entfallen. Der Mann ärgert sich. Immer wieder zieht ihn heimliches Nachsinnen von den weitergehenden Hochzeitsfeierlichkeiten ab: wie war doch die verdammte Gewehrnummer?

Unser grotesk anmutender Fall bringt als Problem vor ernstem Hintergrund zum Ausdruck, daß die Erfahrungen des Krieges nicht verarbeitet wurden. Der „Befehlsnotstand" hatte diesen Mann in Lagen gebracht und zu Handlungen veranlaßt, die seine FISCHE-Weichherzigkeit verletzten. Wer zwangsweise etwas tun muß, was ihm zuwider ist, zur offenen Gegenwehr aber weder Entschlußkraft noch Möglichkeit hat, findet zwar nach einiger Zeit meist einen Modus, mit den Spannungen fertig zu werden. Vom Grundgefüge geht jedoch eine Unterminierungsarbeit aus, die solche Brücken gelegentlich zum Einsturz bringt.

Gemäß dem STIER-Aszendenten waren die persönlichen Reaktionen stets privat geblieben. Im selben Zeichen steht Mars, dies gilt als friedfertigste Art der Aktivität, wenn nicht aufeinandergesetzte Reize eine richtungslose Panik hervorrufen. Saturn in SKORPION dem gegenüber bezeichnet eine hochgradige Affizierbarkeit durch grausames, das Menschenbild entstellendes Umweltsgeschehen. Zwar können solche Eindrücke sich einkapseln, notgedrungen entsteht dann stumpfe Kontaktlosigkeit, doch das erweckte Gefühl für ein „Dų" rührt an diese Komplexe. Als harmonisierenden Punkt der genannten Oppositionsachse treffen wir nun die Sonne in FISCHE an, im Zeichen der universellen Liebe; zur Wahrung dieses Menschenbildes können wir uns von da ausgehend eine Verdrängung denken (wofür auch das 12. Feld spricht), ein das Peinliche abblendendes Vergessen. Der andere harmonisierende Punkt ist Jupiter in STEINBOCK, er vertritt im 9. Feld als obersten Wert die Absolutforderung höherer Gerechtigkeit, befindet sich in Opposition zu Pluto im 3. Feld, der drastischen Belehrung vom Gegenteil. Sonne und Jupiter stehen in Quincunxaspekten zum Mond, Symbol des Gemüts, das analog LÖWE emotional in vollen Zügen aufleben möchte, dem 5. Feld und der Neptunkonjunktion entsprechend im Liebesrausch.

Im Augenblick da unser Mann, lange erduldete Härten abschüttelnd, endlich in sein privates Wunschleben eintreten will, überfällt ihn das Unerledigte, die kollektiv beherrschte Vergangenheit, mit einem mahnenden Hinweis. Wir fragen das Kosmogramm: wie ist er überhaupt mit dem Kollektiv verbunden? Unter dem Horizont, wo es um Persönlichkeit und Eigenleben geht, steht außer Pluto und Mars (der ins Unbewußte gesunkenen eigenen Aggression) nur der Mond zwischen Neptun und dem aufsteigenden Mondknoten (vgl. Bd. III, S. 433 = Einstieg in die Welt unbewußter Gefühle und bildhafter Assoziationen). Traumumwobene schwärmerische Liebeserwartung steht damit dissonant verspannt zur Achse des Streits und der Härte (Mars-Saturn). Quadraturen in fixen Zeichen sind von beharrlicher Wiederkehr bis sie gelöst werden. Das den Seelenfrieden Bedrohende will ausgestoßen sein, bevor das Gefühl zur Hingabe frei wird. Das schwache Halbsextil von Mond zu Pluto, als Symbol überwertiger Energie im inneren Zusammenhang mit dem Marsischen, bietet ein maskiertes Bild, die „Gewehrnummer“, als spannungslösendes Motiv an.

Bei diesem Beispiel wie bei allen übrigen verwechsle man astrologische *Erklärung* nicht mit astrologischer *Determination.* Ein Mann mit demselben Geburtsbild hätte vielleicht zur gleichen Zeit geheiratet, auch bei ihm kam vielleicht wie im vorliegenden Fall eine Mutterbindung, analog den Quadraturen von Mond zu Mars und Saturn, hemmend hinzu. Doch die Entsprechung des inneren Zustandes war einmalig. Daß die Störung sich so zuspitzte und im abseitigen Einfall mit der Gewehrnummer ihren Ausdruck fand, war vom Okkupiertsein durch die Soldatenzeit geprägt und hatte Bezug auf das Kollektivgeschehen. Hiermit griff ein allgemeines Schicksal in das individuelle Schicksal ein. In den Punkten „Saturn“ und „Jupiter“ war die Struktur mit der Gemeinschaft *verklammert.* Die Persönlichkeit mußte nun diesen beiden Faktoren gemäß grausame Umwelterfahrungen und eigene Gerechtigkeitsforderung zusammen verarbeiten. Der Jupiter gegenüberstehende Pluto, Energie also, die im gestörten Gleichgewichtszustand nicht mehr unterzubringen war, löste eine radikale Entwicklungskrise aus.

Assoziationen gaben bei dieser seelischen Bereinigung des Vorfelds der Ehe noch genauere Lotung. Zu „Nummer“ fiel dem Manne ein, daß dies der despektierliche Soldatenausdruck für Koitus war. Das Gewehr ist bekannt als Sexualsymbol; darüber hinaus und hier an erster Stelle symbolisiert es den Krieg, den Hintergrund der letztvergangenen Jahre. Jene Sexualbedeutung weist hin auf einige der Heirat vorausgegangene Bedenken, ob es die richtige Frau oder nur eine Geschlechtsperson sei, ob etwa die Partnerwahl lediglich vom Trieb bestimmt war und der entscheidende Schritt mit ganzer Überzeugung gewagt werden dürfe. Abgesehen von der ethischen Frage entsprechen solche rückversichernden Ängste aber auch der mit Saturn am Deszendenten verbundenen Kontaktscheu. Analog der Opposition des Mars bedurfte es eines gewaltsamen Rucks, sie zu überwinden; stets bei Spannung von Mars zu Saturn hat der Unternehmungsgeist an derartigen Wendepunkten einen Widerstand zu brechen, dem Wagnis geht eine Beklemmung voraus, befreiend wirkt der Durchbruch.

Das Auftauchen eines „Mars“-Symptoms im entscheidenden Augenblick ist von bestimmter Bedeutung. Auch wenn Mars am Aszendenten steht, strebt schon das marsische Triebbegehren über den Bereich der eigenen Person hinaus. Dieses „über sich hinaus“ verlangt dem Jupitertrigon entsprechend in den Auftrieb zu Höherem verwandelt zu werden, im Konflikt mit dem selbstgenüßlichen „den anderen nur für sich wollen“, wie es bei Mars in STIER nahe liegt. Der Mann sah den Beginn der Ehe als Einstieg in eine höhere Lebensform an. Die aktive Entäußerung reißt am ganzen Gewebe der Marsbeziehungen. Das Sextil zur Sonne in FISCHE bringt Selbstüberzeugung erst bei Ausweitung ins Selbstlose. Anderseits will Mond in LÖWE vital leben und leben lassen, gleichzeitig in Mars- und Saturnaspekten bedeutet er eine von aggressiven Impulsen und depressiven Stimmungen umhergeworfene Seelenlage, sozusagen pathische Weiblichkeit mit maskulinen Einstreuungen. Noch dazu bei der Neptunkonjunktion, — Wunsch nach Erlösung im Lebensrausch — ist Maßhalten hier schwer.

Geht vom inferioren Saturn nur ein glattes „Nein“ gegen die privaten Antriebe und Wünsche aus, so behebt sich dies mit superioren Entsprechungen bei der Auswertung seiner Aspekte zu Jupiter und Sonne, dem Erreichen eines Weltstandpunkts, worin sich der Wesenskern bei bescheidenem äußerem Ehrgeiz innerlich den Vorgängen einer Menschheitswende eingeordnet weiß. Dies verstanden und verwirklicht zu haben war der Sinn des absonderlichen Einfalls. Dergleichen gibt die Geburtsanlage nur als Problem mit, das Ergebnis bei so ineinander verschränkten Strebungen hängt vom selbstbestimmenden Faktor ab. Der Anblick zerstörerischer Folgen des Krieges konnte ebensogut zu Verboten eigener Tatenlust und zur Askese führen, bei anderem Niveau wieder zu trotzig entfachter Aggression, Haß und Tötungstrieb. Der Heilige und der Verbrecher stehen nicht im Kosmogramm.

Am besonderen Fall zeigt sich Allgemeines. Ein Schlag trifft gelegentlich etwas ganz anderes als den Anlaß der Erregung, hier wurde die Braut unschuldigerweise zum Opfer einer Inkonsequenz des Bräutigams, wenigstens für den Augenblick, der ihr großer Tag war. Das Marsische läuft häufig auf Bahnen psychischer Übertragung, die an sich als mondhaft gilt (vgl. Bd. I, S. 122). Mit den Umleitungen der Triebenergie hat uns die Psychoanalyse bekannt gemacht, obenan steht der Ödipus-Komplex, eine personbezogene Mond-Entsprechung. Ungeachtet vieler dies bestätigender Beobachtungen legt sich die Entsprechungslehre nicht fest auf einen dynamischen Schematismus. Bei Mars- und Mond-Dissonanzen müssen wir auch andere Entsprechungen in Betracht ziehen. Direkteste Verbindung ist der Aspekt selber (in der Analyse eher gesteigerte als abgeschwächte Leidenschaftlichkeit), doch nicht die einzige. Es gibt indirekte Verbindungen, etwa Mars im Mondzeichen KREBS (dann ist die Stellung des Dispositors Mond mit zu untersuchen), ferner eine Gleichrichtung durch Stellung von Mars und Mond im selben Feld (auch ohne Konjunktion), schließlich Mars und Mond jeder an einem Eckpunkt (in sog. mundaner Quadratur). All dies begünstigt die Übertragung von Affekten oder Antrieben von den Ursprüngen zu Ersatzzielen.

Wie steht es denn mit der Aggression, wenn Antrieb und aktives Interesse überhaupt zu mangeln scheinen? Mars fehlt zwar in keinem Geburtsbild als Anlagenkomponente, marsisch ist jedes Herangehen an eine Sache, jeder irgendeine Materie bearbeitende Zugriff. Aggression hat aber auch die Form der *Selbstsabotage*, dann ist man selber das Objekt des eigenen zerstörerischen oder drosselnden Griffs (vgl. S. 189). Was die Vulgärastrologie oft als Indolenz und Faulheit beschreibt, sieht in der astrologischen Menschenkunde anders aus, wenn sie zu den *Gründen eines Verhaltens* vordringt. Freilich gibt es angeborene Neigungen zur Bequemlichkeit, häufiger jedoch Unterbindung der persönlichen Energie, Mißleitung durch äußeren Zwang oder falsche Vergleiche, Unklarheit über das, was zu tun förderlich wäre. Auch im eben gebrachten Beispiel sahen wir diese Gefahr im dissonanten Aspekt zwischen Mars und Saturn. Bei Saturn ist immer wichtig, welche Entsprechungen dafür sich in der Individualgeschichte herausgebildet haben. Wozu man Lust hat, sagt nicht alles, da es Teilreaktion in einem *gewordenen* Zustand ist, ausweichende Genüsse betreffen oder auch die makabre Lust der

Selbstzerstörung sein kann. Aufbaufähiges steckt jedoch hinter *angeborenen* oder *erworbenen Hemmungen, zuzugreifen,* vor allem bei Umleitung des *von außen her gestörten Eigenrhythmus.*

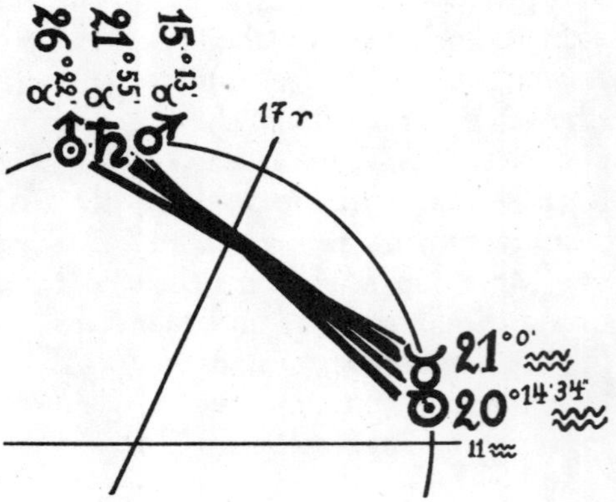

Abb. 5

Wie eine solche Störung des Eigenrhythmus aussehen kann, sei vorgeführt am abgebildeten Auszug aus einer Geburtskonstellation. Saturn beim Mars, zumal im fixen Erdzeichen, symbolisiert eine schon angeborene Hemmung, zuzugreifen; die Aktivität kann aber entschieden, fast grob herauskommen, wenn der Instinkt des persönlichen Soseins spricht, eine Handlung damit vereinbar ist und persönlichen Vorteil bringt. Im vorliegenden Fall nun muß sich fast unabweislich eine komplexhafte Erschwernis ergeben, wenn aus der unmittelbaren Lebensgemeinschaft, besonders von väterlicher Seite her (die beiden Vatersymbole befinden sich in Quadratur), störend in dies Sosein eingegriffen wird. Dies kann in bester Absicht geschehen. Die Sonne steht in enger Konjunktion mit Merkur, beide in WASSERMANN, nahe dem Deszendenten, was auf eine Stilisierung aus rationalen Gründen deutet. Außerdem stand der hier nicht aufgezeichnete Mond in Opposition zum Schnittpunkt zwischen dem angegebenen Uranus und dem in 11 Grad ZWILLINGE nachfolgenden Jupiter; ein solcher Eingriff konnte in der Kindheit geschehen sein.

Diese Konstellation fand sich bei einer Sprachlehrerin in militäramtlicher Stellung (Englisch-Unterricht bei Fliegern), gut aussehend und in ihrem Beruf nicht ohne Erfolg. Sie beklagte sich über völligen Mangel an Energie, Gefühl des Verlorenseins, Leere an produktiven Vorstellungen und dem Wunsch, irgend etwas anderes zu tun, doch kämpfend um ihre Freiheit. Hat sie eine freie Stunde und könnte sie über sich bestimmen, so verfällt sie aber in Depression. All dies entspricht den konstellativen Voraussetzungen. Die zwangshafte Apathie deutet auf ein Jugendtrauma. Die Anamnese ergab: von Geburt an Linkshänder, wurde das Mädchen wider Willen gezwungen, rechts schreiben zu lernen und überhaupt „wie alle anderen" sich zu bewegen. Diese Überwältigung durch gleichmacherische Umwelt, wobei der Vater wohl eine üble Rolle spielte, hat den Eigenrhythmus grundlegend gestört. Heute kann sie links nicht mehr schreiben. Doch die Aktivität ist nur eingekapselt, nicht ausgelöscht, Mars Quadrat Sonne bedeutet eine bleibende Spannung zwischen zwei Antriebssymbolen. Ihr krankhafter Zustand betreibt Selbstsabotage. Therapeutischer Vorschlag: mit beiden Händen in feuchtem Ton oder Plastilin modellieren, vorbildlos, nur dem eigenen Geschmack und Formgefühl folgend; damit würde der Eigenrhythmus in einem dem STIER-Prinzip entsprechenden Material wieder zur Geltung gebracht. Die Beschäftigung mit Plastik, einer Saturnentsprechung, fördert den gestaltenden Griff, die Marsentsprechung; die Stellung von Uranus am Ende der Dreierkonjunktion läßt einen plötzlichen Umschwung und Ausweg aus der Krise erhoffen.

Ungeachtet derartiger Spezifizierungen muß man immer den ganzen Spannungshaushalt überschauen, um zu beurteilen, auf welche Art und mit welcher Wucht sich die aktiven Impulse am „Mars-Ort" entladen. Der Spannungshaushalt geht aus der Gesamtaspektierung hervor (vgl. Bd. I, S. 278 bis 282). Mit spricht natürlich, welchen Abfluß an Energie die soziale Umwelt ermöglicht oder versperrt, für nicht unterzubringende Überschüsse kommt Pluto in Betracht. Erlebte Ohnmacht steigert entweder Wunschkraft oder Aggression. Ersehen wir zwar aus Mars eine kämpferische Tendenz, so besagt dies keineswegs, daß es immer Kampf um Selbstbehauptung sei; es kann auch selbstschädigende, aufreibende Verausgabung, eine Pflichtarbeit oder ein Kampf für Ideale sein. Außer durch Betrachtung von Aspekten und Tierkreiszeichen vertieft sich das Urteil darüber aus der Feldstellung des Mars, der Frage: woher rührt die Aktivität und wohin zielt sie? Der bei Nietzsche, Freud und anderen kulminierende Mars zeigt einen nach außen sich entladenden inneren Überdruck. Bei mondhafter Liquidität der Gefühle nimmt man es mit den Opfern nicht so genau; dann entsteht etwa der Mann, der zuhause Geschirr zerschlägt weil er dem Chef, dem Anlaßgeber seines Zorns, nicht entschieden genug entgegentrat. Solch „Abreagieren am bequemsten Objekt" gehört zur Problematik besonders der Wasserzeichen.

Etwas anderes als die „heißen" Mars-Sünden ist Sadismus: saturnisch gekühlt, gehärtet und eingeengt, mit verstopften Ventilen, niveaubezogen. Keinesfalls genügt das Zeichen SKORPION, dem man traditionell eine sadistische Ader zuschreibt. Die Herausbildung des Sadismus (nicht ohne masochistischen Gegenschlag in anderer Hinsicht) wird in diesem Zeichen der Krisis menschlicher Beziehungen zwar insofern gefördert, als darin Fremdanspruch besonders spürbar ist und abgeschüttelt sein will. Diese Allergie, die typische SKORPION-Verletzlichkeit, steigert mit beibehaltenem Egoismus die natürlichen Ichtriebe zur *Ichsucht*, die Verletzungen rächt. Ist aber das Niveau (Aussagegrenze!) so beschaffen, dann steht etwa STEINBOCK dem nichts nach. Die Lust am Quälen bekommt bei diesem Zeichen mehr nachdrückliche Härte als affektive Schärfe, oft verdeckt, indem man sie einkleidet in Strafpunkte und Nachweis von Unzulänglichkeiten vom Standpunkt der Kirchenmoral, Amtsgesinnung, Parteidisziplin, STEINBOCK braucht den rechtfertigenden Schein. Verschiedene

Stilformen produzieren also verschiedene Formen des Sadismus.

Spannungsaspekte des Mars, die auf willkürliche Einmischung und aggressive Übergriffe deuten, wollen als Aktionsprobleme begriffen sein. (Die Ausführungen im III. Band durch eigene Beobachtung ergänzen!). Energie und Widerstand bei Mars-Saturn kann auch *Triebabwehr* heißen; die aktive Entäußerung zielt nicht immer auf einen umweltlichen Tatbestand, gelegentlich katapultiert die Spannung den Ursprungsherd eigener Wünsche, schlägt Schranken setzend nach innen (pathologisch: Verdrängung, Komplexbildung). Aktivität und Urteilskraft bei Mars-Merkur kann *Auseinandersetzung zwischen organischem Impuls und Begrifflichkeit* sein (bei niederem Niveau: Verbindung von Gewalt und List). Trieb und Eigenwille bei Mars-Sonne ruft gegebenenfalls den *Konflikt zwischen Tatreiz und zentralem Wert* hervor (Problem: nicht einheitlich, ganz und ungestört dem Wesenswichtigen nachgehen zu können). Gewalt und Bereitschaft bei Mars-Venus ergibt vielleicht *Entschärfung des Leistungswillens* (Ablenkung durch beiläufige Lustmotive). Mut und Leidenschaft bei Mars-Mond kann ein *Schlag ins Wasser* werden (psychisch bedingt, die Wellen wirken sich anderwärts aus). Leistung und Ertrag bei Mars-Jupiter bringt möglicherweise *Zerstörung der Früchte produktiver Arbeit* oder spitzt den Meinungskampf zur *Frage der Macht oder des Rechts* zu (inferior: eine Sache nicht ausreifen lassen, Streitlust aus Rechthaberei.

Sowohl Zynismen als Bosheiten beruhen meist auf fehlgeleiteter Aktivität. Bei Marsaspekten ist stets zu ermitteln, an welchem Punkt die Energie ansetzt und zu suchen, wo sie richtig am Platz wäre, wohin die Spannung segensreich abfließt. Darin liegt, wodurch der Antrieb gebremst bzw. ob er abgebogen, wodurch er korrigiert bzw. gefördert wird. Genaue Definition der Grundkonflikte hilft, Aggressivität zu überwinden.

Wie schon der Fall des heimgekehrten Soldaten zeigt, ist zum Urteil auch immer der Gegensatz von Mars und Venus heranzuziehen. Im geschilderten Fall faßte sich die direkte und übertragene Form des Venushaften zusammen, die Eheentscheidung löste eine sozialgeschichtlich begründete Problematik aus. Konstellativer Mars-Ort war die Stellung im Venuszeichen STIER am Aszendenten: persönliches Gleichgewicht und seine Störung.

Gesagt wurde ferner, erlebte Ohnmacht steigere entweder Wunschkraft oder Aggression. Das letztere berührt heutige Erscheinungen des *Terrorismus* in der bekannten Erklärung, daß erziehungsmäßig durch Tabus und Verbote gebändigte Ur-Aggressivität einen gesellschaftlich legitimierten Ausweg sucht. Der Attentäter kann sich sozialrevolutionär vorkommen, wenn die Spannung unerkannter Härten, Zwänge, Versagungen sich einkleidet in gesellschaftliche Ideale, die anscheinend nur mit blutiger Gewalt verwirklicht werden können. Der Mechanismus solcher Vorgänge wird richtig gesehen, wenn Aggression der Aktivität gleichzusetzen und diese nicht wandelbar ist. Derartige psychologische Erklärungen werden aber gefährlich bei Verallgemeinerung sämtlicher Einschränkungen, wenn stereotyp die Ursache der Gewalttat auf das „reaktionäre Establishment" geschoben wird. Sieht man in Aggression und Aktivität *verschiedengradige Entsprechungen des Marsischen,* dann liegt die Heilung peripherer Mißstände, die immer vom zentralen, dem Oberbegriff auszugehen hat, in *richtiger Auswirkung der Aktivität.*

Privat und sozial bedeutet hier zwei verschiedene Dimensionen. In der unteren Hälfte des Felderkreises markieren sich Marsspannungen als private Verwicklungen und Ansporne der Aktivität, ihre Auswirkung würde verfälscht, wenn mit einer sozialen Ideologie zugedeckt. In der oberen Kreishälfte sind gemeinschaftliche und gesellschaftliche Aktivität, auch kämpferischer Einsatz, anlageecht. Doch betrifft dies nur Auswirkungsgebiete, die Gesinnung steht nicht im Kosmogramm. In den oberen Quadranten kann ebenso private Gesinnung sich Güter aneignen, wie umgekehrt soziale Gesinnung das Persönliche der unteren Quadranten entstellt, zurechtschneidet, einengt. Nur über

Stil und Grundproblematik der Energie kann etwas gesagt werden, der inhaltliche Einsatz und somit die Anwendungsform liegen jenseits der Aussagegrenze.

Die verschlingende Mutter

Die Märchen erzählen von der bösen Stiefmutter und der kinderfressenden Hexe, aus der tiefenpsychologischen Maltherapie kennen wir die Greuelbilder der „Großen Mutter“, nämlich die Gebärerin in derjenigen Eigenschaft, mit der sie das Herausgeborene wieder sich einverleiben möchte. In Urzeitmythen hören wir von grauenhaften Kämpfen, etwa des Marduk gegen Tiâmat, die ihn verschlingen wollende Urmutter, dem Chaos gleichgesetzt. Psychologen sprechen etwas lieblos von einem dem weiblichen Geschlecht eigenen Verschlingungstrieb — schon genital begründet —, obzwar auch ein Mann eine Frau zum Fressen gern haben kann. Das Spinnenweibchen tut es tatsächlich, der „Vamp“ unserer Romane und Filme verzehrt mehr symbolisch und mit Nebentönen, die dieser eigentlich urtümlichen Figur zum abgestuften Selbstbewußtsein verhelfen.

Zum Lebensatem gehört der gleichmäßige Wechsel von Ein und Aus, Spannung und Entspannung. Vereinseitigungen gelten als krankhaft. Die Ansaugetendenz mag vermehrt auf diejenigen Frauen zutreffen, in deren Leben die männlich-weibliche Polarität zu ungleichen Rechten besteht, und wahrscheinlich neigt die Frau leibseelisch bedingt zum Einbehalten des ihr Liebsten. Anstatt nur die egoistische Note des „Verschlingens“ zu sehen, sollte man auch die seelische Assimilation begreifen, vor allem im abstandslosen Beteiligtsein an den leiblichen Kindern; es bringt eine Mutter gegebenenfalls über Konflikte hinweg, die ein verinselter Mensch sich garnicht antun würde. Mutterschaft in allem, auch in übertragenen Formen — beim künstlerischen Werk etwa — schließt mehr als einmalige physische

Schmerzen ein. Wenn Mutter und Kind sich nicht mehr verstehen und dieses sich losreißen will, bereitet ihm der mütterliche Leidenston erhöhte Schwierigkeiten. In astrologischen Symbolen gesehen, macht „Mond“ durch Gefühlsverbundenheit möglich, was kalte „Saturn“-Pflicht nicht zustande brächte. Nicht nur werden Negationen dabei seelisch überwunden, sondern die unmittelbare Zuwendung kann etwas ursprünglich nicht Vorhandenes und außerhalb des intellektuellen Gesichtskreises Liegendes aufschließen.

Daß wir eine Mutter haben, ist normalerweise unsere erste Erfahrung und wer keine leibliche Mutter im Bewußtsein weiß, bedurfte als Säugling doch der mütterlichen Umsorgung. Mütterlichkeit ist ein Prinzip. Hier knüpft die astrologische Bedeutung von Mond an, wobei natürlich der Geschlechtsunterschied in Rechnung zu ziehen ist. Dies mütterliche Symbol zeigt bei der Frau eine leiblich bedingte und präformierte Seelenlage an, demgemäß den urweiblichen Wunsch nach Mutterschaft, beim Mann entsprechend der Herkunft aus dem Mutterschoß das Verhältnis zur „Geburtshöhle“. Abgesehen von Übertragungen (Höhlenvisionen, Unterschlupf) symbolisiert Mond im männlichen Kosmogramm zunächst die Beziehung zur eigenen Mutter und zur mütterlichen Komponente im weiblichen Seelenleben. Frobenius stellt Höhlen ausgestaltende Kulturen den phallischen, turmbauenden gegenüber — es ist eine Ursymbolik.

Vieldeutig, wie solche Symbole sind, bedeutet Mond zugleich die Gebärende und das Herausgeborene, dessen von ihr abhängigen Zustand. Demnach drückt sich in der Mondstellung bei jedem die früheste Kindheit aus, sowie auch spätere kindliche Lockerung, Aufnahme- und Anregungsbereitschaft, den Geborgenheitswunsch mit seinem Zurückstreben zum Säuglingsparadies. Zu dieser Quelle infantiler Haltungen gehört der Wunsch nach reibungs- und verantwortungsloser Befriedigung von Bedürfnissen, aber auch die Furcht vor Übermacht, vor seelischer Beschlagnahme, Eingeschlucktwerden des Individuellen von undurchschaubaren Strömungen, und wiederum sich Loslassenwollen in rauschhafte Hingabe an irrationales „bloßes Leben“.

Rein seelisch kann auch die Gruppe, durch die man herangebildet wird, eine Art Mutterfunktion übernehmen (psychoanalytisch erstmals beschrieben von Walter Schindler), kann jemanden im Selbstverständnis stärken oder krankmachen. Dementsprechend gibt es eine infantile Konfliktlage durch „nicht Angenommensein". Die häufige Grausamkeit von Mitschülern, Internatszöglingen untereinander, Stubenkameraden in der Kaserne, Arbeitskollegen usw. hilft allerdings robusten Außenseitern, solche Schwächen überwinden zu lernen, indem sie „abgebrüht" werden. Im Verhältnis zur leiblichen Mutter jedoch liegt ein Abhängigkeitsverhältnis schon in der Substanz.

Verständigungen im engeren oder weiteren Mutterbereich erfolgen mehr in Form emotionalen Austauschs und averbaler Mitteilung, als logisch beschreibend. Lebendige Funktionen werden ja durch *Signale* ausgelöst, darin gründet die *Bildbeziehung* des Mondhaften. Bei solchen instinktnahen Vorgängen liegt Exaktheit, das heißt nicht ersetzt werden können durch etwas anderes, in dem, was durch ein Bild oder einen vorgeprägten Vergleich *geweckt* wird. Der Eigenwert bekundet sich im empfänglich Mondhaften als Gefühlsreaktion, sonnenhaft dagegen ist die Überzeugung, „das könnte kein anderer an meiner Stelle tun". Dies passive Selbstwertgefühl des Mondhaften kommt dem schon erwähnten Bestreben, die Persönlichkeit in Funktionen aufzulösen, entgegen und strudelt den Menschen in Minderwertigkeitsgefühle hinein, statt ihm herauszuhelfen. Zur Überwindung gelangt er, indem er die prägnant charakterbildenden Wesenskräfte als eigene erkennt. Vom Mondhaften wird dies synthetische Bemühen nur gefühls- und stimmungsmäßig unterstützt, doch die naive Einheit stellt sich immer wieder her, wie Wasser nach jedem Einwurf erneut zusammenschlägt.

So viel Bedeutungen, so viel Entsprechungen. Als unerläßliche Wesenskomponente will auch „Mond" richtig gelebt werden. Wer vor abstrakten Begriffen mit dem Leben nicht zurecht kommt, rufe wie im Grimm-Märchen „Arwackers herut" und die Gnomen im Dienst der Erdmutter, die meist unbeachteten kleinen seelischen Potenzen und Ausgleichskräfte des Lebens-Untergrundes, werden ihm helfen. Ähnliches verkörperten die antiken Laren und Kabiren, jedes in seinem Bereich. Dies Prinzip braucht Kontakthalten mit jungem Leben, mit dem Werdenden. Natur, im schöpferischen Wesen erfaßt, bringt ihm Nahrung, natura naturans in Goethes Worten: „Sie schafft ewig neue Gestalten; was da ist, war noch nie, was war, kommt nicht wieder; alles ist neu und doch immer das Alte". Darin sehe man jedoch das Umschlungen-, nicht so das Verschlungenwerden. Seelisch Unbeschwertes und vom Rhythmus Durchschwungenes, mehr vom vegetativen Nervensystem als zerebral gesteuert, bevorzugt, wenn sportlich eingesetzt, gesamtorganische Betätigungen in Anpassung an ein Medium (Segeln, Rudern, Schwimmen). Naivität in herzerquickender Frische gibt sich dem Neuen hin auch wo es unverständlich ist. Bei Kindern findet sich eine Art von Neugier wie bei Tieren: Eindrucksbereitschaft greift unter die zweckliche Auslese, das Aufmerken wird auf Erscheinungen gelenkt, die weder nutzbringend noch logisch vorbedacht sind. Darin bedingte unsentimentale Beobachtungsgabe läßt etwa Kinder den Zauberkünstlern scharf auf die Finger sehen. Das von Zusätzen freie Mondelement repräsentiert eine weltoffene Seelenhaltung, „sich Volltrinken was die Wimper hält".

Um jenes unnatürliche, egozentrisch zwangshafte „Verschlingen" richtig zu verstehen, wird etwas Theorie des Zusammenspiels der Wesenskräfte nötig.

Mond ist dasjenige Element der Individualisierung, das naiv oder bewußt über den Gegensätzen steht (vgl. Bd. I, S. 78). Die kosmologische Welt- und Lebensschau, wie an der Elementarordnung vermittelt, bewegt sich in der Betrachtungsart außerhalb des Raumzeitlichen. Dabei geht es nicht um einen geschichtlichen Anfang, wenn wir vom Primat sprechen, sondern um einen Rang und Stellenwert in den Gegenseitigkeitsbeziehungen der Grundkräfte, das vermittelnde „Fluidum". In Anlehnung an frühe Mythen und Trauminhalte entstand eine psychologische Deutung der

Urmutter, begriffen als archaischer Zustand, bei welchem das Männliche einen inhärenten Bestandteil des Weiblichen bildet.* So fragwürdig als Behauptung eines geschichtlichen Anfangs, steht berechtigend dahinter der *androgyne Charakter der reinen Funktion vor der Spaltung in Gegensatzpaare* (im Schema die alles überdachende, an allem teilhabende Funktion, Oberbegriff des Mondhaften; mythologisch der Uroboros, die kreisend sich in den Schwanz beißende Schlange). Das mythisch Erste gilt als Primat der Elementarordnung. Verwechselt man dies mit einem geschichtlichen Frühzustand, so hebt man das Gewordensein charakterlicher Verschiedenheiten zwar auf, landet jedoch im indifferenten „Funktionalismus". So gegründete matriarchalische Anschauungen wären ebenso unzulänglich wie die patriarchalische Auslegung der Genesis, die eine Erstrangigkeit des männlichen principium individuationis annimmt.

Man könnte die mit Verschlingungstrieb gemeinte Haltung als Ausdruck der weiblichen Personbezüglichkeit verstehen, in Umkehrung eines gewohnten Spruchs: „Nehmen ist seliger als Geben", was jedoch die Kehrseite des lebensverschwenderisch Mondhaften wäre. Dies wird besonders bei Konjunktion und analytischen Aspekten des saturnischen Gegenspielers deutlich: oftmals Besitzangst, seelische Verhärtung, auch komplexhaftes Festhalten existenzgründender Erlebnisse. Derartiges gilt aber unabhängig vom

* Das archē des Johannesevangeliums wird meist als zeitlicher Anfang mißverstanden, nicht als kosmisches Primat gedeutet. Auch Erich Neumann in „Ursprungsgeschichte des Bewußtseins" gelingt es nicht, das raumzeitliche Schema ganz abzuwerfen. Zwar sagt er: „Der Frühzustand des völligen Enthaltenseins meint nicht einen historischen Zustand der Menschheit (noch Rousseau hat diese seelische Phase in die Vergangenheit projiziert in den ‚Naturzustand' der Wilden). Es handelt sich hier um das Bild eines seelischen Stadiums der Menschheit, das als Grenzbild gerade noch sichtbar wird." Der Vergleich mit der vorgeburtlichen Zeit jedes Kindes nötigt Neumann jedoch Sätze auf, wie: „Die Zeit des Anfangs, der Vollkommenheit, vor dem Entstehen der Gegensätze, ist als die Selbstbeschreibung der großen Weltzeit zu verstehen." Richtig sieht er im Symbol des Uroboros den ursprünglichen Kreislauf, das unverletzliche Runde des Geschehens vor dem Auftreten von Leben und Tod, Tag und Nacht, gestern und morgen.

Geschlecht, obzwar es im Betroffensein leiblicher Existenz der Frau, wozu auch die Mutterschaft gehört, eine stärkere Rolle spielen mag. Im mütterlichen Fall ist es manchmal sozusagen eine Schutzhaltung zu Gunsten des Integrierten, um ihm gemütsmäßig gerecht zu werden. Bei Mondkonjunktionen verschmilzt die Seelenhaltung mit dem betreffenden Planentensymbol, dessen Eigenheiten differenziert aufgreifend als Stimmungsfaktor. Auch bei Kubin fanden wir eine solche Konjunktion des Mondes mit Saturn (vgl. S. 49). Außer der Angst als Stimmung der Bedrohlichkeit alles Bestehenden bezeichnet dies bei ihm als „mütterlich" die Obsorge für sein Werk, das sorgfältige Aufbewahren in einem eigens dafür gebauten Regal.

Auf jede Sache bezogen bedeutet Mond die empfängliche Passivität des Gemüts, die darin erlangte jugendliche Elastizität, auch das „Kind im Manne" und die von ihm meist als feminin abgelehnte seelische Prägsamkeit, die C. G. Jung als „Anima", mehr in Projektionsform als in ihrer Matrizenhaftigkeit, sieht. Zur Abwandlung durch Aspekt und Zeichen kommt die Stellung im Felderkreis hinzu. So kündet Mond als Symbol der Beeindruckbarkeit am Aszendenten: was ist nötig und erwünscht zum vollen Persönlichkeitsgefühl? Mond am MC: wie und wodurch fühle ich meine Mission in der Welt? Mond am Deszendenten: unter welchen gefühlsmäßigen Voraussetzungen erreiche ich Kontakt mit anderen? Mond im IC: wo wurzle ich gefühlsmäßig, in welcher Atmosphäre fühle ich mich heimisch? Diese kardinalen Inhalte klingen aus in den mit den Eckpunkten angeschnittenen Quadranten.

In irgend einer Art tendiert das Mondhafte ferner zu Variation und serieller Abwandlung, sei es (je nach Quadrantenstellung) weltweite Öffentlichkeit oder Grundgefühl des Eigenlebens, ich- oder dubezüglich ausgewirkt. Mit anderen Worten: der Eindruck wird erneut von immer wieder anderen Seiten aufgegriffen, die Tätigkeit wechselt mit der Stimmung, im Abfangen von Anregungen kommt die Kindlichkeit in uns zur Geltung. Anderseits ist jeder psychisch gewissermaßen Mutter seiner selbst, indem er aufkeimendes Leben in Obhut nimmt, weshalb man gelegentlich spontane Äußerungen zurückhält, damit eine noch verborgene Stellungnahme ausreifen kann. Man beachte den Unterschied zur saturnischen Verdrängung, die mondhafte Scheu bleibt lebendige Funktion.

Komplexhaftes Beisichbehalten und nicht Freigebenwollen geht also über das Mondhafte hinaus. Es ist keine spezifisch weibliche Eigentümlichkeit, vielmehr eine besondere Abart des Egozentrismus. Dispositionell kann es verschiedentlich angezeigt sein, etwa durch Sonne am Aszendenten, Mond Konjunktion Saturn, auch starke JUNGFRAU-Betonung und anderes. Den Ausschlag gibt aber ein Entwicklungsmanko, es ist im Grunde eine typenhafte Rudimentärform, ein „Steckengebliebensein": die freie Gegenseitigkeit von Mensch zu Mensch blieb unausgebildet, verkümmert ist die gerechte Anerkennung des anderen in seinem Anderssein. Im weiblichen Falle begünstigt dann vielleicht die Organverfassung den Rückschlag auf eine matriarchale Lebenseinstellung, der Mann und insbesondere der eigene Sohn wird in Abhängigkeit gehalten. Dies ergibt die vielberufene Mutterbindung und auch mit dem Ödipuskomplex hat es beim Mann auf der Triebstufe etwas auf sich, so wenig seine Bedeutung überspannt werden darf.* Hierfür ist die Stellung des Triebsymbols, Mars, von Belang, besonders beachtenswert ist seine Konjunktion mit Mond (vgl. die Konstellation Strindbergs, Bd. III, S. 436).

Nicht alle Mütter besitzen so viel Abstand zum Sohn und den witzigen Charme jener Wienerin, die am Südbahnhof ihren Peppi, der wie alle STEINBOCK-Betonten der öffentlichen Zärtlichkeit beim Abschied ausweichen wollte, ermunterte: „Geh, gib mir halt a Ödi-Busserl!" Den Gegenfall erlebte ich bei einem anderen Wiener, von Beruf

* Im griechischen Mythos wird Ödipus von dem durch einen Orakelspruch geängstigten Vater ausgesetzt, zufällig durch einen Hirten gerettet, erwachsen tötet er unwissentlich den Vater und heiratet die Mutter. In der Psychoanalyse dient dies als Bild für den geheimen Triebwunsch, sich an die Stelle des Vaters zu setzen. Die Tochter in der so gesehenen Familienkonstellation setzt sich an die Stelle der Mutter.

Sprachlehrer, Mitte 30 und noch unverheiratet. Er reiste mindestens alle Jahre nach Graz zu seiner Mutter und entfaltete eine Liste: „Da kenn ich jetzt wieder ein Mäderl. Links habe ich mir die Tugenden, rechts die Untugenden angemerkt und schau, es geht sich grad aus. Entscheide du, ob ich sie heiraten soll." Dieser STIER-Betonte blieb zeitlebens an seiner Mutter hängen, denn die KREBS-betonte Mutter hatte stets derart viel an dem Projekt auszusetzen, daß der Sohn das Risiko nicht einging.

Doch solche Haltungen liegen am Entwicklungsgrad. Individualgeschichtliches bedingte das Auswerten astrologischer Dispositionen, man kann es nicht aus letzteren folgern. Wie die Dinge noch stehen, wird es für die meisten Mütter zum Konflikt, ihren Liebling abzuhalftern, ihn zu anderen Frauen zu schicken und überhaupt die Kinder in der Pubertät sich psychisch abnabeln zu lassen. Nach dem Flüggewerden, wenn die Kinder fortgegangen sind, entsteht das bekannte seelische Vakuum; es bekommt einen quälenden Gehalt dadurch, daß der bisherige Sinn des Lebens verloren ging und ein neuer ausblieb. Was den Kindern zuvor erwünscht war, wird ihnen nun lästig. Oft wäre weitergehende Fürsorge und Aufsicht allzu berechtigt, bei der versuchten Durchführung mögen die besten Motive vorwalten, die Sorge um das Kind wird keine Mutter los. Aber auch echte Mutterliebe kann dem Kommenden im Wege stehen und Gefühle, welche den Heranwachsenden ihre Selbständigkeit rauben, sind jenes egozentrische Zurück-Aneignen, das nicht vertragen wird.

Es ist somit ein Problem jeder Frau und Mutter — teils niveaubedingt, teils in der Stilform, dem Zeichen, vorgegeben —, wieweit „Mond" in ihrem Geburtsbild ein Symbol der Teilhabe am universellen Leben oder wieweit er vom Animalischen aus nur Signum für sublimierte Nestbau- und Brutpflegeinstinkte ist. Für die Tochter geht es innerseelisch mehr um Identifikation mit der Mutter, deren Inbild (Mond) ja zugleich die eigene Gemütskomponente versinnbildlicht. In ihrer Phase des Ungleichgewichts, der Geschlechtsreife, gibt es häufig unterschwellige Eifersüchte,

Rivalität um Vater und Liebhaber. Das Niveaugefälle in einem und demselben Menschen kann verschiedenartige, sich widersprechende Äußerungen ergeben. Es kommt vor, daß dasselbe Mädchen, das verstandesmäßig hochbegabt sich bescheiden in die Aneignung beruflicher Kenntnisse hineinkniet, der Mutter frech über den Mund fährt, um sich gegen Gefühlsbeeinflussung abzugrenzen. Damit jenes geleistet werden kann, entschädigt sich der Impuls durch Unbeherrschtheiten in einer Region, in welcher Vernunft wenig ausrichtet, gerade wenn eigene, der Mutter ähnliche Gefühlsregungen getroffen sind.

Weitaus turbulentere Schicksale entspringen diesem Umkreis und das „Verschlingen" besteht oft in Handlungen, die zum Besten des Kindes gedacht sind. Als Beispiel für den unheilvollen Eingriff einer Mutter in die Entwicklung ihres Sohnes sei dessen vorgelegte Geburtskonstellation betrachtet. Der für die Mutterbindung katastrophale Aspekt ist hier Uranus Quadrat Mond. Die harmonische Beziehung (synthetischer Aspekt) von Uranus zur Eroskomponente Venus zeigt sich abgeriegelt analog der Opposition von Saturn auf Venus, deren Kontakt zum weiblichen Du vernebelt ist mit Venus Konjunktion Neptun. Letzterer steht gleichfalls in Opposition zu Saturn, hier der hemmenden Einsperrung des Unendlichkeitssymbols FISCHE im eigenen Ich. Mars Quadrat Sonne bedeutet eher überschärften Antrieb, die Stellung der Sonne an der Spitze von 6 kommt der Arbeit zu gute, wenn auch körperliche Verwicklungen drohen, und von KREBS zu WAAGE wiegt ein zu Kompensationen geneigtes Bedürfnis nach Anlehnung vor. WAAGE als Zeichen der Marsstellung lockert die Energie, bedeutet Ansporn in Verhältnissen, die als angenehm empfunden werden oder sonstwie eine Zugkraft ausüben, zeigt zugleich den Sexualtrieb in „Venusfesseln" gebunden, wobei das Halbquadrat zwischen diesem Mars im Venuszeichen und Venus selber ins Gewicht fällt. Die Opposition des Saturn trifft genau in den Schnittpunkt zwischen Venus und Neptun, deren Konjunktion ein Du in Vereinigung „irdischer und himmlischer Liebe" sucht. Zur Sonne steht Saturn im Anderthalbquadrat, zu Jupiter trigonal (was befriedigende Lösungen zur Zeit der Lebensreife in Aussicht stellt), schwächer zum Merkur (der im 5. Felde Abhängigkeit des Liebeslebens vom Begrifflichen anzeigt). Die starke Stellung von Saturn im 1. Felde entspricht einer Bereitschaft, sich Dogmen unterzuordnen; zumal im Neptunzeichen FISCHE wird diese Devotion gestärkt durch Minderwertigkeitsgefühle, wenn analog Neptun mit Venus in JUNGFRAU herausgebildet im Erlebthaben „weiblicher Schliche".

Es handelte sich um das wertgeschätzte Glied eines Mönchsordens, einen heiter, gesprächig, intelligent eine scheinbare Abständigkeit gegenüber allen Triebproblemen zur Schau tragenden Pater. Nach Einbruch in das Maskenhafte dieser Haltung (Aszendent ist WASSERMANN, hier im Sinne der Jung'schen Persona, weil anderseits

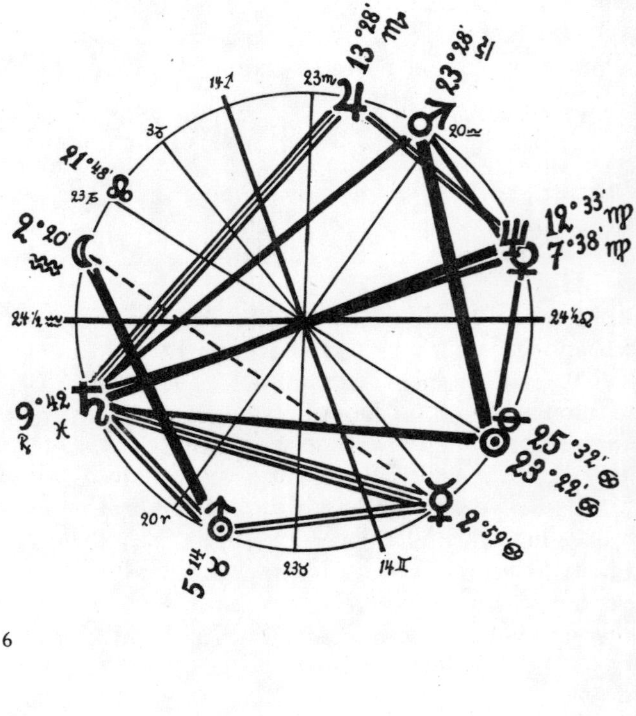

Abb. 6

KREBS im dissonanten Fall häufig einen Nachahmungstrieb zur Geltung bringt), auf die Frage, wodurch eine anfänglich intensive Mutterbeziehung plötzlich abriß, erfolgte eine aufgeregte Beichte. Der Halbwüchsige wurde von der Mutter bei der Selbstbefriedigung überrascht. Trotz flehentlicher Bitte lieferte sie ihn dem Vater aus (in psychoanalytischer Sicht: Zustimmung Jokastes zur Aussetzung des jungen Ödipus), der, als er abends heimkam, ein sadistisches Strafgericht veranstaltete.

Doch nicht dies war das Schlimmste und Einschneidende, denn die väterliche Hand wurde irgendwie akzeptiert, sondern die Nachwirkung des Schocks, das komplexhaft festgelegte Gefühl eines Verrats. Eine das ganze weibliche Geschlecht umfassende Anschuldigung: gerade dann, wenn die geängstigte Seele Zuspruch und Geborgenheit erwartet, verrät die Frau intime Geheimnisse. Der mit solchen Vorstellungen in die Enge getriebene Junge blieb von zuhause weg, ließ sich nachts in Kirchen einsperren, schlief dort auf einer Bank. Später geriet er in eine homophile Phase unter ständiger Bedrängnis und Furcht vor Strafe, zur Erwartung eines göttlichen Strafgerichts gesteigert. Endlich fand er Frieden in einem Kloster, unterwarf sich kirchlicher Pönitenz, ging zur Mission. Doch die seelische und nervliche Unruhe hielt an und lebte immer wieder auf, bis Therapie den im Wesensgrund schlummernden Konflikt lösen half.

Verfehlt wäre es indes, stets der Mutter die Seelenprobleme der Kinder anzulasten. Verschlingen setzt ein Verschlungenseinwollen voraus, für das z.B. die Saturnstellung in FISCHE, Opposition zu Venus in JUNGFRAU, eine Disposition gibt. Im Beispielsfalle wurde das Fehlende in der „Mutter Kirche" zu erlangen gesucht, auch andere Institutionen können als Ausgleich dienen. Die Tiefenpsychologie lehrt, daß alles was sich im seelischen Umkreis als wahrgenommenes Objekt manifestiert, in subjektivem Bezug zur Einzelseele steht und von da mit Bedeutung aufgeladen wird. Wie oft hört man: „ich bin schon als Kind von der Mutter frustriert worden." Doch das Modewort Frustration, ungeachtet des häufigen Fehlgebrauchs, leitet sich vom doppelgesichtigen frustra = vergeblich ab. Mißlingen des Lebenskampfes infolge unterdrückter Anlagen kommt nicht ohne Versagen des selbstbestimmenden Faktors zustande. Wir nennen es *Infantilismus*, an kindliche Entwicklungsstufen fixiert sein, wenn mangelnder persönlicher Sinn nach Ersatzmüttern und Unterschlupf verlangt. Der Infantile möchte noch im Säuglingsparadies leben, wo Bedürfnis und Befriedigung kreisläufig aufgehen, ohne daß sich ein Nicht-Ich dazwischen schiebt. Erwachsen wird man durch eigenverantwortliche Auseinandersetzung mit der Welt. Das heißt freilich weniger ungehemmt seine Impulse äußern, seine Triebe ausleben. Dem subjektiven Wunsch als These stellt sich die Objektivität des Andersseins als Antithese entgegen, man wird ausgestoßen in eine unpersönliche Pflicht- und Sachwelt. Dem darin Gehärteten, „saturnisch Erfahrenen", sind die Dinge nicht mehr nur so, wie er sie zu haben wünscht, im Anerkennen ihres Andersseins dringt er zur Synthese der fundierten Selbstverwirklichung durch.

Sachlichkeit ist allerdings nicht dasselbe wie Mündigkeit. Auch ein geschäftstüchtiger, technisch intelligenter, selbstbewußt auftretender und somit betont männlich wirkender Mann kann infantil sein, wenn er nämlich reibungslos seiner Umwelt angepaßt bleibend keinerlei Urteile äußert, welche den Umständen, die ihn tragen und ernähren, grundsätzlich widersprechen. Wir erkennen darin den „Etablierten", den „Konformisten". Er bleibt irgendwie auf kleinkindlicher Stufe und im Mutterschoß.

Versteht man die weibliche Psyche weitergehend als die männliche determiniert durch die Leiblichkeit, so tendiert die darin vorgegebene Haltung zu zweierlei: Begegnung mit dem männlichen Geschlecht sowie Mutterschaft. Das erste drückt sich horoskopisch in der Venusstellung, das zweite in der Mondstellung aus. Was die astrologische Tradition an fruchtbaren und unfruchtbaren Zeichen angibt, betrifft sowohl eine leibliche Konstitution als auch deren seelische Spiegelung, hauptsächlich im Mondstand angezeigt. Der

Mensch als erkennendes Wesen wird davon nicht direkt berührt (auch ein Krüppel kann ja geistig vollständig vorhanden sein), wohl aber die Gemütslage und deren Entfaltung. Als fruchtbare Zeichen gelten KREBS, SKORPION, FISCHE, STIER, als unfruchtbar WIDDER, ZWILLINGE, LÖWE, JUNGFRAU, die übrigen „mittelfruchtbar“, mitunter wird auch WASSERMANN zu den unfruchtbaren Zeichen gerechnet. Diese Einteilung hat einiges für sich, erweist sich aber im praktischen Fall als ungenügend. Erstens ist auch der Aszendent (seelisch reaktive Aufnahmefähigkeit), die Venusstellung (erotische Reaktion) sowie das 5. Feld (Nachkommenschaft) in Betracht zu ziehen, zweitens kann „Unfruchtbarkeit“ ebenso Ablehnung der Mutterschaft bedeuten, und drittens ist biologische Artung als solche besonders erbbedingt, so daß jene Zuordnung relativ zum mütterlichen Erbe zu verstehen sein wird, während das Charakterologische immer durchschlägt. Beispielsweise hat JUNGFRAU wenig günstige Bedingungen für eine Empfängnis, erfolgt sie aber, dann kommt meist eine nach Regeln vorgehende hygienische Fürsorglichkeit zur Geltung. Wie hier die narzißtische Neigung, so wirkt bei LÖWE der starke maskuline Anteil einer Empfängnis entgegen, trotz ausgesprochener Kinderliebe; ist ein Kind aber da, so ergibt dies eine von Fall zu Fall improvisierte Mütterlichkeit mit herzlicher Zuwendung und Spieltrieb, sowie spontanes Wissen um organische Bedürfnisse. Umgekehrt werden diese Bedürfnisse beim fruchtbaren und sensitiven Zeichen FISCHE oft vernachlässigt, manchmal aus Überängstlichkeit, die alles verkehrt macht, auch gibt es Panikstimmungen, weil die universelle Fülle schwer in das konkret Mögliche gefaßt werden kann.

Doch die Auswirkung mütterlicher Eigenschaften ist zum Teil niveaubedingt und eine Verkümmerung eigentlichen Sinnes hat wiederum soziale Ursachen (Technisierung und Intellektualisierung der Lebensweise, Fließbandarbeit, aufgezwungener Beruf und andere Impulsbehinderung), stets kommt es auf Zusammenspiel von Wesensart und Umwelt an.

Hinzu tritt als ausschlaggebend die Aspektierung des Mondes. Unter analytischen Aspekten mit Mars und Uranus verderben oft Energieziele und Voreiligkeiten das Genügen am Vegetativen, bei solchen von Saturn ist es eher das langsame Zurechtkommen mit realen Bedingungen, das durch innen oder außen quergeschobene Hemmungen verzögerte Tempo der Gefühlsäußerung, auch Befangenheit durch Pflicht und Gewissen, stimmungssenkende Umstände, Druck der Verhältnisse, was Schwierigkeiten schafft. Im komplexhaften Fall findet sich mitunter eine Spannung zwischen Lebensabwehr und starrem Festhalten des Angesammelten, Gewordenen. Gegenüber dieser meist depressiven Anlage wirkt Sonne im analytischen Aspekt hochspannend, versperrt die Wege durch Willenskrampf, forcierten Anspruch im Wechsel mit Schleifenlassen der Zügel. Ähnlich die Aspekte mit Jupiter, nur mehr zum lebensfähigen Kompromiß zwischen Autorität und Hingabe geneigt, dadurch die Fruchtbarkeit steigernd. Die Dissonanz zu Neptun gleitet leicht ins Phantomatische ab, diejenige zu Merkur ergibt wiederum Beeinträchtigungen durch Begrifflichkeit. Ist die Überwachung der Vorgänge an sie abgegeben, wird demgemäß in allem bewußte Reflexion zu Hilfe gerufen, dann nimmt im analytischen Fall meist die Logik das Gefühl auf den Rücken, im Gegenschlag das Gefühl die Logik. Denken und Instinkt bevorzugen dann verschiedene Methoden, während sie sich im synthetischen Aspekt ergänzen. Schließlich geben die Aspekte zwischen Mond und Venus das Verhältnis zwischen dem Mütterlichen und dem Erotischen in der Frau an, ihre leichte Vereinbarkeit oder Unvereinbarkeit. Beim Manne im analytischen Aspekt besteht eine Spaltung zwischen diesen beiden hinsichtlich des Wahltypus. (Vgl. Bd. I, S. 148/49, Bd. III, S. 508).

Wie Mann und Frau ihres Geschlechts erst in der Begegnung richtig inne werden und die Weise, wie dies gelebt wird, die hierauf bezogenen Seiten der Persönlichkeit formt, so bringt erst die Realität der Mutterschaft solche Probleme seelisch zur Entfaltung und real sie in den gestaltenden

Griff. In der Mond-Natur der Frau spielen Kindlichkeit und Mütterlichkeit ineinander. Sie verkörpern darin das in sich kreisende, oft die Grenzen der Person überflutende Leben, das der Mars-Mann, der Liebhaber, in der Tangente streift und für das der Sonne-Mann, einen Mittelpunkt bilden soll. Im Manne erlebt — sei er homo sapiens oder homo faber — ist die Frau der Natur-Hintergrund, von dem sich sein im Prinzip die Grenzen des Natürlichen überschreitendes Wesen abhebt.

Mutter und Kind stellen im Mondsymbol eine wechselbezügliche Einheit dar. Die Mondstellung deutet auch die Verhaltensmuster an, die wir in der frühen Kindheit entwickeln. An diesen Entsprechungen ist die auf das Gefühl einwirkende Umgebung, familiäre Lebensart, das herangetragene Bildungsgut und dergleichen beteiligt, vor allem, und in der ersten Zeit normalerweise ganz, ist es die Mutter. Dies schafft nicht die Anlage, modelt aber daran, bewirkt Haltungen, gibt Vorstellungen, bettet die Seele in bestimmte Ausdrucksformen ihrer Grundnatur ein. Hier liegen unabdingliche Aufgaben der Mutter, welche die erste Prägung gibt.

Schon da setzt Abstand vom Kind oder seine Okkupation, Ansichketten des Schutzbedürftigen an. Wo immer er auftritt, rechnet der Verschlingungstrieb zu den inferioren Entsprechungen des Mondhaften. Mit verschobenen Dimensionen kommt er zum Ausdruck bei einem in falsche Bahnen geleiteten Teilnehmen der Frau am öffentlichen Leben. In wissenschaftlichen Instituten, Ämtern, Parlamenten finden wir die Kopistinnen männlicher Logik, die ihren Gesprächspartner mit ad hoc herbeigeholten Argumenten zu verschlingen trachten, Flucht in unpersönliche Korrektheit, um Gefühle zu verbergen.

Im Frauenleben wird Vergänglichkeit meist stärker zum tragischen Motiv. Wenn dann im Alter die echt weibliche Klage angestimmt wird: „niemand braucht mich mehr, niemand will etwas von mir, sterbe ich, so entsteht nirgendwo eine Lücke“, dann enthüllt sich ein Spätproblem des Mondhaften. Dies Element verlangt nach Aussprache und Anregung, es ist das, worin wir uns am wenigsten verweigern, aber wir bedürfen eines Schlüssels, um aufgeschlossen zu werden. Kein durch die Emanzipation der Frau herausgebildeter neuer Lebensstil kann die mondhafte Natur von ihr nehmen. Die eine hat keine Kinder und empfindet dies als Mangel. Die andere hat welche, aber sie gehen ihre Wege und finden unnütz, was die Mutter in Sorge um sie tut, und der Mann steckt bis über die Ohren in seinem Beruf. Natürlich kommt eine Mehrbetonung des Mondhaften auch bei Männern vor, inferior bildet sich ein besonderer seniler Typus des Herumhörens und der Geschwätzigkeit aus. Um sich in einen Altersstil einleben zu können, muß man seine Eigenwelt ausgebildet haben. Doch die mondeigentümliche Welt kann nie ganz unabhängig sein, sie bleibt irgendwie „Mission", das Handeln geschieht „im Auftrag" und „für jemanden". Dies braucht nun neue, altersangepaßte Entsprechungen. Möglicherweise kommt die traditionelle Einrichtung der „guten Oma" wieder zu Ehren, für die Kinder eine mildere Form der leiblichen Mutter, sie setzt weniger strenge Verbote und ist affektfreier. Aktivere Frauen finden auch geeignete Posten in Gruppen und Vereinigungen. Eine veränderte soziale Struktur könnte mancher brachliegenden Hilfsbereitschaft Gelegenheit zur Auswirkung geben.

Wie das Mondelement seinen Platz über den Gegensatzpaaren hat, aber sie alle durchdringend, das Kräftespiel, verwirklichend, ist es auch der durchgehende Rhythmus in den Zeichen der tätigen und leidenden Form (vgl. Bd. II, S. 82). Er versinnbildlicht den Wechsel von Spannung und Entspannung in jeder Handlungsweise, im Lösen der durch Aspekte ausgedrückten Problematik. Immerwährend in diesem Rhythmus schwingen zu können, ist das Geheimnis der Jugendlichkeit, des Jungbleibens. Finden die Spannungen keinen Ausgleich mehr in adäquaten Entspannungen, so wird das Teilhaben am Leben beeinträchtigt, kein Zustrom mehr gewonnen. Konstruktives Schaffen bedarf einer zugkräftigen Vereinigung der Gegensatzpaare, des Wechsels von synthetisch und analytisch; um die im Wesensgefüge vorgezeichneten Probleme zu bewältigen, braucht man die vermittelnde Funktion.

Eine mondhafte frauliche Tendenz der Einbeziehung in ihre Eigenatmosphäre streift das Verschlingungsproblem, nämlich dasjenige, was man das Melusinenhafte nannte: den Geliebten in ihren Bannkreis ziehen, sich selber die Freiheit des Kommens und Gehens wahren, gleichsam als verwandelte Meerfee ein Geheimnis in sich tragen. (Simone de Beauvoir bestreitet lebhaft dies Geheimnis, sucht es in Rationalität der Funktionen aufzulösen). In mythischer Darstellung ist es die Verzauberung Merlins durch den an Niniane ausgelieferten Zauber, die stumme Hingabe des seines Wirkens in der Welt Überdrüssigen an das von der Elfin erweckte Unbewußte, den „Zauberwald", aus dem er herstammt.

Ehezwist

Wir ergreifen ein heißes Eisen, wenden uns einem in mancher Hinsicht heiklen Thema zu, wenn wir das Wort „Ehe" mit dem Klang des Fragwürdigen aussprechen. Inwieweit aber kann man bei einem Ehebruch, der ja meist einen lange schon verdeckt schwelenden Zwist zum Ausbruch bringt, von Mangel und Fehlhaltung sprechen? Besteht der Mißstand vielleicht nur in unserer Vorstellung? Gibt es nicht Eheformen, bei denen legalisiert ist, was vielen von uns verwerflich dünkt? Das Dilemma heißt jedoch nicht nur Heiligkeit der monogamen Ehe oder Promiskuität; es gibt auch Untreue in einer Ehe, die nicht auf dem Papier steht, gibt Betrug, Hintergangenwerden wo geschworen wurde. Mannigfache Erscheinungen gehören hierher und die Urteile sind heute mehr in Fluß als je.

Lange genug stritt man darüber, wer natürlicherweise polygam sei, Mann oder Frau. Ganz abgesehen von Moral und Affekt bei solchen Streitgesprächen bedeuten Liebe und Ehe astrologisch zwei verschiedene Lebens- und Interessengebiete, das 5. und das 7. Feld. Aspekte, die vom einen Feld zum anderen gehen, sagen darüber aus, ob sie im individuellen Erleben leicht vereinbar oder im Verhältnis zu einander konfliktbeladen sind. Besetzungen der Felder sagen aus, wie man individuell gelagert, wo man eines Ausgleichs bedürftig ist und was man sich dafür erwartet. Gewiß kommt zur Anlage die Sitte, die Gesellschaftsmeinung. In mancher Gesellschaft gilt es unsittlich, treu zu sein. In Aldous Huxleys „brave new world" wird von einer utopischen kommenden Menschheit der Satz vertreten: jeder ist jedermanns Eigentum. Das Besitzverhältnis zum Geschlechtspartner gehört aber astrologisch wieder in ein anderes Feld, in das 2. Mit Mars oder Venus dort kann Trieb oder Eros eigentumshaft bezogen sein. Im allgemeinen wissen wir genau, was mit Ehe gemeint ist: ein Zusammenleben, in welchem Ich und Du unausweichlich sich auseinandersetzen müssen, oder, wie man in Bayern mit treuherziger Ironie sagt, „sich zamraufn".

Greifen wir auf die Theorie des Horizont-Meridian-Systems zurück, um die Bedeutung der Felder genau zu unterscheiden. Die trigonale Ordnung besagt einiges, sofern wir auf den *Bedeutungston* der Interessen achten. (Vgl. Bd. II, S. 280.) Im 7. Felde setzt das *spirituale* Trigon an.* Es hat seine Basis im Geist der Epoche, auf den sich Freundschaft eigentlichen Sinnes gründet (11), der Ausklang des Trigons liegt in der lernbeflissenen Wechselseitigkeit nebeneinander gesetzter Einzelmenschen, demgemäß flukturierender persönlicher Entwicklung (3). Das bedeutet praktisch: wird eine Ehe als Beziehung von Mensch zu Mensch gelebt, dann gehört dazu Kameradschaft, gleichgeschaltete Basis des Weltblicks, die Dinge sind diskutabel auf der Ebene gleichberechtigten Urteils. Dann ist auch jene geschwisterliche Ungezwungenheit erreichbar, die weder

* Spiritualität ist aufzufassen als elementare Geistigkeit, die auch unabhängig von Verstandesurteilen und logischen Schlüssen intuitiv betätigt werden kann, als *geistiger Lebensvollzug*. Sie greift hinweg über den Mechanismus einer Funktion der Sinnesorgane, nervlich in Verbindung gesetzt mit zerebralen Vorgängen. Die Anerkennung dieser geistigen Existenz darf nicht verwechselt werden mit Spiritualismus als Gegensatz zum Materialismus, wonach „der Geist" der Seinsgrund überhaupt sei.

Achtungsverlust noch entwicklungsmäßige Stagnation zu befürchten braucht, wenn man „sich nicht zusammennimmt". Zur Klippe einer Ehegemeinschaft wird bekanntlich meist ein Alltag, worin jeder mehr oder minder sich gehen läßt. Stimmt aber das kameradschaftliche und geschwisterliche Verhältnis, dann verhält sich jeder Ehepartner selbstsicher im Nehmen und Geben, beide gehen mitsammen vorwärts in spiritueller Ergänzung. Dies ist im Prinzip ungeschlechtlich. Das analoge, der Wesenkraft Venus nähergerückte WAAGE-Prinzip versinnbildlicht den geistigen Eros. Kultiviert man dagegen nur den Geschlechtsgegensatz, so kommt es zum Zusammenprall zweier verschiedener Dimensionen.

Anders das 5. Feld. Es bildet die Basis des *personhaften* Trigons, dessen gestaltender Impuls beim Ichtrieb ansetzt (1) und das im Ausklang einem Über-Ich zustrebt (9). Das ins 5. Feld gehörige Liebeserlebnis wirbelt uns um, bewegt von sinnlicher Zugkraft der zusammenführenden Geschlechtsspannung, die von Natur vorgesehene Einheit von Andrang und Erwartung zeugt im gesteigerten Erleben das Kind, an welchem die Spekulation der Gattungsinstinkte wirksam wird. (Entwicklungsauftrieb, bei einfachen Gemütern der Wunsch, das Kind „möge es besser haben".) In dieser Region ankert einerseits der lebenszeugende Trieb der Paarung, anderseits das „Erzieherische", schon indem die von Liebe ergriffene Person sich der geliebten Person im besten Lichte zeigen möchte, schließlich macht eine an die Nachkommenschaft geknüpfte Erwartung sogar autoritäre Erziehungsmaßnahmen verständlich. Doch echt, überzeugend wirkt in diesem unmittelbar lebensschöpferischen Trigon nur Bild und Vorbild; Zwang, introjizierte Tabuformen setzen im 10. Felde an, dem Beginn des materiellen Trigons, während demgegenüber die Macht der häuslichen Atmosphäre, analog dem 4. Felde, den Anfang des psychischen Trigons bildet.

In der Märchensprache kann man einfach sagen „sie freuten sich aneinander". Die charakterologische Wirklichkeit folgt der Teilung in eine Hälfte über, eine solche unter dem Horizont. Bei der unteren Hälfte dominiert, was zwanglos zustande kommt und in der Introversion (Innenwendung) aufgesucht wird, bei der oberen Hälfte dominiert die Sicht auf etwas außen Vorhandenes, die Extraversion. Hier herrscht objektiviertes Bewußtwerden, Oberschwelligkeit, dort das Unterschwellige und subjektiv Bestimmte. Ständiges Vorhandensein eines Partners im Zusammenleben, analog dem 7. Felde, kann störend einwirken auf dasjenige, was unter der Teilungslinie gemäß dem 5. Felde sich entfalten will. Es ist schwer, aus sich heraus ganz derselbe zu bleiben, wenn man immer den anderen in seinem charakterlichen Anderssein, seinen Zielen und Notwendigkeiten, spürt. Lebensrhythmik, Tempo der Gefühlsentfaltung, Gewohnheiten können verschieden sein. Wir kennen Sexualstörungen, die entstehen, weil eine an Tabuformen orientierte Vorstellung gebietet, in Hinsicht auf den anderen etwas zu tun oder zuzulassen, was spontan nicht geschähe. So bedarf es schon im Sexualakt eines besonderen Takts, einer organischen Körper-Kameradschaft, um zwangshafte Einwirkungen auf die eigene Erwartung und die des anderen, herstammend aus dem Unterschied des bewußten und des unbewußten Zusammens, auszuschalten, damit sich das in der geschlechtlichen Polarität enthaltene Verschiedensein angleiche.

Beruht nun eine Gemeinschaft lediglich auf der Spannung des Liebesaugenblicks — zumal auf der Grundlage des Sexus, der vereinzelte Akte betrifft —, dann hält im Zusammenleben die Spiritualität nicht Schritt. Darum verkümmern oft beste Möglichkeiten im Alltag der Ehe. Was in den ersten Jahren eine kleine Differenz war, wird später zum Scheidungsgrund. Freilich ißt man gewöhnlich nichts so heiß als man es kocht, im spirituellen Überhang werden momentane Entzweiungen durch Kompromisse geflickt. Der Ehe auch in dieser Form geht es um die ganze Kette der Vereinigungen. Bei Kulturen, in denen das Leibliche mehr im Gleichklang mit dem Seelischen schwingt (weitgehend etwa im alten indischen Kulturkreis), fehlen unsere sexuellen Verkrampfungen, Verdrängungen und

Komplexe. Solche Komplizierungen folgern hauptsächlich aus der bei uns stärkeren, meist nur unausgegorenen Individualisierung, zusammenstoßend mit starren Sitten.

Aber eine Lockerung der Sitten löst die Probleme nicht. Jene Unterscheidung des 7. und 5. Feldes ist keine äußerliche Trennung. Wenn der Weg der abendländischen Entwicklung aus dem schöpferischen Bewußtsein der Individualseele vorwärts geht, kann eine Ehe, die nur eine ideologisch oder wirtschaftlich gestützte Zusammenkoppelung zweier Menschen verschiedenen Geschlechts ist, nicht befriedigen. Wir beobachten es genugsam an der äußerlichen Anähnlichung vieler Ehepaare, bei Danebenleben im Individuellen. Die Lösung der Problematik fordert eine Vereinbarkeit des männlichen und weiblichen *Menschen*, und zwar auf unserer Bewußtseinsstufe, setzt demnach *individuelle* Wahl und Fortbildung des Kontakts, des Austauschs auch im Geschlecht voraus.

Soll das Gleichgewicht naiverer Kulturen auf differenzierter Menschenstufe wieder erreicht werden, so muß zunächst der Eros als beseelter leiblicher Austausch der männlichen und weiblichen Qualitäten in seiner einigenden Lebensmacht erkannt und geachtet werden. Dies ist gleich weit von Pornographie wie von bürokratischer Eugenik entfernt. Die Dauerbindung bietet die Erfahrung, wie ein Mensch anderen Geschlechts sich und seine Leiblichkeit individuell erlebt, die Umwelt danach wertet und gestaltet. Der damit erfahrene andere Modus menschlichen Daseins hat im 5. wie im 7. Feld seine adäqudaten Entsprechungen.

Wie im Kontrapost der Renaissancemalerei betrachten wir einmal Spielbein und Standbein unterschiedlich. Standbein, das worauf man sich stützt, in unserem Thema das Zusammenleben, die Gemeinschaftlichkeit, verbildlicht die Ehe als Dauerbeziehung. Du und Ich stehen darin gleichwertig nebeneinander wie Beuger und Strecker der Beinmuskulatur. Ein fruchtbares Zusammen in der Bewegung duldet kein additives 1 plus 1, die Organik besteht vielmehr in jeweils auf den Sinn der Bewegung abgestimmter Synthese. Die Fähigkeit zu dieser Angleichung in beweglicher Korrelation muß sich herausbilden als Hauptbedeutung des 7. Feldes. Geschlechtsverschiedenheit und individuelle Anlagenunterschiede optimal einbauend, strebt dies einer Harmonie essentieller Grundanschauungen wie existentieller Verhaltensweisen zu, verlangt wenigstens eine übereinstimmende Lebensführung. Hierfür genügen weder die wohldurchdachten Ratschläge Balzacs und Stendhals, noch die technischen Anweisungen heutiger Sexbücher. Bei echter Kameradschaft, erlangt durch Einsicht in die individuelle Struktur des Partners und deren Anerkennung, gibt es keine Frage, die nicht affektfrei besprochen werden könnte. Hingegen Liebe gleicht dem Spielbein. Man kann sie nicht herbefehlen, sie gedeiht nur in Gelockertheit, frei vom Stützungszweck, beruht nicht auf Diskutablem, sondern auf irrationaler Zugehörigkeit. Zusammenleben und Liebe sind dimensional verschieden. Werden sie eo ipso gekoppelt wie bei „ehelicher Pflicht“, so entstehen heillose Irrungen und Wirrungen. Vor allem darf man sich, Liebe begehrend, nicht gegenseitig vorrechnen, auf welche Freiheiten eines jeden Ich verzichten mußte, um ein Zusammenleben zu ermöglichen.

Trotz Emanzipation und zahlreichen Büchern über „vollkommene Ehe“ ist es nach wie vor ein offenes Problem, wie die männlich-weibliche Rolle im Dasein, die uns Instinkte so dezidiert vorschreiben, ihren sozial und gesamtmenschlich richtigen Ausdruck findet. Dies ist primär keine Frage des Rechts und der Logik, sondern des Herzens, lösbar vom Einzelnen aus, aber auch der Menschenkenntnis. Fehlurteile über die eigene Lage in diesem Spannungsfeld führen zu seelischen Gleichgewichtsstörungen. Wer von einem moralischen Klischee der Geschlechter und ihrer Obliegenheiten ausgeht, verfälscht mit bestenfalls staatserhaltenden Definitionen das individuelle Empfinden, wie es sich im Kosmogramm begründet.

Greifen wir auf die Feldertheorie zurück, insbesondere die horizontale Scheidelinie des kreisläufigen Systems, durch welche das 5. und 7. Feld voneinander geschieden sind. Die mit dieser Linie gekennzeichnete Trennung von

Privatleben und Öffentlichkeit wird überwindbar, wenn wir den Menschen als *entworfen* auf Umwelt verstehen wobei im Prozeß tatsächlicher Auseinandersetzungen die *Charakterwirklichkeit* zur Gestalt wird. Der Deszendent bezeichnet den Punkt, von wo das Gegenüber in seinem *Anderssein* einwirkt, während es bei der liebenden Begegnung erst die sinnlich polare Ergänzungen des Eigenen war. So betrachtet ist die Ehegemeinschaft das experimentum crucis, ob und wieweit ich zur überbauenden menschlichen Einheit finde, indem ich in jedem Augenblick ich selbst und zugleich ein anderer bin, nicht nur durch äußerliche Anpassung mich selbst verfremdend anders *scheine.* Das nur übernommene Fremde wirkt zwangsläufig auf mich zurück. Bei der Herausbildung einer Synthese kommt es darauf an, entgegen der aus mir geborenen These das antithetische Anderssein soweit zu *assimilieren,* als ihm ein objektives Recht zusteht. Da ich dasselbe für den Partner bin, muß ich ebenso meine subjektiven Gegenargumente auf sichere Grundlagen stellen. Die Ehe hat für alldies einschneidendere Bedeutung als andere Formen des Zusammens, weil die Kriterien umfassender sind, denn Schritt und Tritt stoßen wir auf Irrtümer, wenn wir Äußerungen des Ehepartners mit Maßstäben des eigenen Geschlechts messen.

In den häufigen Ehekrisen zeigt sich die Kehrseite des einen oder anderen Feldes. Das Ausspringen aus dem Geleise einer Ehegemeinschaft erfolgt aus *abweichender Liebeswahl* oder aus *Ungenügen an der Form des Zusammenlebens.* (Inferior gleitet eines in das andere über: Abnahme des „Geheimnisses" infolge allzu achtloser Intimität, Reizmangel, abstumpfende Gleichförmigkeit fordert das Wechselbedürfnis heraus.) Das erste ist vorwiegend eine Mars-Venus-Angelegenheit, beim zweiten wirkt stärker die Nichtentwicklung des Gemeinsamen im Sinne des 7. Feldes. Zwar wird auch vom Gemeinschaftstrieb gesprochen und als Sinn der Ehe die Fortpflanzung genannt. Solche Auffassungen wären staatlichen Instanzen recht, die einen normierten Nachwuchs brauchen. Von da stammt die Theorie, die Ehe sei die Aufbauzelle des Staates. Hiermit okkupiert gesellschaftliches Denken schon den Ansatz einer Gemeinschaft freier Wahl. Was aber öffentlichen Interessen genehm ist, kann privat konfliktreich sein, hiermit eben sind die erst zu lösenden Widersprüche zwischen der oberen und unteren Kreishälfte berührt. Bedenkt man das Mannigfaltige individueller Strukturen, so ist der rein sozial-ideologisch programmierte Mensch eine inhumane Forderung; das Leben widersetzt sich ihr. Ein persönlicher Sinn des Ehelebens, immer wieder anders und täglich neu gestaltet, ergibt sich aus der *Koexistenz von Ich und Du.* Wird dieser Sinn versäumt, so springen die Ichtriebe aus. Demgegenüber hätte ein automatisch zusammenführender Gemeinschaftstrieb etwas vom Herdengeruch an sich, er befriedigt nur durch Vervielfachung und wechselseitig ausgeströmte Wärme. Gewiß gibt es bei übermäßig und einseitig betontem 7. Feld derartige Kontaktbedürfnisse; Abriegelung von der Gemeinschaft, Alleingelassensein wird als Mangel empfunden. Der Entwicklungshöhe nach ist es die Bedürftigkeit der Herdenmenschen und human Anspruchslosen, ebenso bei Zusammenziehung der Konstellation um den Deszendenten und leer stehender Osthälfte. Doch bei höherer Entwickeltheit kann in der Einzelbegegnung das ganze Universum aufgeschlossen erlebt werden. Auch darin zeigt sich die Spiritualität des Gebiets: letzten Endes hängt der Geist einer Gemeinschaft nicht vom Kosmogramm ab. Mit oder ohne Planeten im 7. Feld kann man eine gute oder schlechte Ehe führen, bei Nichtbesetzung sagt der Dispositor des Zeichens am Deszendenten einiges über die Problematik aus, nicht jedoch über spirituelle Erwerbungen, die sie lösen.

Mit Mars und Venus symbolisiert sich die Geschlechtsbegegnung, was nicht ohne weiteres auch die Begabung zum Liebesabenteuer im Sinne des 5. Feldes einbeschließt. Relativ zum faktischen Geschlecht gilt die Bedeutung von Mars und Venus als *eigene Äußerung* und als *erwarteter Ausgleich,* jenes eine *Reaktionsart,* dieses ein *Suchbild.* Hier spielt die vielberufene Ambivalenz hinein. Dem Inbild der Partnerwahl entspricht ein Seelenorgan, gegensätzlich zum eigenen Geschlecht, so daß das von außen Herankommende etwas Verborgenes in uns anspricht und manifest macht, was wir latent in uns selber tragen. Dies ist individuell verschieden, allgemeinmenschlich dagegen das Verhältnis von *Äußerungswunsch* und *Bedürfnis,* jener mehr mars-, dieses mehr venusbezogen. Demgemäß, und nicht nur bei Dissonanzen, ersteht eine Tragik menschlicher Beziehungen gerade in der Liebe: analog dem Marsischen muß man auch das Liebste erobern und verteidigen, analog dem Venushaften gerät man in Abhängigkeit von dem, was man Liebstes ersehnt, besonders wenn man es hat. In der Verschränkung der Gegensätze gelangt das Marsische oft zur Abwehr allzu großer Nähe, die abhängig machen würde, umgekehrt stört im Venushaften die Eroberung dessen, was man liebt, oft die unbedingte Hingabe, die im Anlocken bereit schien. Mit Abbruch der Zielspannung im Erreichthaben verbleibt meistens nur der Reiz der Selbstbestätigung (wie es nach dem happy end aussieht, sagt kein Mars-Venus-Drama, hiermit beginnt eine andere Dimension.)

Einen weiteren Problemkreis schafft ein beträchtlicher Altersunterschied. Dann sprechen nicht nur Trieb und Eros mit, beim Aufgreifen einer außerehelichen Beziehung handelt es sich nicht allein um den Ausgleich eines Ungenügens. Außer Mars und Venus kommen vielmehr die *väterlichen* und *mütterlichen* Komponenten, also Sonne und Mond zum Zuge. Das jüngere Mädchen erlebt im älteren Mann eine geborgene Lebenssicherheit, die es bei Gleichaltrigen nicht findet. Das Verhältnis kann dann eine übertragene Tochterbeziehung sein, häufig begründet im Ausfall des leiblichen Vaters oder dessen mangelnder „Väterlichkeit". Konfliktschaffend wirkt ein vom seelischen Kontakt losgelöster Sexus mit untergründigen Inzestwünschen. Vom Mann wird Reife und Überblick gefordert, um den sich stellenden Aufgaben zu genügen, ihm ist eine menschliche Rolle zuerteilt, die er sonst nicht einnimmt, nämlich zugleich Vater und Liebhaber zu sein. Anderseits kann der Jüngling, der Scheu oder Abwehr vor dem weiblichen Geschlecht empfindet, unter Umständen leichter durch eine ältere Frau in die Mysterien des Geschlechts eingeführt werden. Die Tiefenpsychologie hat als Bezeichnung dieser Rolle im Umkreis der „Großen Mutter" den Ausdruck „Jünglingsgeliebter" geprägt. Beruht dies, wie meist, auf einer Mutterbindung des männlichen Partners, so übernehmen die mütterlichen Seelenqualitäten der Frau (also das Mondhafte) eine übertragene Mutterrolle. Für sie steckt darin eine erzieherische Mission, nämlich den infantil Gebliebenen liebend zur Selbständigkeit zu führen. Statt als „Baby" verhätschelt, soll er zu eigenverantwortlichem Entschluß und Handeln hingeleitet werden, er soll riskieren lernen, sich anders als in mütterlicher Obhut wegzuschenken. Dies macht eine solche Beziehung im vorhinein zur Episode in seinem Werdegang, das reife Darüberstehen verlangt von der Frau ein „Loslassen" im richtigen Zeitpunkt.

Derartige Probleme können nur mit Takt und Feingefühl aller Beteiligten, auch außerhalb der Intimsphäre, befriedigend gelöst werden. Anlagen bedingen Verschiedenheiten. Eine Trennung ist bei luftigen Zeichen leichter aus abstrakten Begriffen durchführbar, bei Feuerzeichen geben häufiger Affekte und souveräne Forderungen den Ausschlag, für Wasserzeichen ist es schwierig, sich abzuhängen, wenn ein Gefühl, nicht mehr angenommen zu sein, zurück bleibt, reale und sachliche Gründe gelten bei Erdzeichen. Aber natürlich ist bedeutsam, welche Planeten in diesen Zeichen stehen und wie sie sich zur Struktur des Partners verhalten. Unterschiede, die im Liebesfalle der „holde Wahn" verschleiert, werden für die Ehe wichtig.

Ehezwiste entstehen neben der rhythmologischen Schwierigkeit, die Lebenskurven zweier anlageverschiedener Menschen gleichzuschalten, gemeinhin weniger aus Mangel an Liebe, als aus ungenügender Einstellung auf die anlagemäßigen Voraussetzungen des Partners. Eine solche Einstellung fordert der Ansatz des spirituellen Feldertrigons. Verstehen wir, in welcher Problematik man selber und in welcher der Partner steckt, halten wir im Auge, wovon und auf welche Ziele hin jeder lebt, dann ist der kameradschaft-

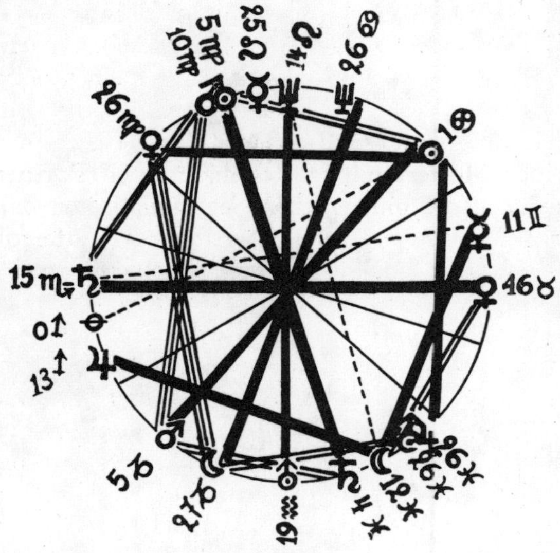

Goethe – Lili Schönemann, 23. Juni 1758

Abb. 7

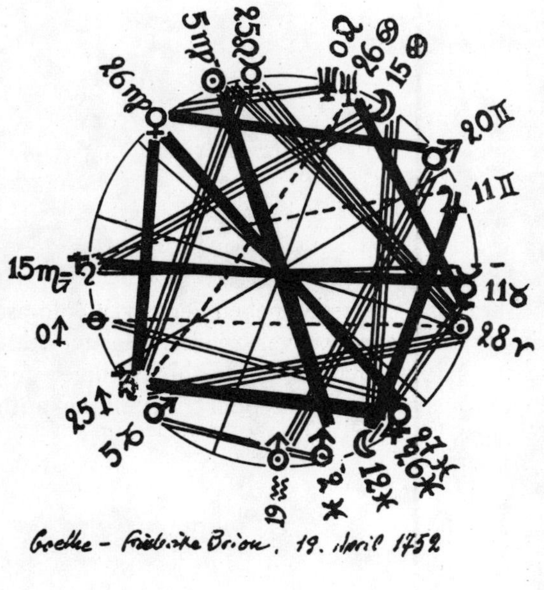

Goethe – Friederike Brion, 19. April 1752

Abb. 8

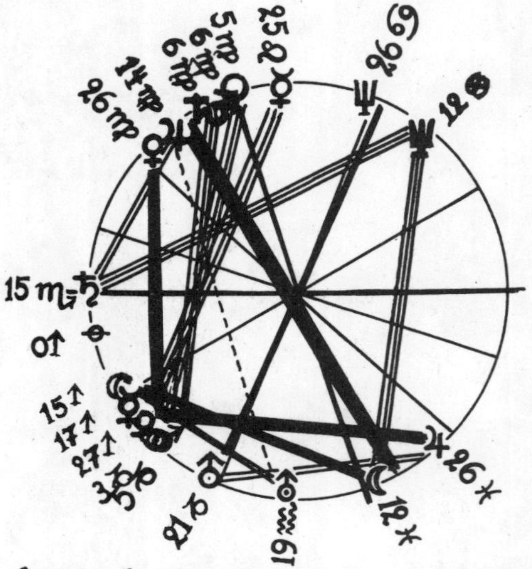

Goethe - Charlotte v. Stein, 25. Dezember 1742

Abb. 9

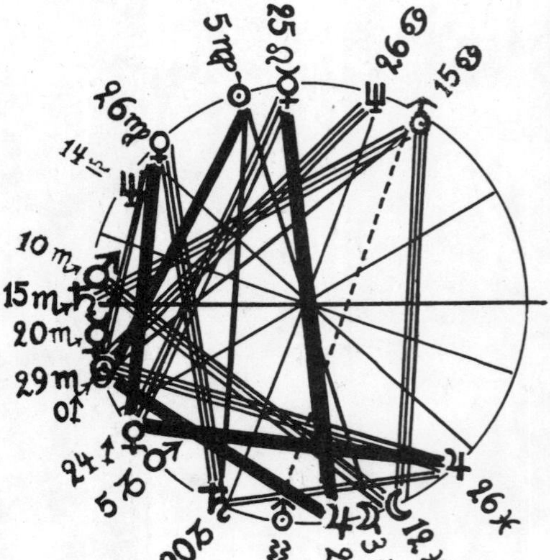

Goethe - Marianne v. Willemer, 20. November 1784

Abb. 10

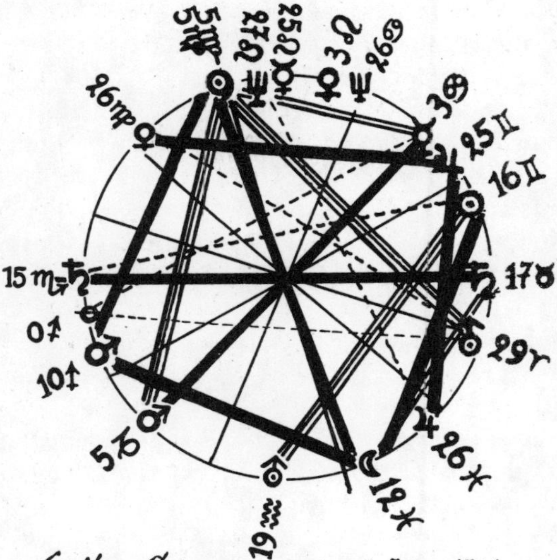

Goethe - Christiane Vulpius, 6. Juni 1764

Abb. 11

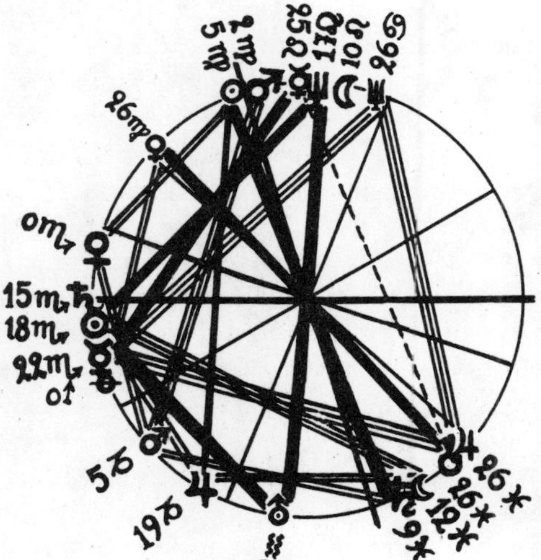

Goethe - Friedrich Schiller, 10 November 1759

Abb. 12

liche Kontakt fraglos da. In bezug auf Worte wäre dagegen in Rechnung zu setzen, wie oft bewußte Aussagen über unbewußte Motive trügen.

Hier kann das gegenseitige Verhältnis der Kosmogramme aufhellend wirken. Zum Vergleich folgen die Konstellationen von Frauen, die in Goethes Leben eine entscheidende Rolle spielten, sowie von Friedrich Schiller, eingezeichnet in seine eigene. (Goethes Konstellation wurde für sich gebracht in Bd. III, S. 416.) Der Unterscheidung halber wurden die Gestirnstände des Partners jeweils in anderer Farbe eingetragen, doch nur die gegenseitigen Aspekte aufgezeigt, nicht die, welche jede Konstellation in sich hat.

Das Datum von Christiane Vulpius entstammt der biographischen Angabe von E. Hartung, wonach Christiane an ihrem 52. Geburtstag. dem 6. Juni 1816, verstarb. Goethe feierte mit ihr immer Anfang August den Geburtstag, was wohl auf einer noch ungeklärten internen Abmachung beruhte. Schiller feierte seinen Geburtstag am 10. November, in einigen amtlichen Schriftstücken ist der 11. angegeben; vermutlich war die Geburt um Mitternacht des 10./11. Die übrigen Angaben stammen von Studienrat E. Saenger.

Eine detaillierte Deutung dieser sechs Bezugspaare würde zu weit führen, sie sei als Kombinationsaufgabe empfohlen, die Tatsachen sind ja biographisch hinreichend bekannt. Nur stichprobenhaft, vor allem in bezug auf Oppositionen und Konjunktionen, wird zur Erläuterung der Methode hier darauf eingegangen. Oppositionen im eigenen Gefüge und Oppositionen zwischen Punkten zweier verschiedener Anlagengefüge gelten mit folgendem Unterschied. Im ersten Fall sind es die „zwei Seelen ach“, man trägt einen Widerspruch in sich allein, will einerseits dies, anderseits jenes erreichen, strebt oft gleichzeitig da- und dorthin. Gerade bei wertvollen aber unsteten Menschen häufig anzutreffen, geht es in der Bewältigung solcher Konflikte um Ausmaß und Bestand der Eigenperson. Die Mühe, eine Synthese der Gegensatzspannung herauszuarbeiten, wird jedoch gewöhnlich leichter aufgebracht, als wenn man den Widerspruch von außen vorgesetzt bekommt. Bei größter Liebe zum Partner täuscht man sich gern über diese Aspekte, sucht den ganzen Umfang der Verschiedenheit zu vertuschen, meidet die zur Überwindung nötige Anstrengung, das krasse Wort, die Selbstkritik. Man sieht ja den anderen zunächst aus der Perspektive harmonischen Zusammenstimmens, bevorzugt praktisch, was als „günstig" wechselseitig aus synthetischen Aspekten hervorgeht. Erst später pflegt eine Diskrepanz der Anlagen überhaupt bemerkt zu werden. Dies überfällt dann einen Unvorbereiteten, er ist enttäuscht, vom Andersseins des Partners befremdet und darum meist zur ungerechten Kritik aufgelegt. Kurz, es stellt hohe Anforderungen und verlangt ehrliche Einsicht in die eigene Standpunktsbeschränkung, jeweils zum Ausgleich der Verschiedenheiten hinzufinden.

Das Kombinationsschema heißt in jedem Fall: Wesenskraft a bei X steht in dieser oder jener Beziehung zu Wesenskraft b bei Y (vgl. auch Bd. III, S. 511). Damit nähern wir uns den anlagebedingten Ursachen für Anfang, Verlauf und Ende einer Personverbindung, wenn das Geschehen X und Y zusammenführt. In der Aussage aber hüte man sich vor dem vulgären Deutungsschema, das *fertige Ergebnisse* angibt. Gewiß bedroht Saturn bei solchen Oppositionen den Bestand der Verbindung. Er ist in dieser Hinsicht das Symbol der Endlichkeit, doch, wie jedes dieser Symbole ambivalent, auch der unverbrüchlichen Dauer. Saturn bedeutet kein Enden*müssen,* im analytischen Aspekt hat es die Integrationskraft nur schwer, befremdende Erfahrungen zu verarbeiten. Gewisse Äußerungen des anderen wollen dann nicht nur ertragen, sondern als notwendig für die Entwicklung des eigenen Formats eingesehen werden, dies verlangt ein selbstkritisches Urteil, die vor Negationen nicht zurückschreckende *Selbstanalyse.* Verstehen wir Saturn wiederum als Alterssymbol, so machen sich im Alter häufig eingesessene Vorurteile, Befürchtungen, Zwangsvorstellungen und sonstige lebensverneinende Tendenzen geltend, oft frühkindliche Eingravierungen, die von der Triebkraft der „vollsaftigen" Jahre zurückgedrängt wurden. Die vorhandenen Negationen und Ermüdungsgifte kommen nun zum Vorschein, es zeigt sich deutlich, was integriert und was nur verdrängt wurde. Im ohnehin anfälligen Zustand kann die vulgäre „Schicksalsaussage" aus „schlechten" Aspekten des „Übeltäters" verheerend wirken, da sie den abbauenden Tendenzen durch den hineingetragenen *Erfüllungszwang* einen Vorschub leistet. Geht die Verbindung auseinander, dann ist ein „Treffer" erzielt und der orthodoxe Fatalist hat recht.

In Goethes Fall sehen wir Saturn am Aszendenten in SKORPION: eine suchende und zweiflerisch versuchende Integrationskraft, der mephistophelische Anteil seines Faust, abweisende Tendenzen des persönlichen Erfahrener- und Älterwerdens. Diesen Punkt finden wir in Opposition zu Merkur im STIER bei Friederike Brion, zur Venus ebenda bei Lili Schönemann. Trotz sonstiger Übereinstimmungen darf man daraus schließen, daß Friederikes naiv bildhafter Realverstand, Lilis sinnlich genießerischer Eros seinem hintergründig orientierten Schwerpunkt auf die Dauer unannehmbar waren. Umgekehrt steht Saturn-FISCHE bei Lili Schönemann in Opposition zu Goethes Sonne in JUNGFRAU: ihr schwankender, „fischig schweifender" Realsinn konnte seinen präzisen wenn auch vorsichtigen Unternehmungsgeist, die wesenhafte persönliche Differenzierung der zentralen Aufgabe, nicht integrieren, anders als Schillers geniale Menschenerfassung bei derselben Opposition.

Eine Konjunktion von Saturn und Mars mit Goethes Sonnenstand finden wir bei Charlotte von Stein. Dies, und umgekehrt Goethes Mars in Konjunktion mit Charlottes Sonnenstand zeigt die starke Verklammerung beider. Bei Charlotte gibt diese Saturnstellung der Verbindung etwas schicksalträchtig Zwanghaftes, wodurch die Opposition zu Goethes auf Lockerheit gestimmter Mondstellung fühlbarer wird. Ihre Integrationskraft war eng personbestimmt, widersprüchlich zur schweifenden Weite seiner Seelenregungen (Mond) und immerwährenden Horizontverschiebung seines Optimalstrebens (Jupiter; bei der gegensätzlichen Jupiterstellung wird in der Streberichtung auch ohne genaue Opposition die Polarität der Zeichen FISCHE und JUNGFRAU wirksam). Was Charlotte in dieser Hinsicht verschlossen blieb, steigerte ihr Empfinden analog Venus in SCHÜTZE zwischen Merkur und Sonne ins Idolhafte. Eine Konjunktion bedeutet die Koppelung von Kräften und so war Goethes Gesamt-Lebensantrieb (Sonne) zunächst aufgesogen, sozusagen „verschluckt" durch Charlottes physische Existenz und Initiative. Außerdem machte ja ihre Erfahrenheit, ihr Formschliff, ihre fürsorgliche Kritik den Dichter erst „hoffähig". Doch seine seelische Reifeentwicklung konnte sie nicht mitleben, sie war ihr fremd, unheimlich, den Tatsachen seines Lebens abseits ihres Bannkreises entnahm sie persönliche Kränkung. Dies rührt einen Widerpruch in ihm selber auf (Venus Opposition Jupiter), wir erkennen darin die problematische Verwicklung und Auslösung der italienischen Reise.*

Dasselbe Kombinationsschema ist anwendbar auf andere Wesenskräfte und Aspekte, nur muß man sie richtig verstehen. Mars kann Aggression bedeuten und Quadratur nannte ich den Sisyphusaspekt. Finden wir nun den Mars bei Christiane Vulpius (oppositionell zu ihrem Sonnen-

* Nicht ohne Absicht wird gerade diese Aspektierung herausgegriffen, die in einer für astrologische Denkgewohnheiten typischen neueren Veröffentlichung schlecht wegkommt. Was dort für Saturn des einen in Konjunktion mit Venus des anderen beurteilt wird als „schier unglaubliche Verschlimmerung dieses Zustandes", nämlich der bei Venus in JUNGFRAU ohnehin „reduzierten" venusischen „Fähigkeit, den Augenblick in seiner Ganzheit harmonisch zu erleben", müßte verstärkt zutreffen bei so „reduzierter" Venus und, im selben Zeichen, dem Kern des Ganzheitserlebens, Sonne, in Konjunktion mit Saturn des Partners. Behauptet wird, bei einer engen Verbindung mit dem Saturn des Partners „ist immer alles unbefriedigend, man kann tun und lassen, was man will, es kommt niemals zu einem beglückenden Erlebnis." Hätte das Goethe vorher gewußt, ehe er sich mit Frau von Stein einließ! Ich billige dem Autor zwar konkrete Erfahrunggen zu, doch machte er sie wohl an Menschen, welche dem Aspekt *keine entwickelnde Änderung* entnahmen, sowie unter der Voraussetzung, das Horoskop enthalte *unveränderliche Eigenschaften und fertige Schicksale*.

stand eine hochgespannte Aktivität) in Quadratur zur Opposition von Sonne und Mond bei Goethe, so wird man keinen ununterbrochenen häuslichen Frieden erwarten. Die Vulgärastrologie nimmt an, daß bei so „schlechten" Aspekten des „Übeltäters" der Zusammenhalt gesprengt würde durch Streitlust, Haß und Feindschaft, auch Christianes Sonnenstand quadrierte Goethes Mondstellung, sein Mars wiederum befand sich in Opposition zu ihrem Merkur. Nach dem unten angeführten Autor bedeutet schon eine Marsdissonanz „die rasche, die schmerzliche, letztlich aber immer notwendige Trennung. Ihr entgehen zu wollen, ist nicht klug, gegen sie anzukämpfen kann Wahnsinn sein." Nun, die Begegnung Goethes mit Christiane wird man rangmäßig nicht in eine Reihe stellen mit Marianne von Willemers und Charlotte von Steins Bedeutung. Aber schließlich war sie nach dem Ausdruck der alten Frau Rat sein „Bettschatz" und dies zum Ärgernis des offiziellen Weimar in illegaler Form, wurde Mutter durch ihn und wenn er sie dann heiratete, war es wohl nicht nur ein Akt der Dankbarkeit, wie manche Biographen meinen, weil sie ihm in der Franzosenzeit das Leben gerettet hatte. (Übrigens Aggression zu seinen Gunsten!) Mars will hier einfach als Aktivitäts- und Triebsymbol verstanden werden, die genannten Aspekte als solche der Spannung und Hochsteigerung und Goethe selbst als Lebenskünstler, der alles Beiläufige einer Sendung unterordnete. Er ging nicht von idealen Forderungen aus wie Schiller, sondern blieb auf Realitäten eingestellt. Hierbei konnte von Bedeutung sein, daß Saturn des einen zu Saturn des anderen und Mond des einen zu Mond des anderen in Opposition stand: Trennung zweier Wirklichkeits- und Seelensphären, durchführbar, wenn jeder das Niveau des anderen berücksichtigt und ihm gerecht wird. Hinzu kommt, weshalb wir die Ineinanderzeichnung der Konstellationen benötigen, der Gesichtspunkt der *Gesamtstruktur.* Wir überblicken so das ganze Gewebe der Beziehungen sowie die Ausfüllung der leeren Felder. Die Einzeichnung Christianes in Goethes Kosmogramm zeigt, daß ihre lebensfrischen, variablen

Anlagen ausfüllen, was dort unbesetzt war, insbesondere das „Ehehaus".

Um zu zeigen, wie dasselbe Vergleichsverfahren auch auf außereheliche und geschlechtsgleiche Gemeinschaften anwendbar ist, lege ich die Einzeichnung der Gestirnstände Schillers (Stunde unbekannt, vermutlich gegen Mitternacht) in Goethes Kosmogramm vor. Wieder greifen wir die in der vulgären Deutung schlecht wegkommenden Konjunktionen mit Saturn und Mars heraus. Goethes Saturn auf Schillers Sonne, Schillers Saturn auf Goethes Mond, das wären für die vulgäre Auffassung bedenkliche Aspekte. Die negativen Tendenzen dieser Aspekte äußerten sich bekanntlich zuerst in gegenseitiger Ablehnung. Doch mit der denkwürdigen Begegnung in Jena Ende Juli 1794, dem anschließenden Gespräch über die Urpflanze und Schillers Wagnis seines ersten Briefes, von dem Goethe sagte, er habe die Summe seiner Existenz gezogen, trat ein Umschwung ein: der Beginn einer beispiellosen freundschaftlichen Auseinandersetzung und geistigen Zusammenarbeit. Die lebensaktiven Elemente auf Seiten Schillers ließen von ihm die werbende Initiative ausgehen (Sonne), gaben seiner brieflichen Analyse die aufschlußbringende Schärfe (Mars), während die beseelte Flexibilität Goethes die Mauer von Schillers Verfestigung in kantischen Begriffen überwand (Goethes Mond in Konjunktion mit Schillers Saturn). Goethe hat stets die Ergänzung seiner „weiblichen" Natur in der Männlichkeit Schillers gesehen, wenn er auch erst bei dessen Tod die ganze Größe des Verlustes verspürte.

So gesehen bezeichnen analytische Saturnaspekte die Demarkationslinien einer Beziehung, die nur bei Minderwertigen zu Druckmitteln, Entfremdungen und unlösbaren Härten führen. Nicht Aspekte lassen Menschen auseinandergehen, sondern das Nichtlösenkönnen der in ihnen angegebenen Probleme.

Zu den mißbräuchlichen, verflachenden Anwendungen der Astrologie zählen die beliebten Bücher „Wer paßt zu wem" mit ihren schematischen Urteilen „Steinbock paßt zu Jungfrau" usw. Die Auswahl nach Trigonalbeziehungen spricht den Wunsch problemloser Harmonie an. Schon das Sprichwort sagt aber, daß Gegensätze sich anziehen. Das heißt in astrologischer Sprache: ein *Bedürfnis nach Ausgleich von Einseitigkeiten* greift in der Partnerwahl mit Vorliebe nach gegenüberliegenden Zeichen und spannenden Aspekten der Planetencharaktere. Auch finden wir häufig eine Betonung der Osthälfte beim einen, der Westhälfte beim anderen, oder den Gegensatz synthetischer und analytischer Strukturen. Dies ist als Wahlmotiv so richtig, als wenn ein femininer Mann eine maskuline Frau wählt und umgekehrt. Verstehen wir die Konstruktion des kreisläufigen Systems, so wird begreiflich, daß jeder Punkt darin die Streberichtung zu seinem Gegenpunkt einschlägt. Beim Studium der Frauenbeziehungen Goethes wird man gerade bei den intensivsten Bindungen Oppositionen von Anlagekomponenten antreffen. Quadraturen sind schwieriger. Immerhin, der schöpferische Mensch braucht starke Spannungen mehr als erschlaffende Übereinstimmungen, die Wechselseitigkeit seines Umgangs kann weniger auf privates Glück abgestimmt sein als beim Durchschnitt. Was im vulgären Fall nur Schwierigkeiten bedeutet, heißt einem anderen Paar willkommene Anregung, über sich hinaus zu wachsen.

Aus der Erfahrung könnte ein Künstler-Ehepaar angeführt werden, bei welchem der Mann den Aszendenten SKORPION mit Mars, die Frau den Aszendenten LÖWE mit Venus im Geburtsbild hatte. Das besagt also eine Quadratur der Aszendentenzeichen, betont durch Gegensatz der Planetencharaktere, allerdings der wechselseitigen Anziehungskraft des „klassischen Paars", doch eben darum den Unterschied der Geschlechtsdimensionen verschärfend, was besonders die schaffende Frau in eine Konfliktlage versetzt. Das Zusammenleben war spannungsreich, es ermangelte nicht der aufregenden Zwischenfälle. Doch keiner von ihnen hätte sich einen „bequemeren" Partner gewünscht. Genau diese Zusammensetzung ermöglichte jedem ein eigenständiges Schaffen, in der persongetragenen Kunst garnicht so leicht erreichbar bei täglicher Einwirkung aufeinander. Auch aus den übrigen Widersprüchen der Anlagen ging die gegenseitige Bestätigung hervor.

Es hängt also in der Ehe alles am überbrückenden Verständnis, anders als in der Liebeswahl, die ein Ineinanderpassen triebmäßiger Regungen braucht. Hat man sich einen Partner mit Diskrepanzen und starkem Spannungsgefäll zugetraut, so kann dies unmöglich verarbeitet werden, wenn jeder egozentrisch in sich bleibt. Freilich ist es oft schwierig. Strebe ich etwa aus überwiegender SCHÜTZE-Betonung stets auf das Einigende unter dem Blickpunkt der letzten Dinge hin, komme ich durch die Verfolgung hochgesteckter, oft unrealisierbarer Ziele und das auflodernde Temperament zu einem abwechselnden Hoch und Tief der Lebenskurve, so setzt mir ein Partner mit überwiegender ZWILLINGE-Betonung ein nervöses oder sensationslustiges Hin und Her von Urteilen vor, deren Superlativform nicht zur Bedingtheit der Motive zu passen scheint. Ich muß darin aber meine Ergänzung und einen anders gelagerten Fortschrittsgeist sehen, dem meinen gleichberechtigt, auf Gemeinsamkeiten und stützende Aspekte achten. Das Schema „Hammer oder Ambos" ist weder wünschenswert, noch immer anwendbar. Gewiß findet man es häufig in durchschnittlichen Ehen, bei denen auch sonst ein Zurückdrängen des Individuellen zu Gunsten einer standardhaften Typenform als beste Lösung gilt. Dann stehen keine Werte individueller Entwicklung *über* den vegetativen Bedürfnissen und der Sozialanpassung gemäß dem Typus. Dies und die Zufriedenheit damit sind Sache der Einstellung, in solchen Fällen allerdings kann man eher nach den vulgären Regeln des Zusammenstimmens gehen.

Wie Ehe und Liebe zweierlei Lebensgebiete mit verschiedenen Anforderungen bzw. Voraussetzungen sind, ist die Entwicklungshöhe und damit der in einer Gemeinschaft gesuchte Sinn *unabhängig* von der gegenseitigen Harmonie der Anlagen.

Ein Thema für sich ist die Eifersucht, vielfach an der Auslösung von Ehekrisen beteiligt; doch als affektives Verhalten keineswegs auf die Forderung sexueller Ausschließlichkeit beschränkt. Schon Kinder sind eifersüchtig auf den, der vorgezogen wird. Lassen wir Besitzanspruch, Sicherungsgründe und dergleichen beiseite, so reduziert sich die Eifersucht nicht etwa auf Mißgunst gegen einen Dritten, sondern auf ein Bedrohtwähnen des ganz persönlichen *Eigenwertgefühls.* Dies trifft auch zu beim oft berechtigten Ehe-Argument, der Dritte, der keine Verantwortung einer lebenslangen sachlichen Gemeinschaft trägt, habe es in puncto Liebe leichter. Hieraus gehen gewisse Unterschiede bei Mann und Frau hervor. Das weibliche Geschlecht empfindet stärker die Einheit von Person- und Körpergefühl, es geht der Weiblichkeit mehr um die *Selbstbehauptung,* instinktiv werden die eigenen Vorzüge ausgespielt. Beim männlichen Geschlecht drängt sich instinktiv das kämpferische Verhältnis zum Rivalen vor (Nachklang tierischer Brunstkämpfe), es unterläuft daher stärker die *Eitelkeit des überlegen sein Wollenden,* sei es in körperlicher, sei es in geistiger Potenz.

Auch die individuellen Unterschiede ermesse man aus der Rolle des Eigenwerts bei den meist betonten Zeichen, mit äußerer Vorherrschaft des Zeichens am Aszendenten als der unmittelbaren Reaktionsart. Abgesehen von der Aspektierung der Sonne, die problematische Bedrohungen der inneren Selbstsicherheit angibt, haben wir uns zu fragen, bei welchen Zeichen der Eigenwert am ausgeprägtesten ist. Zweifellos sind damit die Feuerzeichen im Vorrang, sie stehen analog dem personhaften Trigon der Felder. Besonders bei LÖWE herrschen Stolz, Macht- und Geltungstrieb vor, daher die eifersüchtigen Affekte, wenn dies durch Beziehung des Partners zu einem Dritten in Frage gestellt wird. Bei WIDDER ist es mehr spontane Ichreaktion, bei SCHÜTZE spielt ein Vergleich der Entwicklungshöhe mit, das „Gemeinwerden" des Partners mit „niedrigeren Kreaturen". Ist im Feuertrigon die „blinde" Eifersucht mit Naturtrieben verquickt und Ausdruck einer Vitalität, die bis zum Selbst*gefühl* reicht, so liegt die Verletzlichkeit im Lufttrigon beim Selbst*bewußtsein.* Es steht analog dem spirituellen Feldertrigon, doch spirituelle *Erwerbungen* werden durch entsprechende Anlagen nur begünstigt, nicht schon gegeben (Aussagegrenze!). Fehlt das Bewußtsein des eigenen Wertes, das eine gerechte Würdigung des Fremdwerts ermöglicht, so entsteht Eifersucht auch bei dem für Enthebung vom Blutsmäßigen günstigsten Zeichen, bei WASSERMANN. Bei WAAGE handelt es sich mehr um eine Störung des eingewöhnten Gleichgewichts zur Umwelt; vieles hängt vom Kontakt zum Dritten ab, bei der pragmatischen Labilität von ZWILLINGE mit seinen schwankenden Urteilen ist es gelegentlicher Neid auf den Begünstigten, ideologisch zu bekämpfen.

Wie schon aus dem Gesagten hervorgeht, wird Eifersucht bei fixen Zeichen oft zu einem langwierigen Problem, so nun im erdhaften Trigon bei STIER, wo der Besitztrieb mitspricht und der Eigenwert sich auf gewohnte feste Tatsachen stützt. Bei STEINBOCK geht es mehr um Grundsätze und formell nachweisliche Tatsachen in den Augen anderer, gemessen am Üblichen, bei JUNGFRAU spielen Nützlichkeitserwägungen mit, die Affekte können, wenn persönliche Verkümmerungen vorliegen, etwas Kleinliches und Verklemmtes bekommen. In diesen erdhaften Zeichen ist der Eigenwert von der *Tatsachenlage*, im wässerigen Trigon ist er von der *Gefühlslage* abhängig, darum unberechenbarer. Die bei SKORPION gefundenen Heftigkeiten gehen hervor aus einem, mangelnde Sicherheit übertäubenden, Autoritätsanspruch, doch kann Bedrohlichkeit und Risiko, manchmal sexueller Ehrgeiz im vorhinein die Haltung mitbestimmen. Bei KREBS geht Eifersucht zurück auf Kränkung eines langsam anwachsenden, in der Bekundung meist schüchtern zum Vorschein kommenden Selbstwerts, bei FISCHE stülpt sich gefühlsüberschwemmtes Selbstgefühl um in Minderwertigkeitsgefühle, oft auch eine sich anklammernde Überschätzung des Partners in sorglose Nichtachtung seiner Eigenheiten.

Summarisch kann man sagen, daß Eifersucht bei Feuerzeichen affektiv fordernd, bei Luftzeichen durch die Betrachungsweise bedingt, bei Wasserzeichen eine unberechenbare und oft ambivalente Gefühlsangelegenheit, bei Erdzeichen mit materiellen Interessen durchsetzt ist. Erst freies Darüberstehen über seinen eigenen Anlagen macht Toleranz gegenüber den Bedingnissen des Partners möglich. Der Selbstsichere verbucht dann höchstens mit Bedauern, daß der andere sich von ihm wendet, „es nötig hat“. Freilich verhindert nicht die bloße Bewußtmachung, eher schon der uneigennützige Wunsch, den Partner glücklich zu sehen, die Regungen unterer Seelenschichten. Alles Inferiore wird aber überwindbar, wenn man seine Motive erkennt.

Zusammenleben ist Entscheidung *in uns und um uns selber*, tägliche, im Ausgleich der Anlagen. Nur sich aneinander gewöhnen stumpft ab. Die Überwindung von Schwierigkeiten ergibt sich nicht allein aus gutem Herzen, hinzutreten muß vielmehr ein *Gespür für das Anderssein des anderen.* Querköpfiges „so bin ich, so müßt ihr mich nehmen“ geht dies Experiment garnicht ein, dann wäre Scheidung besser. (Als trennender Faktor dieser Art tritt häufig Uranus in analytischen Aspekten im 7. Felde auf.) Analog dem kindlichen Trotzalter bezeichnet das 4., 5. Jahr die Phase der häufigsten Ehekrisen: die Anfangsvoraussetzungen sind verbraucht, nun steht Ich gegen Ich und es muß sich zeigen, ob tiefere Bindungen auf Dauer zusammenhalten. In dieser Situation kann der Vergleich der Konstellationen über Klippen des Alltags hinweghelfen.

Die heutige Einstellung zum Leben stellt in Abrede, daß es einen einmaligen „Fall Eva“ und hinterher seine Folgen gegeben habe. Es gibt ihn immerwährend, immer wieder anders, nur darf man den Modellfall der Genesis nicht einseitig patriarchalisch lesen. Schon die Bewertung als Sündenfall legt einen Sündenbock nahe, wofür die Weiblichkeit gern der Schlange synonym gesehen wird. Dies teilt die Zwei-Einheit moralisch auf. „Sünde“ kommt von „sich-Absondern“ her. Am Baum der Erkenntnis verabschiedete sich der Wissende von naiver Naturnähe, drängte die Triebnatur ins ungeteilt gebliebene Leben des Unbewußten. Luthers Intuition übersetzte richtig: er *erkannte* sein Weib. Wir stolpern meist über das Nichterkannte, wenn wir den

Partner des Geschlechts wegen bezichtigen. Auf das unterschiedliche Naturverhalten von Mann und Frau trifft das Wort der gescheiten Freundin einer betrübten Gattin zu: „Männer sind verführbar und Frauen raffiniert.“ Doch ihr Ratschlag, deshalb den Gatten nicht zu lange mit einer anderen Frau allein zu lassen, löst das Eheproblem keineswegs. Solche gattungsmäßige Lebensklugheit, in welche die sublimierten Nestbau- und Brutpflegeinstinkte hineinpassen, redet um die Einsicht herum, daß eine Ehe auf solcher Grundlage unhaltbar wäre, wenn in puncto Liebe, und nicht nur von außen her, auf die Probe gestellt.

Jedes Ehepaar wird in ein Prüffeld versetzt, wenn Kinder da sind und ins Pubertätsalter kommen. Dies ist erfahrungsgemäß die Zeit, in welcher nach einer Phase der Anähnlichung zwischen den Ehegatten alles aufbricht, was nicht stimmt. Ohne die Schwierigkeiten, welche die Kinder in ihrem Ungleichgewicht den Eltern vorsetzen, bliebe vieles vertuscht. Diese Krise hat mit individuellem Versagen wenig zu tun, alle müssen sie durchmachen. Die durch einen Fehltritt des Kindes hervorgerufenen Gereiztheiten führen meist zum primitiven Vorwurf: das hat er von Dir! Von Segen kann es sein, an den Geburtsbildern sich den Gang der Vererbung klar zu machen: in der astrologischen Version kehren ungelöste Probleme der Konzeptionszeit im seelischen Gefüge des Kindes wieder. Solche Bewußtmachung hebt die Sündenbockpsychologie schon im Entstehen auf, wenn das Verhalten des „Halbstarken“ bereitliegende Zündkapseln durchschlägt und das Pulver entzündet, das sich zwischen den Ehegatten angesammelt hat. Explosionen schaden dem Kind in seinem Ringen um Selbständigkeit wie der elterlichen Beziehung. Noch schlimmer, wenn jenes zum Blitzableiter wird, um diese sich zu erhalten, ebenso wie umgekehrt, wenn man unbeherrscht auf den Partner losgeht, um dem Kinde nichts anzutun. Anderseits sollten Aufwallungen nicht um jeden Preis unterdrückt werden, denn das puberile Kind will keine verkalkte Elternattrappe, sondern gerechte Anteilnahme an seinem Tun und Lassen. Schweigen wird als Zustimmung aufgefaßt.

Die Stärke und Art der Äußerung muß aber dem Anlaß entsprechen und die Aufregung sich an die richtige Adresse wenden.

Bequeme und unbequeme Kinder

Wenn die Mutterbereitschaft so aussieht wie bei jener jungen Frau, die mir sagte: „Ein Kind bekommen — dann kann ich ja ein Vierteljahr nicht ins Kino gehen", wird wohl jedes Kind unbequem sein. Aber auch im Gegenfall der Mutter, die sich auf ein ideales Wesen mit allen erdenklichen Vorzügen einstellt und freut, bereitet das wirklich eintreffende Kind oftmals Enttäuschungen. Ein Kind ist eben unweigerlich ein Kind und das heißt: jenseits von gut und böse sein, fern den Konventionen, mit denen wir uns im Dasein halten, im Frühzustand des Bewußtseins befindlich, wo Subjekt und Objekt noch ungeschieden sind. Aber ob es wimmert oder lacht, plärrt oder plappert, quengelig oder stillvergnügt sich verhält: es ist aufnahmefähig und wird mit zunehmendem Alter bildsamer. Mehr als Erwachsene ahnen, setzt sich im Kinde fest.

Dies ist das ungeteilte, geöffnete Leben, das wir mit „Mond" umschreiben und das in der saturnalen Welt, bestehend aus stückweisen Dingen im gesetzmäßigen Bezug aufeinander, allmählich Fuß faßt. Zuerst schwingt es noch vegetativ mit der Mutter verbunden in seinem Eigenrhythmus, genährt im Säuglingsparadies, seelisch sozusagen ohne Haut und daher prägsam durch mütterliche Gemütsqualitäten. Fehlt diese Lebensunmittelbarkeit, sei es in hygienisch noch so einwandfreien Umständen, so setzt ein Manko an, das später nur der Abstraktion zu statten kommt.

Gelegentlich kommt es sogar vor, daß ein Kind von Anbeginn die dargebotene Brust anzunehmen verweigert (ein konkreter Fall: Mond Quadrat Merkur und Anderthalbquadrat Uranus, sonst aspektlos), doch im Zusammensein mit der Mutter die zur Gemütsbildung notwendige akustische Speise aufnimmt. Bekannt ist das Experiment des Hohenstaufenkaisers Friedrich II., der eine Anzahl Kinder unter besten physischen Bedingungen aufwachsen ließ, den betreuenden Nonnen aber verbot, zu sprechen. An der Stummheit der Welt sind diese Kinder gestorben. Das logisch vielleicht sinnlos erscheinende Blabla der Mutter oder Amme, der tönende Gefühlszustrom, gehört zu den Anfangsbedürfnissen.

Unterschiede, die in der angeborenen Veranlagung, in Rasse, Familientypus und Individualstruktur begründet sind, geraten unter Provokationen der Außenwelt. Man hat beobachtet, daß ein auf das Gesicht gelegtes Tuch von chinesischen Babies gelassen ertragen, von europäischen durchweg abgeschüttelt wird. Die Gewöhnung an äußere Reize, Temperament, Anpassung und Ablenkbarkeit, Aktivität, Dauer der Aufmerksamkeit, Beharren in einer begonnenen Bewegung, allgemeine Stimmungstendenz sind verschieden (Untersuchungen von H. G. Bich, A. Thomas, Steven Chese, dem Forscherpaar Freedman und anderen). Schon beim Übergang zur Breinahrung nimmt sie der eine bereitwillig, der andere spuckt den Brei aus und stößt den Löffel weg. Erwähnt wurde bereits das „Fremdeln", das Erkennen des Ungewohnten (vgl. S. 46), die Angstreaktion ist aber verschieden. Je älter das Kind wird, umso mehr kommt die eigene Persönlichkeit durch, für den beobachtend Hinhörenden bereits im ersten Schrei erkenntlich.

Sogenannte Umfragen sind mitunter gedankenlos angelegt. Man hat Angaben von berufstätigen und hausgebundenen Frauen gesammelt und unkritisch hingenommen, wobei jene in der Mehrzahl ihre Kinder als „leicht", diese sie als „schwer" bezeichneten. Solche Angaben sind wenig stichhaltig. Wer den lieben langen Tag mit seinem Kinde zubringt, entdeckt natürlich mehr Schwierigkeiten, als wer es an einen Kindergarten abgibt und abends ein von anderen zugerichtetes Etwas in relativ lustloser Passivität vor den Fernsehkasten setzt. Die ständig alle Regungen überwachende Mutter kann für das Kind zweifellos lästiger sein als die Leiterin einer Spielgemeinschaft, in welcher die Kinder einander selbst korrigieren. Aus den Schäden familiärer Bevormundung, dem sozial bedingten Mangel an Nestwärme, dem immer häufigeren Zerfall der Geborgenheit im Elternhaus ist aber ein viel diskutiertes Problem entstanden.

Gemeinschaft von Kindern ohne Erwachsenenführung (antiautoritäre Schulung, Kibbutz) kann im lebhaften Spiel zwischenmenschliche Kontakte fördern, primäre Erfahrungen der lebenden Mitwelt vermitteln. Gewiß ist dies dem „frustrierten Alleinsein in der elterlichen Wohnung" oder den Zufällen der Straßenbekanntschaften vorzuziehen. Auch der Versuch der „Kinderläden" hat gezeigt, daß darauf eingestellte Initiative und einfühlsames Verständnis einer Leitperson viel vermag. Freilich spricht dabei auch das Zueinander der Konstellationen auslesend mit. Grundsätzlich hat sich die Auffassung bewährt, daß eine Bildung des Charakters von außen herein nicht genügt. Er formt sich in persönlicher Auseinandersetzung mit der Umwelt, wobei bestimmte Strukturelemente hervortreten, die geeignet sind, die optimale Entwicklung des betreffenden Charakters zu sichern. Der Selbständigkeitswille macht hierbei Halt an einer Grenze, ab welcher Anpassung geboten ist. Doch die neuen Methoden lösten noch nicht das Problem, wie weit Kinder einander selbst steuern können. Gemeinhin führen die „Selbstschulungen" zur Rückbildung auf „animalische Gesundheit", wobei angeborene Macht- und Unterwerfungstendenzen florieren. Die lautesten Schreier, diejenigen mit den stärksten Ellenbogen pflegen sich durchzusetzen gegen feinere Regungen und humane Maßstäbe. Damit würde das Gegenteil des Herausführens aus einer auf den Kampf aller gegen alle gestimmten Gesellschaft erreicht. Wie steht es dann mit menschlicher Fortentwicklung? Meist verstehen ja auch die Eltern „Auseinandersetzung" als erfolgreiches sich-Durchsetzen, vor allem im Beruf. Charakter wird damit zu einem sozialen Begriff, denn durch setzt sich, was den herrschenden Tendenzen am besten angepaßt ist, es kommt bei dieser Ansicht nur darauf an, die Umwelt zu verändern, womit sich auch der Charakter ändern müsse.

Keine Angst bei Schlagwörtern wie antiautoritär! Solche entstellen nicht unbedingt einen Inhalt, sie vereinfachen, vergröbern ihn nur, bringen in Umlauf, was meistens auf ein wahres Bedürfnis hinweist. Infolge der oftmaligen Wiederholung wird man der Schlagwörter überdrüssig, sollte aber bereits vorher hinter den Klischeegebrauch blicken. Wenn man ehedem in der freideutschen Jugend das Wort „wesentlich" schon nicht mehr hören konnte, so lag es an eben dieser Verwässerung eines echten Strebens: sich fern zu halten von überfremdenden Einflüssen, sich nicht einfangen zu lassen durch hohle Autoritäten und ihre Tabus, die „strammen" Verhaltensregeln derer, die man heute „Etablierte" nennt. Doch Erziehung ohne lebendiges und nachahmenswertes Vorbild wäre ein Messer ohne Griff. Nur handelt es sich bei einer reifen Autorität, möglichst selbstgewählter, um etwas völlig anderes als die Karikaturen, den niederknüppelnden Zwang, dem berechtigte Auflehnung gilt.

Kinder ohne Anregung durch Erzieher, welche ein Nacheinander natürlicher Altersstufen, ihrer Aufgaben und Ausdrucksweisen, begriffen haben, können dem zeitlichen Kontinuum des Lebens nicht gerecht werden. Gleichaltrige untereinander sehen kein Vorwärts außer Verbesserung äußerer Tüchtigkeiten; bei wahlloser Mischung verschieden Fortgeschrittener verlachen ältere Jahrgänge, was sie für Unbeholfenheit bei den jüngeren halten, diese müssen sich intellektuell künstlich hinaufstilisieren um dem Hohn zu begegnen. Das Sublimste braucht Bestätigung, Vertrauen. Anderseits wäre eine isolierte Charakterentwicklung ebenso unmöglich. Die Bildung eigener Urteile hat gewisse Voraussetzungen, nicht überspringbar, wie eine Pflanze keine Blüte vor den Keimblättern entfalten kann.

Bei unserer im folgenden gebrachten Staffelung der ersten Lebensjahre erkennen wir die ansteigende Gezeitenfolge kosmischer Symbole wieder (vgl. Bd. I, S. 90/91). Hat man einmal die astrologischen „Planeten" erkannt als

Organe, die zur Vollständigkeit des Wesens ausgebildet werden müssen, so ist es nur ein weiterer Schritt auf dem eingeschlagenen Wege, zu sehen, wie bei der Reifung der Seele sinngemäß ihr Vorrang sich überstuft.

☽ 1. Lebensjahr, Mondstufe =
Mutter-Geborgenheit, Säuglingsalter, erste Befremdung

☿ 2. Lebensjahr, Merkurstufe =
selbst gesteuerte Motorik, Orientierung, Sprache

♀ 3. Lebensjahr, Venusstufe =
Einpassung in die Umwelt, Gemeinschaftsspiele, Lustgewinn

☉ 4. Lebensjahr, Sonnenstufe =
souveräner Ichtrieb, Trotzalter

♂ 5. Lebensjahr, Marsstufe =
energiemäßige Betätigung seiner Eigenwelt

♃ 6. Lebensjahr, Jupiterstufe =
Ausdehnungsdrang, Herumstreunen, Märchen und Mythos

♄ 7. Lebensjahr, Saturnstufe =
Gründung der Sachwelt, Überwindung der Lebensangst

So steigt das Leben aus Anlehnungsbedürfnis, Unfähigkeit, ohne mütterliche Hilfe aufzuwachsen, über den Drehpunkt der Ichwerdung zur Stütze in sich hinauf, gefunden durch Bewährung in der Vaterwelt.

Stets tritt das Gemeinsame in Varianten auf. An Hand dieser Liste sagt uns das Geburtsbild etwas über die individuellen Betonungen, die leichtere oder schwerere Abwicklung der einzelnen Jahre, über das zu Stärkende oder Zurückzudämmende. Allerdings sprechen Zeitklima und soziale Üblichkeit mit. Ist schon die extrauterine Geborgenheit bei der Mutter heute fraglich geworden, so fällt bei Großstadtkindern die bildliche Symbolik des Märchenalters fast ganz weg, obzwar die Mythologisierung in der Geistesverfassung unverkennbar wirksam bleibt und sich inferioren Eindrücken preisgibt. Es gewinnt dafür die Intellektualisierung in technischen Kenntnissen und Verhaltensmustern, wenigstens im Herrschaftsbereich der weißen Rasse auf dem heutigen Entwicklungsstand. Oft werden die natürlichen Reifestufen verkitscht in den Micky-Mäusen, comic strips und dem Märchenersatz des Fernsehens, das außerdem die Entwicklung bildschöpferischer Phantasie unterbindet oder wenigstens empfindlich stört, die Bewegungslust wird übertragen auf mechanische Spielzeuge, handliche Objekte zum mühelosen Sensationsgewinn. Die allgemeine Fortentwicklung von den natürlichen Grundlagen weg verdeckt darin das kosmisch-Ordnungshafte, vermag es aber nicht zu beseitigen. Nach einem Bonmot des Verhaltensforschers Otto König kann die triebmäßige Verfassung von Jägern der Steinzeit sich moderner Explosionsmotore bedienen, den Bau der Autos und den Massenverkehr in unvernünftige Richtung lenken. Kulturell geschieht eher den Steinzeitmenschen Unrecht mit diesem Vergleich.

„Bequem" ist jedenfalls ein Kriterium, das nur über Eltern und Erzieher aussagt. Man „macht" sich Kinder bequem durch Beeinflussung, Anähnlichung. Schon viel ist es, wenn die Mutter im Mondjahr organisch stimmende Handlungen anbietet, dem animalisch Zappelnden den Rücken streichelt und auf den Popo klopft, wenn sie später, im Merkurjahr, nicht nur das Gehenlernen unterstützt, sondern beim Sprechenlernen den seelischen Ton der Begriffe zu Gehör bringt (es hat etwas auf sich mit der „Muttersprache"), und noch später, im Venusjahr, wenn Kontakte und Gemeinschaftsspiele an der Reihe sind, den Reim, die Wiederholung trotz bunten Wechsels, die musische Lust und Geschmackswahl kultiviert, statt dies als verlorene Zeit zu betrachten. Die Auseinandersetzung mit der Vaterwelt beginnt richtig erst im Sonnenjahr, als selbständige Ichperson mit eigenem Impuls und Entscheid, also keineswegs in vorbehaltloser Anpassung, sondern oft in trotziger Gebärde. Die Aktivitätswelle des Marsjahres führt zu selbstwilligem Umhertollen, zur Übung von Mut und Übermut, wobei die regelnden Maßstäbe in persönlicher Verantwortung zu gründen sind (Aufräumen von Spielsachen und Handwerkzeug, Fairneß im Raufen, Leistungsansporn bei körperlicher Übung). Basteln, selbstgefertigte Dinge sind erzieherischer als glänzendste Fertigprodukte der Industrie, die zuvor an Bauklötzen gemachten Erfahrungen der Statik, die unterschiedliche Verwendbarkeit der Materialien und dergleichen wollen in den Griff gebracht werden. Nun, im Jupiterjahr öffnet sich der Raum für den Umtrieb, die große Unternehmung, die Heldentat und Entdeckungsreise nach eigenem Plan, es ist die Zeit der Robinsonaden oder des mythischen Erfassens eines Weltganzen in Märchen, Sage, auch für abenteuerliche Episoden der Geschichte, für das Durchforschen von Lebens- und Naturgeheimnissen. Wenn dann die Schulzeit, sinngemäß im Saturnjahr, dem Jahr des Zahnwechsels, ein Wissen heranträgt, mit dem man später sich in Staat und Gesellschaft sowohl einpassen als auch durchsetzen lernt, sollte auf diese Weise bereits ein persönliches Eigenreich vorhanden sein, um durch phantasievolles Lernen ausgebaut zu werden.

Auf jeder dieser Stufen des elementaren Charakteraufbaues können traumatische Erlebnisse, Versagungen oder sprunghafte Vorwärtsentwicklungen stattfinden. Solche Erlebnisschübe rollen sich gleichsam als Engramme ein, um, verwandelt oder nicht, zu gegebener Zeit an die Bewußtseinswand projiziert zu werden; natürlich meist in eingekleideter Form. Für eine organismische Betrachtung steckt „Zeit“ im Organismus als „seine“ Zeit und kosmologisch klingt das Kleinere im Größeren an. Dies Größere besteht hier darin, daß das Kontinuum unseres Seelenorganismus weiterhin der siebenstufigen Periodizität folgt, mit nunmehrigem Übergreifen der Symbole in derselben Reihenfolge über Phasen von 7 Jahren. Es folgt also eine Mondphase, eine Merkurphase usw. und in diesen siebenjährigen Phasen vollzieht sich erneut, der Tendenz nach, was der elementare Aufbau im Kleinen, auf den Jahresstufen, anskizzierte. In den entsprechenden, jetzt als geschlossene Phase betrachteten Siebenjahresstufen taucht die Projektion dessen auf, was das betreffende Jahr frühkindlich anschlug. Kriseneinbrüche, Erkrankungen folgen gegebenenfalls einem Wiederholungszwang, doch auch Umwandlung, Umwertung in künstlerische und gedankliche Schöpfung kann auf diese Art ein verdichteter Niederschlag von längst Vergangenem sein. Es handelt sich um eine Auslösung ehemals aufgezogener Spannungen, man darf behaupten: verarbeitete Reflexe der beim Kinde noch naiven Eindrucksbereitschaft.

Wüßten die Eltern und Erzieher, wie sehr die innere Grundlegung der menschlichen Existenz sich in dieser Elementarphase entscheidet, dann ginge die Stufenfolge der Wesenskräfte mehr als bisher in die Anweisungen ein. Die ersten Lebensjahre sind den Keimblättern der Pflanze vergleichbar. Wenn in diesen Jahren das Spiel, die Phantasie, das Selbst-Erfinden zu kurz kommen, wenn man dem Kinde etwa schon vor der Zeit Lesen und Schreiben beibringt und es mit perfekten Spielzeugen überschüttet, leidet später die Lernaktivität und Kraft des eigenen Urteils. Die wenigsten Eltern halten ihren Erwachsenenverstand zurück und lassen einfach gedeihen, was da ist. Die meisten tun zu viel, und zwar Ausgedachtes, unterstützen nicht die Natur. Bedenklich spielt der Schatten einer Spätzeit hinein: untergehende Zivilisationen differenzieren sich im Überflüssigen, sind hilflos und unschöpferisch im Grundwichtigen. Der Zauber aller Frühzustände beruht auf der Nähe zum Elementaren; richtig und falsch, gut und böse soll aus eigenen Entscheidungen gewonnen, die Lebensleitlinie will erst gefunden werden. Darum ist für das Kind die Ausbildung der Entscheidungskraft wichtiger, als das Hineintragen eines fertigen Wertungsschemas.

Gewohnt, Zeit und Raum a priori hinzunehmen, verkennen wir, was es schon gestaltpsychologisch bedeutet, die Anschauungsdimensionen zu meistern, so daß unsere organisch-seelisch bedingte Normalwelt entsteht (Umkehr des Netzhautbildes, Einschätzungen der Entfernungen). Das Kleinkind schafft im Umfassen der Dinge und in Übertragung des Raumgefühls den Anschauungsraum mit seinen Abständen, vorher greift es nach dem Mond wie nach seiner Klapper; mit dem physischen Nichterreichen beginnt die Abstraktion. Dies und die Tempi gehören zur Personwerdung, für welche der strukturelle Rahmen angeboren ist. Die spätere Adoleszenz-Phantasie und der Sturz der Elterngötter bereiten sich aus diesen Anlagen vor mit individuellen Zügen, die man besser ausbilden, beizeiten steuern hilft, als sie zu den Unbequemlichkeiten zu rechnen. Die fleischgewordene Magna Mater, der über den Wolken thronende Demiurg, sie müssen einmal gestürzt werden, wenn das Kind zur Selbständigkeit kommen soll. Sinnvollerweise baut man diesem Akt vor, statt ihn den Überraschungen und Orientierungskrisen, den Kämpfen, dem Gewissens-Widerstreit des Pubertätsalters zu überlassen.

An Kinderzeichnungen, Zwerg und Riese, kann man ermessen, wie bedeutsam bei produktiven Kindern die Auseinandersetzung mit der Übermacht der Erwachsenen ist. Die Eltern stehen naturgemäß im Vordergrund. Zur interstrukturellen Problematik des Kindes, ausgedrückt in Aspekten der Vater- und Muttersymbole, kommt das Verhältnis der väterlichen und mütterlichen Geburtskonstellation zu seiner eigenen. Zeichnen wir sie in diese ein, so gelten im Vergleich dieselben Regeln wie bei der Partnerschaft (vgl. voriges Kapitel S. 103), doch mit gewichtigen Unterschieden. Das Stärkeverhältnis ist ungleich, die Zuneigung hat mit Angst und Minderwertigkeitsgefühlen zu kämpfen, beurteilt werden muß hauptsächlich, welche Wesenszüge der Eltern assimiliert werden können und was Kontakt- oder Funktionsstörungen hervorruft. Diese Gegenseitigkeits-Aspekte wirken unabhängig von gutem Willen und Verwandtschaft. Will man keine Dressur sondern Erziehung zur Selbständigkeit, so muß man mit Einbedenken dieser Wirkungen auf die Anlagen des Kindes eingehen. Bei STIER-Betonung etwa wirkt nur Freundlichkeit und Geduld sowie Anspannung durch Lustmotive; Anschreien, uneinsehbare Forderungen, Plötzlichkeiten wären Gift. Bei überwiegender KREBS-Betonung hat man mit schüchterner Entfaltung des Wesenseigenen, psychischer Verletzlichkeit und Schwellenängsten zu rechnen, wogegen WIDDER-Betonungen härter anzupacken sind usw. Kurz, eine erzieherisch angewandte Deutungskunst muß die eigene Ausdrucksweise abstimmen auf den Zögling. Langfristige Ziele und Konsequenz sind nur innerhalb dieses Rahmens und der periodischen Abwicklung erreichbar.

Nach dem Abschluß des elementaren Aufbaues (mehr ein lockeres Hintereinander als eine geschlossene Phase) begibt sich immer wieder dieselbe Folge und das konkret Gewordene setzt sozusagen Jahresringe ab. Doch nun fassen sich Phasen zusammen mit einer Gesamttönung, wie in den Symbolen des Kosmogramms enthalten, also entsprechend Standort und Aspektierung der betreffenden Planeten. Dadurch bekommen die Wesenskräfte eine temporäre Geltung und für den Astrologen ergibt sich ein überschlägiges Urteil über den Werdegang. Die Stufenfolge im Großen übergreift die weitergehende Abwandlung der einzelnen Jahre bis zur hippokratischen Cäsur um 56 (vgl. Bd. I, S. 92-94).

Dies ist die Haupt-Lebensphase von 7 Siebenjahresstufen. Zuerst folgen die matrizenhaften Jahre 7-14, in welchen die anfänglich fraglose Autorität der Eltern dem lebendigen Vorbild zur Nachahmung weichen sollte, auch die Konstellation des Lehrers als einflußgebend hinzukommt. Doch selbst schwierige und spannungsreiche Gegenseitigkeit von Lehrer und Schüler bietet immerhin Auseinandersetzung mit einem lebenden Menschen, schädlich nur bei allzulanger Einwirkung, meistens ist es der technisierten Ausbildung oder gar Prüfung durch Computer vorzuziehen. Kommen pathologische Verklemmungen vor, so wird es Aufgabe der Eltern, einzugreifen. Lerneifer oder Unaufmerksamkeit in der Schule, Einordnung oder Unverträglichkeit zuhause, all das Launische und die durchgehende Phantasiebewegtheit schließt ein, daß „übergreifend Mondhaftes“ nun die Einzelheiten des im elementaren Aufbau Gewordenen zusammenfaßt. Als Funktion der Prägsamkeit und Nachahmung holt das Mondhafte ferner den assimilierten Stoff heran für eine sowohl eigenwillige als auch sozialtaugliche Persönlichkeit. Zum Erlernen von Sprachen, Formeln, für naive Aneignung von Wissensstoff überhaupt ist dies bekanntermaßen die geeignetste Zeit. Aktivere Seiten der Eigenperson und damit Kritik, Selbstdurchsetzung erwachen um die als Vorpubertät bezeichnete Mitte

(Sonne- und Mars-Unterstufe). „Schlimm sein", „Streiche verüben" sind dann oft Voranmeldung eines selbständigen Profils.

In diesem Stadium wird die Schulatmosphäre wichtig zur Überwindung der Angst. Die Stufenfolge der Wesenskräfte ist nicht so zu verstehen, daß, weil Saturn auf Jupiter folgt, erst das Nichterreichen seines Optimums, die *Erfolglosigkeit,* eine *Lebensangst* erzeugt. Zurückbleiben, Versagen in der Schule trägt höchstens bei zur Festsetzung gravierender Formen der schon uranfänglich vorhandenen Angst. Natürlich kann ein Lehrer, der sich von dissonanten Aspekten zum Schüler leiten läßt und ihn als „unsympathisch" behandelt, zusätzliche Ängste erzeugen bzw. einer Bereitschaft dazu Motive liefern. Im allgemeinen ist bei Positionen im 7. Feld die Gestalt des Lehrers ausschlaggebender als sonst, während für Heranbildung, Lernfortschritte oder -mängel, subjektive Entwicklungsschwierigkeiten das 3. Feld gilt. Auch Anlagen zu Kontaktwilligkeit oder -störungen sind in diesem Zusammenhange wichtig. Akute Lebensangst beim Heranwachsenden deutet oft auf zurückliegende Elementarstufen; sie besagt, daß damals nicht riskiert wurde, was zu Erfolgen geführt hätte, wenn es richtig ergriffen worden wäre. Umgekehrt enthält die nun persönlichere Auswertung seiner Begabungen eine Angstüberwindung. Gut, wenn das Kind begreift und es ihm durch die Lehrmethode eingeht, daß soziale Umwelt die Mittel dazu beisteuert und eines davon die Schule ist, nicht nur Plage und Zwang. Bei pädagogisch richtiger Einwirkung verliert die Schulatmosphäre den befremdenden Akzent, den für manche Kinder schon das erstmalige Betreten des Klassenraumes hat. Immer und überall will der Mensch sich *angenommen* fühlen, zumal wenn das Eigene noch so schwankend ist wie beim Kind. Erziehung durch die Schule fordert primär kein Hineinstopfen von Wissensinhalten, seien sie objektiv noch so wertvoll, sie sollte vielmehr die *Urteilsbildung* fördern; wo die Normschule dies nicht gibt, liegt die Ergänzung bei den Eltern in verständnisvoller Anleitung zur Orientierung in der Welt, in welcher der Halbwüchsige seinen sozialen Standort ausloten wird.

Einblicke in den inneren Zustand geben die Träume. Wer angstvoll von Feuersgefahren träumt, unterband vermutlich die Impulse seiner eigenen Feuernatur. Geängstigt in aufgewühltem Wasser umherschwimmen bedeutet, Stürme der Seele und Weggeschwemmtwerden des festen Bodens zu fürchten. In materiellen Gütern schlemmen kann feststellen, daß Grenzen der Menschlichkeit aus Eigennutz überschritten wurden. Ein geplatzter Luftballon signalisiert unter Umständen die Befürchtung geistiger Überheblichkeit. An der elementaren Zugehörigkeit der meist betonten Zeichen kontrollierbar sind dies Selbstanalysen, erfinderisch in den Bildern, die einem Atemholen des ins Unbewußte hinein Horchenden gleichen, der von sich Besitz ergreifen will.

Nun folgt die Zeitspanne, in welcher unbequem sein fast zur Tugend wird als Kehrseite des *Suchens nach sich*, die Merkurstufe 14-21. Sie umfaßt die eigentliche Pubertät und die Adoleszenz bis zum Vollerwachsensein. Zwar rücken die meisten die Geschlechtsreife in den Vordergrund, doch gehört die damit erfahrene Zweiteilung der Menschen zum entstandenen Ungleichgewicht, dem Verstörtsein der Identität, der Fähigkeit, sich als einheitlichen und selbstgenügsamen Zusammenhalt der Weiterentwicklung zu erleben. Es gilt, auf neuer Basis sich zu *finden*, womit sich die bisher aufgetretenen Ziele deutlicher zu einem *Leitbild* vereinigen. Das ist der Inhalt aller Orientierungskrisen, der Diskussionen, in welchen außer Gleichaltrigen auch die Erwachsenen Rede und Antwort stehen müssen. Mancher spaltet sich in einen Menschen mit realen Bedürfnissen und eine gemäß dem Leitbild stilisierte Idealperson. Nicht nur sein Geschlecht hat man in diesem Alter zu akzeptieren, sondern auch die soziale Rolle und erwerbbare Tüchtigkeit, den Entwurf von Stand und Geltung, zur Welt überhaupt soll man Stellung beziehen. Darum das Schwanken zwischen überspannten gemeinschaftlichen Idealen und narzißtischem Rückzug. Wurde man in Unwissenheit über das

Herankommende gelassen und wird man davon überfallen, so steigert sich die Angstreaktion. Ohne Extreme, ohne Übertreibungen geht es kaum. Man glaubt alles sein zu können und hat blutwenig Nachweisliches in der Hand. Mancher geht mit seiner Besonderheit hausieren und hebt sie kraß gegen die Herkunft hervor, nimmt aber vielleicht insgeheim den elterlichen Standpunkt ein. Der eine bestraft sich im aufkeimenden Geschlecht mit Askese, der andere gelangt zu blindwütigen Triebausbrüchen. Wieder andere suchen mit mehr oder minder schlechtem Gewissen in der Onanie verborgene Lustquellen. Die heutige offenherzigere Kollektivmeinung deckt für die Jugend durchaus nicht nur sensationell auf, was früher unter die Schamschranke geschoben wurde. Auch das geschlechtsspezifische sich-Erkennen als Mann oder Frau zehrt vom übergeordneten Menschlichen. Die Sexwelle von heute ist mehr das Erzeugnis einer Generation, die Geschlecht unter dem Druck des Verbotenen, der Abstempelung als sündhaft oder gar schmutzig erlebte, und der Reflexe darauf. Heranwachsende sind demgegenüber eher mißtrauisch, viele wittern manipuliertes Ablenken von unzulänglichen Sozialzuständen. Pubertät ist eine Zeit rasanter Entwicklung auf ganzer Linie, aus merkurischen Zweideutigkeiten und Zweischneidigkeiten erlöst es, im Vorhandenen sich bewähren zu lernen.

In der Verhaltensweise der Tiere zeigt sich die zentrale Rolle des zu verteidigenden Reviers. Für primitive menschliche Gemeinschaften ist *die* Fremde das schutzlose Elend, *der* Fremde der gefürchtete Eindringling. Im persönlichen Anspruch des Heranwachsenden geht es um ein *Revier der Einzelgeltung.* Der im Elternhaus meist zu Gunsten der Familienatmosphäre unterdrückte, im eigenen Heim manifestierte Wesensgrund ist gleichbedeutend mit dem „Nest“ Das Sicherwerden im Eigenen hat seine Vorstufen. Durch das erste Erkennen eines Andersseins des anderen wird die Verinselung im Säuglingsparadies gestört, mit dem angstweckenden Fremden bricht „das Böse“ in die Harmonie ein. Die Auflehnung gegen die Eltern im Trotzalter bringt nun gleichsam das eigene Böse, das Anderswollen zum Vorschein, die Identifizierung mit seinem Ich äußert sich als Dämonie, als Dissonanz. Darin gründen sich *These und Antithese* des ethischen Wertproblems, die Pubertät und Adoleszenz soll nun eine *Synthese* herausbilden. Allerdings liegt in der Aufsässigkeit dieser Jahre häufig ein nachgeholtes Trotzalter, weil dies nicht sinngemäß durchgestanden wurde; gerade ehemals sanfte, ordentliche und nachgiebige Musterkinder müssen erst zur Antithese hinfinden. Doch das unangezweifelte „nein" des trotzigen Kindes ist in nunmehr gewandelter Form weniger Abwehr, als beweissuchende Dynamik. Sie steckt in der vielgerügten „Unbelehrbarkeit der Jugend", die ihr Gutes darin hat, daß sie zum Ausprobieren radikal neu gebildeter Anschauungen führt. Ohne diesen Kampf gegen fertige, wenn auch vielleicht richtige Meinungen käme kein geistiger Umschwung zustande. Überschwänglichen erscheint auch Selbstdisziplin als autoritäre Verhärtung, angemessener klingt ihnen das napoleonische „on s'engage et puis l'on voit".* So reibt sich der Puberile mit präpotenten Urteilen am Althergebrachten, um seinen Platz in Welt und Gesellschaft zu finden.

Jetzt heißt es ihn einzunehmen, diesen Platz, ohne am eigenen Revier hängen zu bleiben. Fähigmachen zur Koexistenz mit anderen bei Wahrung des Eigenen, darin liegt Sinn und Wert aller Erziehung. Der vollerwachsene Mensch wird entlassen in die Venusphase, 21-28. Sie soll harmonische Einordnung und Aufblühen sinnlicher Gegenwärtigkeit bringen, von ihr hebt sich dann die solare Phase 28-35 ab, das eigentliche Mündigwerden durch die persönliche Lebensaufgabe.

Gibt es auch anlagemäßige „Frühblüher" und „Spätblüher", können Rasse und Klima die Zeiten etwas verschieben, so liegt doch in diesen Siebenjahresstufen ein gesamtmenschlicher Kanon. In Aufbaustufen denken, heißt Tatsachen zusammenhängend als notwendig für den Ver-

* „Man läßt sich ein und dann sieht man's."

lauf einer Entwicklung sehen. Das Geschehen wird so gruppiert begriffen, daß ein Vorgang dem anderen nicht nur kausal, sondern *sinngemäß* folgt; im vorangegangenen Geschehen wurde schon vorbereitet, was jetzt geschieht, und im gegenwärtigen steckt, was geschehen wird. Das einzelne ist ein Glied im organischen Kontinuum, in dem „Jugend" auf „Alter" hin lebt. Im gleichen Sinne sprach man früher von Kinderkrankheiten, wo die heutige Medizin ursachenmäßig Beschreibungen wie Virusinfektion, vegetative Störungen und dergleichen bevorzugt, Beschreibungen, bei denen der Zeitpunkt des Auftretens gleichgültig ist. Übergeht man so die Frage, ob etwa Masern mit ihrem kurzen und heftigen Fieberanfall eine für die organische Entwicklung unersetzliche Rolle spielen, dann erscheint die sofortige Eingabe fiebersenkender Mittel richtig. Diese Fragen müssen wir aber in der Charakterbildung dezidiert stellen, da es altersmäßig zu bestimmter Zeit auftretende Erscheinungen gibt, die sich einem Ausschlag, einer spontanen Wärmeregulierung usw. vergleichen lassen; man denke an das Trotzalter. Bejaht man Phasen von seelischem Aufbauwert, auch notwendige Krisen wie etwa die Pubertät, die sich übrigens auch im leib-seelischen Zusammenhang darstellen läßt, dann wird man im „Bequemmachen", in vorbeugenden und verdeckenden Maßnahmen hauptsächlich Verhinderungen der sinngemäßen Entfaltung sehen. Nicht Verdecken, sondern *Durchstehen* kritischer Phasen heißt das Gebot, die Befähigung hierfür zu unterstützen, ist Aufgabe der Erziehung.

Die Unbehausten des Fortschritts

Zwischen Banken, Warenhäusern und Versicherungspalästen irren Tausende umher, die ohne Obhut, ohne Glauben, ohne Verpflichtung dahinleben, die keinen Sinn ihres Daseins wissen. Man hört gelegentlich im Vorübergehen: warum bin ich denn überhaupt da? Was soll ich im

Leben, gehts nicht genausogut ohne mich? Seelisches Unbehaustsein hängt nicht nur vom Materiellen ab, doch die Stofflichkeit der Existenz hat ihre Folgen. Die so reden, sind irgendwo im Hinterhof, in der Kellerwohnung, vielleicht in der „Beletage" einer Mietskaserne aus dem vorigen Jahrhundert oder in einer modernen Wohnmaschine aus Beton und Glas aufgewachsen – das ist nicht allein entscheidend, spricht aber mit. In der Schule hat man ihnen etwas, das sie nicht interessierte – wenig geeignet, eine Lebens-Leitlinie zu entwerfen – in den Kopf gestopft. Nachher war es schwer, wenn der Vater kein Geld zu etwas „Besserem", nämlich zum Studium hatte, eine Lehrstelle zu finden. Da trat nun ein gravierenderer Umstand heran: das durch den technischen Fortschritt und das Verkaufenmüssen seiner Arbeitskraft veränderte, unpersönlicher gewordene Verhältnis zum Arbeitsgegenstand. Das allgemeine Vertuschen dieser Frage, die stumme Übereinkunft, nicht darüber zu reden, verstärkt die institutionierte Panik. Den Betroffenen scheint alles gleichgültig zu sein. Irgendein Job ist eines Tages fällig, dann kann man sich genügend Zigaretten beschaffen, ins Kino gehen, möglicherweise ein Motorrad kaufen und am Wochenende in die Gegend brausen, mit oder ohne Mädchenfracht auf dem Hintersitz.

Wie das mit dem anderen Geschlecht geht, hat man längst ausprobiert. Im Moment spannend – ihr kennt ja die Glas-Wasser-Theorie und den Durst –, auf die Dauer langweilig. Immer dasselbe, mit der und jener, umgekehrt von ihr aus: mit dem und jenem. Viele sind schon mit zwanzig Jahren blasiert. Na ja, man wird eines Tages zu zweien leben, das ist praktischer, und man hat seinen Sex im Hause. Da gibt es aber noch Fußball, Popmusik, irgendein „Fan" zu sein bedeutet etwas. Auch Rauschgift ist interessant, schon in der Schule trat einer an dich heran: was, du hast noch nicht gefixt? Zwar teuer, das Zeug, und wenn man es mal versucht hat, schwer davon loszukommen. Soll gefährlich sein, das gehört zum Spaß und steigert den Reiz. Wenn man aber den Stoff genommen hat und er zu wirken anfängt, fühlt man sich in einer anderen Welt und ist ein Kerl. „Bewußtseinsänderung“ nennen es manche. So etwas kann einem die Bierflasche nicht bieten.

Dort in der Ecke sitzt ein Romantiker, quatsch ihn doch an. Ja, ich habe auch einmal geträumt und mir vieles ausgedacht, was nicht ist. Als Kind bereits, sobald die Spiele aus waren. In einen Winkel haben wir uns verkrochen und wenns zwischen Mülltonnen war. In eine „Höhle“, wie wir es nannten. Da tat man nicht nur, was man so in einer Höhle macht. Auch später gabs Augenblicke, allein mit seinen Gedanken. Es leben ja tatsächlich Leute, die behaupten, dies alles könnte ganz anders aussehen und dahinter wäre noch eine Welt, schöner als alles, was sich ausdenken läßt. Nichts von dem, was Lehrer und Pfarrer sagen und keine Pflicht, wie man sie uns im Rekrutenunterricht andrehen will. In den Buchläden sieht man Bücher, die schreiben, daß jeder Mensch schon einmal dagewesen sei und wiederkommen wird. „Wiederverkörperung“ nennen sie es. Das ist eine Sache ungefähr wie der Humbug mit Joga und dergleichen. Vielleicht ist etwas dran, und es kommt mal besser. Die Astrologen wollen es genau wissen und sagen dir aus den Sternen, wer du bist und was mit dir passiert. Möglich ist viel, aber man weiß es nie sicher.

Was antworten wir jemandem, der so daherredet? Bequemer ist es immer, sich aufs hohe Roß zu setzen, das Wort „Niveau“ zwischen den Zähnen zu zerquetschen und so zu tun, als ginge uns dies nichts an. Doch eine Kultur ermißt sich nicht allein an den Pyramidenspitzen, sondern auch an ihrer Basis, der Grundlage in den sogenannten „unteren Volksschichten“. Bestenfalls sickert etwas bis da hinunter durch, was oben gelehrt wird. Wie aber das Volk mit oder ohne solche Lehren *lebt,* macht das *Tragende* einer solchen Kultur aus.

Wie gesagt hängt seelisches Unbehaustsein nicht allein vom Materiellen ab. Auch in wirtschaftlich guten und „anständigen“ Verhältnissen können die Bedingungen dafür gegeben sein. Oft ist es schon die elterliche Situation, anders gemeint wie in der orthodoxen Psychoanalyse, das fehlende „Nest". Nach einem Worte Mitscherlichs wäre heute öfter von einem „Kaspar Hauser-Komplex" statt von einem Ödipus-Komplex zu reden. Er meint freilich etwas anderes als eine Vernachlässigung wie beim historischen Kaspar Hauser.

Streit und Trennung der Eltern sind in jedem Fall ein Einbruch in das Gleichgewicht der Kindesseele. Wächst das Kind ausschließlich beim Vater oder, wie im Gefolge des letzten Krieges allzu häufig, bei der Mutter heran, so wird das nach beidem verlangende Anlehnungsbedürfnis in der Entwicklungszeit gestört. Es entsteht ein Vakuum, worin das Fehlende, herbeigewünscht, sich oft wunderliche Kompensationen verschafft, natürlich unbewußt. Nimmt das Kind im Falle erlebter Uneinigkeit Partei für den einen, verhärtet sich dies durch gewisse Umstände, dann ist dies von Rückwirkung auf die Entsprechungen einer *Wesenskraft in ihm selber,* sie verkümmert oder bekommt eine bezweifelte, angestrittene Rolle.

Im folgend gebrachten Beispielfall kam es gar nicht zu diesem Erlebnis. Der Vater blieb bis in die Pubertät des Knaben hinein ihm eine imaginäre Figur, weil er infolge entstandener Zwistigkeiten, ihnen ausweichend, von seiner Frau fortgegangen war, als das Kind eben sein erstes Lebensjahr vollendete. Die Mutter hatte reichlich Gelegenheit, ihren Zorn über diesen Weggang in die Schilderungen des Vaters einfließen zu lassen, so daß sich dem Knaben ein *entstelltes Vaterbild* eingrub. Da der Sonnenstand ein Vatersymbol ist und zugleich das Eigenwertgefühl andeutet, war dies von verheerender Rückwirkung auf alles, was dieser Sonnenstand im 6. Feld im Zeichen FISCHE bedeutet. Die Kernanlage wurde negativ „imprägniert". Auch der Aszendent WAAGE ist in Rechnung zu ziehen, er trägt nicht zur Stärkung des Gesamtantriebes bei, sondern Weltoffenheit und sinnliche Beeindruckbarkeit verbinden sich mit dem an sich schwachen Eigenwillen entsprechend dem ichlosesten Prinzip, nämlich

FISCHE. Analog der Gegensatzspannung von Sonne zu Pluto – leicht Zurückweichen vor einer Übermacht oder panikartiger Gegenschlag – wandeln sich häufig die zentralen Vorhaben. Am höchsten über dem Horizont steht die Konjunktion des Muttersymbols Mond mit Mars; die muttergebundene Triebhaftigkeit befindet sich analog LÖWE in leidenschaftlicher Bestimmtheit oppositionell zum friedesuchenden, geistig beschwingten weiblichen Erosbild, Venus. Die Mutter hat es in ihrer Alleinherrschaft leicht, den resolut vom Vater ferngehaltenen Jungen an Kandaren zu halten, wenigstens im vorpubertären Zustand, denn mit erlangter Reife müßte die erotische und ästhetische Wahl andere Wege gehen.

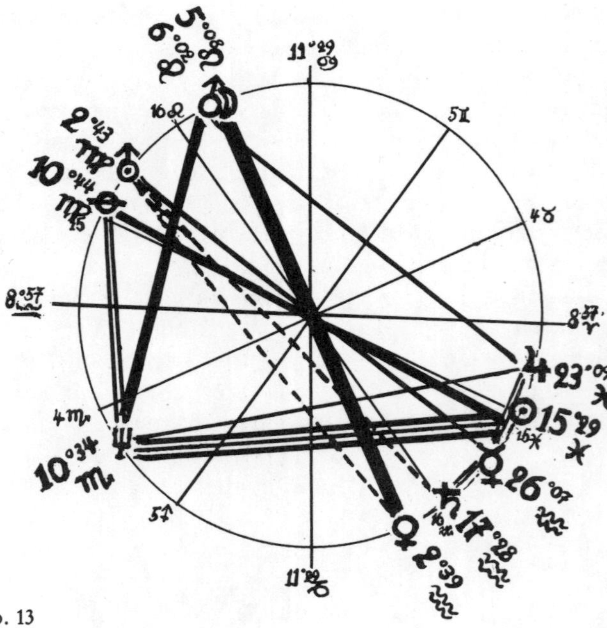

Abb. 13

Die unmittelbaren Folgen: Der Siebzehnjährige versagt in der Schule sowie gegenüber Gleichaltrigen. Er ist gutmütig und ängstlich, läßt sich von jedem ausnützen. Sein

Eigenantrieb ist gestört, zumal der ältere Bruder nach einem Ausbrechversuch bereits Selbstmord begangen hat. Es fand sich ein teilnehmender, verständnisvoller Lehrer, der nach dem „Sitzenbleiben" vorschlug, der Junge solle doch zeitweise zum Vater gehen und eine Weile bei ihm bleiben. Strikt, gestützt auf das Gesetz, lehnte dies die Mutter ab. Zu einem „übertragenen Vaterbild" reichte die Persönlichkeit des Lehrers nicht aus; dergleichen hätte das Grundvertrauen stärken können. Der leibliche Vater wollte, daß der Junge aus der Schule genommen wurde, um ein Handwerk zu lernen. Dabei spielte wohl die heimliche Erwartung mit, sein Sohn könne langsam der mütterlichen Bevormundung entwachsen. Die Mutter blieb auch in diesem Punkte hart und unnachgiebig. Rechtlich hat sie die Vorhand. Daß der Junge Feuerwehrmann werden wollte, war ihr als Akademikerin „nicht fein genug"; er solle in der Schule aushalten bis zum Abitur.

So bleibt alles beim alten. Wenn der Junge dann mit 18 Jahren selbst über sich bestimmen kann, wird er bei solchem „Verschlucktsein von der Mutter" kaum andere Wege zu gehen sich trauen. Auch ist noch das Gespenst des drei Jahre älteren Bruders und seines Geschickes da.

Wenn ein vaterlos Heranwachsender ohne lebendiges Vorbild sich eine Vorstellung selbstbewußter Männlichkeit verschaffen soll, sind außer dem Sonnenstand das andere Vatersymbol Saturn und das Triebsymbol Mars wichtig. Betrachten wir das Kosmogramm des drei Jahre älteren Bruders. Mars im Saturnzeichen zeigt Trieb und Drang gebunden analog der Konjunktion mit Saturn selber; die Sonne steht als fast einziges Symbol über dem Horizont, wo die Außenbezüglichkeit beginnt. Merkur daneben steht noch unter der Klammer des Saturn im Zeichen STEINBOCK. Bei Sonne am Deszendenten empfängt man seinen Eigenwert vom Du, bestätigt ihn durch Wirkung auf andere, insbesondere den Partner vor Augen. Unter diesen Voraussetzungen und bei Sonne in WASSERMANN wäre der Vater der gegebene Mentor und Führer zur geistigen Selbstgewißheit gewesen, vor allem in der Pubertät, der Schwelle zur Mannbarkeit des Jungen und Anpassung an die Erwachsenen-Norm. Das Uranuszeichen des Sonnenstands weist auf Uranus, in Quadratur zum Mond einen Abstand zur Mutter suchend. Ein kontakterwartender Außenseiter findet Anerkennung in der Klasse durch Clownerien, die zum Lachen reizen, vorgeführtes Aufbegehren gegen den Lehrer oder, wie hier, die gemütvolle Weichheit des KREBS-Aszendenten unter harter Schale verbergend, als gefürchteter „Schläger". Da solche Ventile nicht ausreichten, ging der Junge von zu Hause fort und verschwand, bis ihn die Polizei irgendwo auffand. Der zwangsmäßig zur Mutter heimgebrachte, als entehrt behandelt, gelangte an den Punkt, wo einem das Leben nicht mehr lebenswert ist.

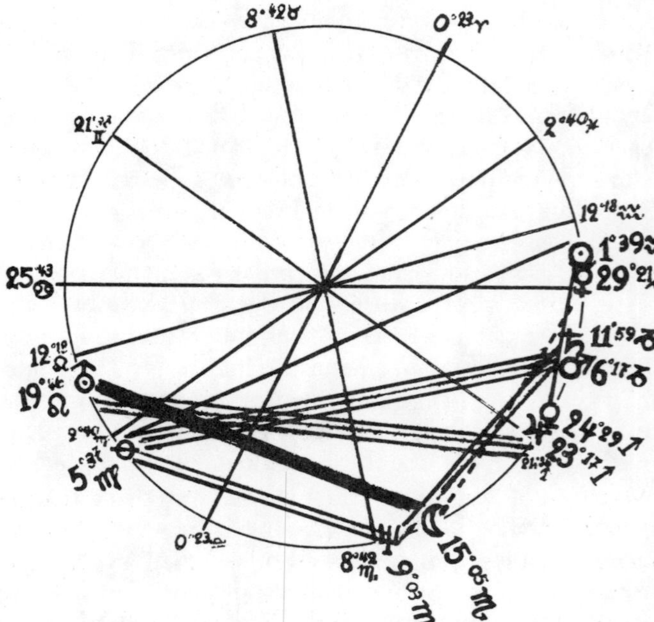

Abb. 14

Das Optimumsymbol im freiheitsliebenden Prinzip SCHÜTZE, zog er selber den Schlußstrich.

Dergleichen Dramen könnten sich schwerlich auf diese Weise abspielen, wenn nicht der Geburtskonstellation gemäße Anlagen vorlägen. Doch das Meßbild der Konstellation, das Horoskop oder Kosmogramm, enthält keine unbedingt so oder so vorbestimmten Ereignisse. Die eintretenden Entsprechungen der berechenbar mitgegebenen *Tendenzen* sind großenteils erb- und umweltgeprägt, und die Entscheidungen des *selbstbestimmenden Faktors,* der den letzten Ausschlag gibt, brauchen ein erlangtes *Eigenwertgefühl.* An dessen Festigung und Legalität können und sollen Eltern mitwirken. Die Konjunktion Mars-Saturn im Saturnzeichen kann zwangshaft eingesperrte Aggresion, muß aber nicht Selbstausstreichung bedeuten, der Quincunxaspekt Merkur-Sonne zu Pluto, der in ebendiesem Fall vielleicht die Versetzung in eine andere Welt durch Kurzschluß auslöste, wäre als geistiges Entwicklungsmotiv die Sehnsucht, die Verwandlungen des Seins zu begreifen. Ein seelisch Unbehauster findet schwerer zu sich selbst. Auf jeden Fall leichter, wenn positiv aus elterlicher Obhut entlassen, hat man sein Geschick analog der in Aspekten ausgedrückten endogenen Problematik, auch in Konfliktform, auf sich zu nehmen. Dies nimmt uns niemand ab. Aber es sind *schöpferische Aufgaben der Selbstgestaltung,* auch in der Nötigung, durch Schwierigkeiten hindurch zur Identität mit sich zu finden.

Der Sündenbock

Vom Werdegang unterscheidet sich, auf jeder erreichten Stufe wiederholt, die Manifestation des ausgebildeten Charakters. Ihre Gefahren sind andere, die Entgleisungen weniger auffällig, wenigstens erscheinen sie einem selbst so. Sinnvoll oder nicht, man muß den Existenzkampf bestehen und „wo gehobelt wird, da fliegen Späne“ sagt ein Ungerechtigkeiten gutheißendes Sprichwort. Meist entschuldigt man damit eine Haltung, die grobe Verstöße gegen das Anrecht anderer oder Vergröberungen eigener Charakterzüge als ebenso geringfügig wie notwendig hinstellt. Geht dies vorwiegend die marsische Durchsetzung an, so sanktionieren ähnliche Redensarten die venushaften Bedürfnisse zur Erhaltung der Eigenharmonie.

Eine der fragwürdigsten Gewohnheiten macht für inneres Ungenügen einen äußeren Sündenbock haftbar. Auch dazu müssen Sterne herhalten, wenn wir den Transittanten glauben, die aus den Ephemeriden herauslesen, was die Übeltäter da oben uns zuschicken. Näher liegt natürlich die Beschuldigung eines Mitmenschen, möglichst auf der Stelle. In diesem Punkte sind fast alle bei einem Fehlschlag rasch mit einer Anschuldigung bei der Hand: „weil du ...", oder „weil mir in den Weg kam ...". In jeder Verteufelung steckt eine umgestülpte Theologie und durch das, was man für teuflisch hält, lugt ein verkappter Glaube hervor, hier die Selbstvergottung. Man kann von der Kehrseite aller Idealisierung seiner selbst sprechen und damit kommen wir zu dem, was Carl Gustav Jung den *Schatten* nannte (vgl. Bd. III, S. 162, Anmerkung). Um richtig zu verstehen was er meinte, müssen wir aus der geheimnisvollen Vieldeutigkeit mythologischer Schattensymbolik dasjenige nehmen, was moralischen Bezug hat. Jung meint den Gegensatz zum Wertgeschätzten als der schattenwerfenden Lichtquelle, die Summe des im Lauf des Lebens Verdrängten und meint mithin Ungelebtes, das gern zum Leben gekommen wäre. Unsere von der Vernunft ins Dunkle verstoßene inferiore Persönlichkeit wird zum Gespenst, zur symbolischen Teufelsfigur. Sie enthält die persönlichen und kollektiven Dispositionen, die mit unserem Ideal des Guten und Wertvollen unvereinbar wären. Die Teufelsfigur ist der Widersacher dieser Idealbildung, aus untergründigen Quellen meistens lebensvoller, als die blasse Idee der Tugend. Obzwar glaubhaft nach außen projiziert, ist sie doch ein Teil unserer eigenen Seele, ihre Nachtseite, und die verunsichernde Rückwirkung des Bezichtigens

Fremder auf den Bezichtiger stellt sozusagen die geheime Rache von Angedichtetem aber nicht Wirklichem dar. Genau genommen ist der Sündenbock ein Bumerang. Lernen wir ihn aufzufangen.

Wie immer werden äußere Erklärungen gegeben. Die Anschuldigung, daß andere uns im Stich lassen, mag zurückgehen auf einen empfundenen Mangel elterlicher Betreuung. Die Erzeuger hätten uns vernachlässigt, nicht objektiv ihre Elternrolle erfüllt. Ist es aber so? Mancher stilisiert sich zum Kaspar Hauser aus dem unbefriedigten Wunsch nach Verwöhnung. Etwas Unechtes liegt in subjektiver Mißbewertung unschuldiger Tatsachen. Echte Gefühle spielen vielleicht mit. Ärzte, Fürsorgestellen und private Hilfe übermäßig für sich in Anspruch nehmen bietet möglicherweise Ersatz für den andernorts mißglückten Versuch, Liebe zu gewinnen. Dies wäre immerhin der menschliche Mantel des Schattens und etwas anderes als Schuld, Peinlichkeit, Verdrängung, woraus sich seine Kernschwärze rekrutiert. Wer infolge der Finsternis in sich das Unrechtmäßige einer schäbigen Handlung nicht einsieht, pflegt festzuhalten an widrigen Umständen, die seine guten Absichten hintertrieben. In der Bedingtheit von allem durch alles gibt es immer Ausreden. Die Mehrzahl der Kriminellen glaubt sich zu kurz gekommen, verführt, sieht sich als Wiedergutmacher eines an ihnen verübten Unrechts. Für kranken Rechtssinn und feinschmeckerischen Selbstgenuß sind Probleme zuständig, die in Jupiter- und Venusaspekten verschlüsselt liegen. Das „Sünden anrechnen" ist eine besondere saturnische Entgleisung, falsch verstandene Selbsterhaltung widersetzt sich dabei besserer Einsicht.

Es wäre die eingangs abgewiesene Verteufelung des Himmels, einen Stern haftbar zu machen für nicht geglückte Selbstverwirklichung. Freilich darf man, solange die Atmosphäre der Umwelt durchsetzt ist von Haßbildern, nicht alles dem Einzelnen anlasten. Doch liegt hier der Punkt, in dem wir für die Beteiligung an Massenaggressionen empfänglich werden. Wer persönliches Ressentiment (schmerzliche Nachempfindung, Groll, Rachegefühl) bestehen läßt, ist darin ansteckbar. Vorbereitend wirkt auch rückgratloses Übereinstimmen mit dem Meinungsdurchschnitt, Konformismus der Geisteshaltung; Abstützung durch das „allgemein Anerkannte" wird unversehens zum Feind der Kritik an sich selber.

Alle Wesenkräfte können entstellt, ihr Bestes kann unentwickelt bleiben. Was wir Inviduation nennen, strebt eine Vollständigkeit an, die negative Tendenzen in positive verwandelt einbezieht. Der Sündenbock-Affekt ergreift also die nicht gelebte Seite eigener Möglichkeiten geschwärzt; damit andere anschwärzend, verschreien wir das Bessere. Dies, die Heilung, sollten wir *in uns* suchen. Wie steht es mit dem Anlaß? Erwünschte wie unliebsame Vorkommnisse im menschlichen Zusammenleben sind außer den Trieben und Gefühlsmotiven, die sie herbeiführen, Rechnungen, die aufgehen oder nicht. Im Streitfall lege man sich kühl die Frage vor: warum stimmt die Rechnung nicht? Welche Faktoren wurden übersehen und welche falsch eingesetzt? Die ranghöhere Stufe setzt immer die Erfüllung der vorangegangenen voraus; die uranische Erhöhung, der Sprung über seinen Schatten, gelingt erst, wenn die saturnische Integration redlich durchgeführt wurde. Das heißt im geistigen Feld, affektfrei die Begriffe auf Tatsachen einzugrenzen, damit der Inhalt den richtigen Stellenwert im Ganzen bekommt. Quälerei infolge Denkfaulheit ist der saturnisch vollendeten, der voll integrierten Persönlichkeit unbekannt. Zu ihr gehört das Einigsein mit seinem *Gewissen.* Dessen gerechtfertigt mahnende Kraft ist schattenlos (ohne Selbstquälerei) und enthält keine Niederschläge von bloß aufgedrungenem, keine eingeimpften Verbote und lästigen Pflichten, weder angestauten Haß noch Strafangstprodukte.* Dies wäre „inferiorer Saturn". Hierzu gehören

* Vgl. Bd. III, S. 93 Anmerkung. Dort ist die Rede vom *introjizierten Über-Ich,* in dessen Perspektive dasjenige, was den Menschen autonom über seine Ichtriebe hinausführen könnte und sollte, als eine *regressive Instanz* betrachtet wird. Das introjizierte Über-Ich kann seiner Herkunft nach Lebensantriebe nur unterdrücken, nicht aufschließen. Vgl. demgegenüber das Kapitel „Gewissenlosigkeit".

auch verdrängte Übelstände und das Belasten Fremder damit. Ein intaktes Gewissen ist das souverän anerkannte *Baugerüst der Grundsätze, an die sich unser Lebensstil in Hinsicht auf das Menschenwürdige hält.* Wer in dieser Beziehung lax ist, einen Scheinbau aufführt, handelt gewissenlos, sobald die äußeren Schranken fortfallen.

Bei der Verwandlung von Angst in Furcht sahen wir, daß, wer den inferioren Saturn *in sich* zum Gegner macht, die Handgriffe findet, ihn anzupacken. Dies erzeugt aus Mars die gerichtete Aktivität und bezieht aus Sonne die Potenz, zu obsiegen. Dasselbe gilt für die Auseinandersetzung mit dem Schatten. Es ist durchaus kein „Schattenboxen" im gewohnten Wortgebrauch, als solches wird vielmehr der äußerlich gespornte Anlauf gegen Sündenböcke erkannt werden: Don Quixote in uns kämpft mit Hammelherden und Windmühlen. Statt sich aber auf die Seite des Sancho Pansa zu schlagen, folgert als sinngemäße Selbstreinigung das Aushungern des Inferioren überhaupt, indem wir die Zufuhr für die *Todsünden* sperren, wie sie mittelalterliche Seelenkunde in Umkehr der positiven Siebenzahl sah:

Mond	=	*Lauheit*	=	flaue Seelenfunktion, teilnahmsloses Dahinvegetieren
Merkur	=	*Neid*	=	Abseitigkeit des überzüchteten Intellekts vom Leben
Venus	=	*Wollust*	=	Genuß um des Genusses willen, Harmonieverlust durch Überreizung
Sonne	=	*Hochmut*	=	Überspannung der Entität, Selbstgerechtigkeit, Überheblichkeit
Mars	=	*Zorn*	=	Haß und Übermut, blinde Leidenschaft
Jupiter	=	*Völlerei*	=	überschrittenes Optimum, Verfehlen des Gesamtzuträglichen,
Saturn	=	*Geiz*	=	nicht durchgeführte Integration, zwangshaftes Einbehalten von Unwesentlichem

Es sind dies Entgleisungen derselben Wesenskräfte, die im reinen Ausdruck und bei organischem Zusammenspiel zu Tugenden werden. Alle kosmischen Symbole haben eine helle und eine dunkle Seite, die man später als das Göttliche und das Dämonische von einander schied. Ursprünglich wurden sie in ihrer ambivalenten Einheit verstanden, heilig und verflucht flossen ineinander, der Daimon war zugleich eine sakrale Macht. Dies hat seinen Grund in sich selbst. Die seelischen Anlagewurzeln sind doppelwertig und entziehen sich moralischen Satzungen, nur die Auswirkung kann unter diese gebracht werden. Auch das Kind lebt anfänglich seine Anlagen ambivalent dar, „sündlos", obzwar bereits der kindliche Egoismus seine Sündenböcke schafft — auch tote, der Tisch, an dem es sich stößt, wird beschimpft und geschlagen —; die Erziehung zur Sozialtauglichkeit führt die Moral ein und die Selbsterziehung muß bereits vorhandene Sündenböcke abschaffen. Das Wort „Sünde" hat unser Sprachgeist aus Sondern, sich Abschnüren vom heilen Ganzen, entwickelt. Im Sündenbock eitert ein bedrohlich Fremdes, mehr empfunden als bewußt gemacht, aus uns heraus, wir setzen damit das Verachtete, Bekämpfte nach außen, die Anziehpuppe findet sich leicht.

Ein Gesetz der unterlassenen Individuation heißt: alle nicht positiv gelebten Anlagen kehren wieder als Unarten und Laster. Wie im äußeren Schicksal häufig das Ungetane auf uns zukommt, nistet sich im inneren dies als „Selbsthenker" ein. Daher der gereizte, unduldsame Ton, der Affekt beim Bezichtigen. Man negiert den wahren Tatbestand, will dennoch den positiven Gehalt, wähnt ihn in sich und schreibt deshalb das Inferiore anderen zu. So ergibt sich die Sündenbockpsychologie, es entsteht der nationale Erbfeind, der Klassenfeind, der Jude oder Neger oder die gelbe Gefahr als kollektives Haßbild, je nach Einstellung der abgewertete Materialist oder Idealist, die herabgewürdigte Weiblichkeit oder angeprangerte männliche Anmaßung, auch eine erdichtete anonyme Gruppe wie die „fünfte Kolonne". Alles Befremdende kann als Aufhänger dienen, auf Menschen ist der Satz Heraklits gemünzt: „Hunde bellen an, wen sie nicht kennen". Sündenböcke sind die Gegenspieler der Götzen, die man auf ein Postament stellt, um untätig in Anbetung zu verharren. Heuchlerische Verehrung möchte Nutznießer sein von Maximen, die nichts kosten.

Allgemeines Merkmal: die Sündenbockpsychologie betrachtet das Übel als etwas Äußeres, arbeitet mit verstellten Vorzeichen und groben Vereinfachungen. Das Abgewertete wird ins Zerrbild hinein gesteigert, der sachliche Hemmschuh zum bösen Intriganten gestempelt. Auf dieser animistischen Grundlage regiert das jus talionis, „Auge um Auge, Zahn um Zahn"; eine archaische Form der Verlegung des Bösen in die äußere Handlung und des Beseitigens von Störungen durch rächende Gewalt. All dies entstammt der zurückgedrängten *Primitivpersönlichkeit* im Menschen, die abgewertet werden mußte, damit er in einem kultivierten Sinn gesellschaftsfähig würde.

Insgesamt besteht also der Schatten aus inferioren Regungen, die wir losgeworden glauben obzwar sie uns, aus dem Bewußtsein nur *verdrängt*, auf Schritt und Tritt begleiten. Düsterkeiten in uns auf Mitmenschen übertragen schaffen den Sündenbock. Was an die Primitivpersönlichkeit rührt, zeugt Flammenwerfer gegen andere, umso heftiger, je entschiedener wir das Unterrangige, das unseren Idealen, den angebeteten Götzen widerspricht, nicht wahrhaben *wollen*. Der primitive Kämpfer machte sich mit Schmähungen heiß. Unser Anleuchten von Dingen, Personen, Verhältnissen mit aufgesetzten Wertforderungen, um sie abzuwerten, das Sturmlaufen dabei ist ein Zeichen, daß wir etwas bekämpfen aber noch nicht *überwunden* haben, sogar *verleugnen*, wo es zu fassen wäre, um superiore, höhere, überlegene Äußerungen der betreffenden Wesenskraft zu entwickeln.

Wie gesagt können wir keinen Stern haftbar machen für die Umstülpung eigener Sünden in die Bezichtigung anderer. Es ist eine der verbreitesten üblen Neigungen. Sehen wir aber die Wurzel dazu in einem Egozentrismus, der objektive Ursachen eines Mißstands von sich wegdrängt, so kommen gewisse Anlagen wie Sonne am Aszendenten, Vorherrschen projektionsfreudiger Zeichen usw. erhöht in Betracht, sofern *inferior* ausgewirkt.

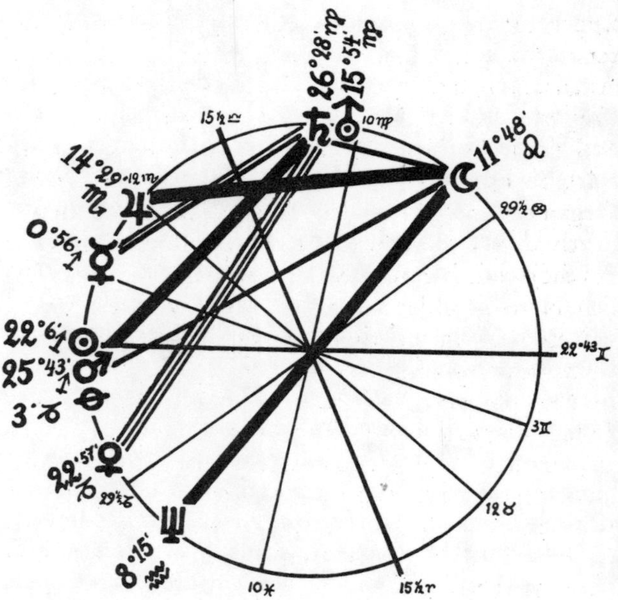

Abb. 15 Kaiser Nero,
15. Dezember 37 bei Sonnenaufgang
Anzio
(nach Suetonius)

Wir wählen als historisches Beispiel den schlecht beleumundeten, als Ungeheuer in Menschengestalt dargestellten Kaiser Nero. Setzen wir für jede Äußerung dieser Anlagestruktur inferiore Entsprechungen ein, so sehen wir den Mörder zweier Gattinnen und der eigenen Mutter (Mond dissonant im 8. Felde), den Wüterich und gewalttätigen Tyrannen (Mars am Aszendenten Quadrat Saturn), wie ihn uns Suetonius schildert. Dann pflichten wir der allgemeinen Auffassung bei, daß er den neuntägigen Brand von Rom verursacht und hinterher die Christen als Sündenbock beschuldigt habe, was die grausame Christenverfolgung einleitete. Es soll hier keine Ehrenrettung vorgenommen werden; die Sitten der ersten römischen Kaiser zeigen oft einen kaum vorstellbaren Tiefstand, Verwandtenmorde waren fast die Regel, selbst der „Friedenskaiser" Augustus bahnte sich als Octavian mit Morden seinen Weg zur Macht (Konjunktion von Saturn und Mars im 8. Felde). Die Pax Romana, aus der Erschöpfung durch Bürgerkriege hervorgegangen, das den Frieden sichernde Organisationssystem des ausgedehnten Reiches wurden durch den Cäsarenwahn nicht berührt. Den Gipfel des Psychopathischen und Komödiantenhaften scheint tatsächlich Nero gebildet zu haben. Aber wieweit war auch er späteren Geschichtsschreibern ein willkommener Sündenbock? Hat der Mann, der sich beim Ausbruch des Brandes in Neapel befand und dessen Palast mit allen Kostbarkeiten niederbrannte, Rom angezündet bzw. anzünden lassen? War seine Überraschung beim Erhalten der Nachricht, der schnelle Ritt um das Ereignis zu sehen, gespielt? Wieweit war er selbst das Ziel böswillig ausgestreuter Gerüchte, einer Art Gegenpropaganda? Wer schob die Urheberschaft am Brand auf die Christen und machte sie zum Opfer der altrömischen Vergeltungsjustiz? Durch die Wirrnis der Berichte ist schwer durchzublicken. Der Schüler Senecas auf dem Kaiserthron als Befürworter griechischer Poesieform, selbst darin posierend und sich mit dem Siegeskranz umwindend, war für die Römer eine lächerliche und unbeliebte Figur. Jedenfalls verdichten sich inferiore Entsprechungen dieser Konjunktion von Sonne und Mars in Spannung zu Saturn, auch der Aszendent im kentaurischen Zeichen SCHÜTZE zum legendären Scheusal, als welches Nero in die Geschichte einging, zum Gemisch aus Verstiegenheit, hochfliegender Begeisterung und affektiver Brutalität, Eitelkeit und Griff nach dem Abenteuer.

Gewiß ist es schwierig, den Sündenbock aus dem Spiel zu lassen, wenn jemand anderer an der Kausalität eines Geschehens beteiligt war. Manchmal jedoch wird das Hinfällige einer solchen Bezichtigung durch Alibi offenkundig. Uneinsichtige sperren sich zwar auch dann, für sie bleibt etwas daran, auch wenn der potentielle Verbrecher „diesmal nicht dabei war". Der Traum kann gegebenenfalls Zeugnis von der Unschuld eines Beschuldigten zusamt den psychischen Gründen ablegen. Hierfür ein Beispiel. Ein Mann wiederholte im Traum einen wirklich stattgefundenen Umzug. Am neuen Wohnort kam ein Fahrrad mit versperrter Sicherheitskette an, der Schlüssel war nicht zu finden. Heftig beschuldigte der Träumende seine Frau, sie habe den Schlüssel in der alten Wohnung verschlampt. Beim Erwachen fiel ihm jedoch ein, daß das Fahrrad, von dem er lebhaft geträumt hatte, erst nach dem Umzug gekauft worden war. Es wurde ihm bewußt, daß die oft gerügte Vergeßlichkeit seiner Frau Pate gestanden hatte beim Traumbild.

Mit dieser Einsicht einer Fälschung war das Problem nicht erledigt. Die Anamnese ergab, daß ein analoges Ereignis mit verhängnisvollen Folgen bei Kriegsende stattgefunden hatte. Die Flucht vor feindlichen Invasoren scheiterte an einer solchen Sicherheitskette mit abgesperrtem Schloß, der Mann konnte nicht rechtzeitig abfahren und geriet in Gefangenschaft. Verursacher war aber der Sohn aus erster Ehe, er hatte das Fahrrad benutzt und den Schlüssel verloren. Hieran wurde klar: ein Vorurteil gegen Partnerschaft überhaupt hatte stets das Augenmerk auf Vergeßlichkeit und andere Unvollkommenheiten der Frau gelenkt, hinter alledem stand der infantile Wunsch, Obliegenheiten, für welche der Mann verantwortlich war, auf die Frau abzuwälzen.

Untersuchen wir unsere untergründigen Affekte auf diese Weise, so rehabilitiert sich mancher Sündenbock als Projektion eigener Versäumnisse und manches Scheinrecht, abzuwerten oder gar zu hassen, wird entlarvt werden.

Gewissenlosigkeit

Der Mensch wird zur tragischen Gestalt der Schöpfung, wenn er nicht sicher in seiner Humanität ruht. Um sicher zu stehen, braucht er eine innere Ortsbestimmung.

Kosmos und Chaos bezeichnen einen Gegensatz hinsichtlich der Anordnung von Bestandteilen, das für beide geltende formalästhetische Prinzip sagt aber nicht, ob lebendiger oder erstarrter Kosmos, schaffendes Chaos oder Zersetzungsvorgang gemeint wurde. Darum, und weil wir der Zusammenfassung in einem kulturellen Kosmos bedürfen, ist das Urteil über eine Jugend im Aufbruch so schwierig. Was ihrem Selbstlob lebendig und schöpferisch erscheint, bedeutet im Blickwinkel der alten Generation, wenn sie, erstarrt, nur ihre Ordnung umgestoßen sieht, Abbau und Auflösung von Werten. In der Beurteilung eines Verhaltens überhaupt fehlt selten der wertende Beiklang.

Ein Gedanke Hegels war es, die innere Ortsbestimmung, das Gewissen, nicht als etwas *ewig und unumstößlich* in uns Gesenktes, sondern *geschichtlich* zu sehen. Im politischen Gebrauch sagte man sich anschließend, alles Gewordene ist veränderlich, also ermöglicht eine Geschichtsbetrachtung des Verhaltens den Revolutionär mit gutem Gewissen. Dies kann natürlich in gewissenlose Auslegungen münden, als Auftakt zur Relativierung aller Grundsätze verstanden werden. Was humanitär richtig ist, in welcher Hinsicht es moralische Werte gibt und wie sie zu benennen seien, wird zur ständigen offenen Gewissensfrage. In der astrologischen Stufung der Wesenkräfte geht es insbesondere den Übergang von Saturn zu Uranus an, wenn wir aus der Befolgung gleichbleibender Vorschriften heraustreten; die logische und vernünftige Bewußtmachung dieser Situation liegt im Verhältnis von Merkur und Jupiter hierzu.

Freilich sei uns immer gegenwärtig, daß derartige Gestirnnamen in der revidierten Astrologie lebensimmanente Kräfte bezeichnen. Sie symbolisieren Ordnungsbegriffe des Schöpferischen. Wollte man bildliche Redewendungen wie „von allen guten Geistern verlassen“ oder „vom Bösen besessen sein“ als handgreifliche äußere Tatsache verstehen, so geriete man in eine Dämonologie. Nicht anders steht es mit „Gestirneinflüssen“. Demgegenüber sprechen wir von wirkenden Potenzen des lebenden Ganzen, die zu seinem

Aufbau, seiner Erhaltung und seiner Verwirklichung im Geschehenswandel denknotwendig sind. Dies erfassen wir unter den Gestirnnamen, ungeschichtlich in Wesen und Elementarordnung. In der Geschichte aber laufen ihre Entsprechungen ab, so daß also die geschichtlich entstehenden und vergehenden Sozialordnungen, einschließlich ihrer Gewissenssätze, nach Gruppenbedürfnissen ausgerichtete Umstellungen der „großen Ordnung" sind. Das elementar Kosmische steht unwandelbar im Hintergrund des oft chaotisch erscheinenden Geschehens.

Auf die kosmische Elementarordnung gründet sich nun ausschnitthaft die Individualisierung. Sie demonstriert die besondere Rolle und Befähigung des Menschen in der Naturfolge, auch in der eigenen Entwicklung das, wodurch er den Säugetiertypus überhöht, bildet die Basis der Urteile und der weiterschaffenden Impulse, welche Kultur hervorbringen. Von gruppenhaften Normen, ihnen aber verpflichtet bleibend, hebt sich immer deutlicher die individuelle Selbstbestimmung ab. Was *forderungshaft* das Wesen des Menschen angeht, gleich in welcher geschichtlichen Lage und welcher konkreten Abart es verwirklicht ist (Rasse, Hautfarbe, Gesellschaftsklasse), steht in Fühlung mit dem kosmischen All-eins-Sein als *humanes Gewissen.* Insofern wir den Menschen als eine werdende Gestalt denken müssen, bezeichnet die von Hegel beschriebene Gewissensprüfung und -rechtfertigung bei Sokrates einen *geschichtlichen Umbruch der Menschwerdung.* Mit ihm kehrte sich die individuelle Bewußtseinsseele ab von bloßer Befolgung kollektiver Sitte.

Was es leisten, was man von ihm verlangen kann, suchen die Vorstellungen über die Natur des Gewissens auszumachen, obzwar seine Regungen unabhängig von den einkleidenden Vorstellungen sind. Die Auffassungen schwanken von der religiösen Betrachtung als Stimme Gottes und der idealen Forderung „man habe es" bis zur klinischen Forterklärung als Niederschlag kindlicher Strafangstgefühle. Jenseits solcher Extreme gesehen bedeutet, was humanes Gewissen genannt wurde, den Hüter und Sachwalter der

Menschlichkeit. Gleichzeitig aber geraten wir aneinander in geschichtlich und situativ bedingten Werturteilen, nicht zu vergessen die Gruppen-Egoismen, deren manche geradezu die Verletzung des humanen Gewissens heiligen. Jeder „Ismus", jedes Berufsfach, jede politische Partei, jeder Sportclub und jede Verbrecherbande haben ihr eigenes Gewissen. Ideologisch berufen sich ihrer aller Urteile irgendwie auf das, was der Mensch *sollte.* Strittig können also nur die Auslegungen sein, durch welche der Einzelne sich vor immer neue umweltliche Entsprechungen gestellt sieht und damit die Zukunft des Menschen ihm andere Gestalt bekommt. Dringlich ist ihm, sofern kulturelles Streben in ihm lebt, daß die genauen Unterscheidungen im überindividuellen Ganzen aufgehen sollen, wie der Orchestermusiker im gespielten Werk.

Wenn wir von inferioren Auswirkungen der Wesenskräfte sprechen, bewegen wir uns innerhalb solcher relativer Wertungen. Doch jedes dieser Symbole enthält ein zu ereichendes „Soll", eine Forderung, an die das Gewissen mahnt. Vom Gewissen aus gesehen sind Entgleisungen ein Abfallen von diesem Soll in strafwürdige Kümmerformen menschlicher Potenz, „Todsünden" gegen die Menschlichkeit (vgl. S. 139). „Sünden", weil sie die Weiterentwicklung versperren. Auch andere inferiore Entsprechungen wie Angst und Aggressivität erweisen sich in dieser Hinsicht als unfruchtbar. Dies könnte die astrologische Übeltätertheorie stützen, wenn Saturn und Mars nur Angst und Aggressivität wären. Setzen wir als Heilmittel dagegen ein, die Dinge, die uns im Herzen angehen, mit Überzeugung und Liebe zu tun, so rufen wir Gegenkräfte derselben Elementarordnung auf. Verwirklichen können wir es nur in geschichtlichen Entsprechungen: die nie aussetzende Gewissensproblematik.

Durchdringt dies nicht alle Schichten des Seins, so bleiben wir im ideologischen „Überbau". Die letztvergangenen Jahrzehnte haben uns gelehrt, daß ein Gewissensersatz mit unbrechbar geglaubten moralischen Werttafeln gelegentlich einstürzt. Im Konzentrationslager konnte man die Erfahrung machen, daß normalerweise rechtschaffene Menschen nach einer Hungerperiode einen unschuldigen Kameraden für zwei Teller Suppe in die Folterkammer verkauften. Man bekam Angst um den Menschen überhaupt. Ist der Mensch also doch, wenn es ans Letzte geht, gewissenlos? Wenn hingegen andere sich foltern ließen ohne über einen wirklich Schuldigen auszusagen, waren dies dann arme Narren, die einer Fiktion erlagen?

Über das Individuelle hinausgehend bezweifeln viele Empiriker eine konstitutive Bestandfestigkeit des Gewissens. Man führt an und sucht zu beweisen, daß die Menschen von heute immer materialistischer, egoistischer und damit gewissenloser würden. Die Gegenmeinung nennt dies leichtfertige Schlagworte und gibt nur ein begreifliches Zusammenbrechen künstlicher Schranken zu. In astrologischer Sicht werden hierbei vorzugsweise minderwertige marsische Äußerungen, Zerstörungslust, Rohheiten und Triebexzesse freigesetzt, Fehlentwicklungen analog rücksichtsloser Dynamik im Verkehr, aufgehobene Tabus im Geschäfts- und Privatleben oder dergleichen. Sie werden begünstigt durch infiltriertes Wegräumen humaner Hemmungen (pornographische Aufklärung, Gewöhnung an Kriminal- und Schauderfilme, aufreizende Schlagzeilen der Zeitungen usw.). Wer darin etwas unserer Kulturstufe Fremdes sieht, nimmt den Ausbruch einer Art von neurotischem Beserkertum an. Das unleugbare Anwachsen derartiger chaotischer Erscheinungen kann aber auch so verstanden werden, daß, indem mit der veränderten globalen Lage eine *erhöhte Verantwortlichkeit* der individuellen Bewußtseinsseele *herausgefordert* wird, auch alles was die nötig gewordene Entwicklung zur überpersönlichen Einsicht nicht mitmachen will, auf den Plan gerufen wird. Das unvollkommene Verständnis der Lage stützt ein intellektualisiertes Ich, das sich frei wähnt, wenn es von Fall zu Fall nach Zweckgutdünken entscheidet, im Handeln jedoch anderseits manipuliert wird durch Sensationen, welche die unbewußte Massenseele ansprechen.

Traditionshüter, welche Geschichte rückblickend mit ewigen Werten verschönen, klagen über ein Absinken der Religiosität, der Selbstdisziplin, sehen einen korrumpierenden Einfluß der Demokratie auf das Alltagsverhalten und suchen den so benannten Ursachen der Gewissenlosigkeit von oben her zu begegnen. Bei den Zeitgenossen bleibt dies ziemlich erfolglos; kein Wunder, denn den Theoretikern gerät Prinzip und Konkretum leicht durcheinander. Auch wird Gewissen oft verwechselt mit ethischen Bleigewichten, die einem beschwingten Fuß angehängt werden, als sei es in echter Form nicht die entwicklungsfördernde innere Ortsbestimmung des Vorwärtsschreitenden. Das Erschwerende gehört zu seiner Schattenseite, dem, was aus früheren Konflikten dumpf zurückblieb, zur Sonnenseite dagegen die Ausrichtung auf Künftiges.

Greifen wir wieder persönliche Erfahrungen im Konzentrationslager auf. Nur einen kleinen Prozentsatz von Lagerinsassen, die bei peinlichen Verhören standhielten, könnte ich nennen. Sprach man mit ihnen, so gingen ihre Anschauungen oft diametral auseinander: diese Kategorie von „Menschen mit Gewissen" vereinigte überzeugte Kommunisten, Nationalsozialisten, Jesuiten, Lebensreformer. Ich darf behaupten, daß *Gewissen*, was die *Haltung* betrifft, *indifferent* ist *gegen die Ideologie, durch die es gestützt wird.* Natürlich sind die Argumente ausschlaggebend für Weg und Ziel, das Vorgefundene zu verändern; doch für die Unbestechlichkeit der Haltung ist nur wichtig, daß überhaupt eine prinzipielle Ausrichtung der Neigungen besteht.

Immer wird die eigenverantwortliche Individualität — eine relativ junge Erwerbung — bedroht von unpersönlichen Normen, die ein *Pseudogewissen* ausbilden helfen. Genügt dies zwar für durchschnittliche Sozialanpassung, so entlarvt es sich vor außergewöhnlichen Anforderungen, in Verhören der genannten Art und bei massiver Bestechung. Die am „Umfallen" gemachten Beobachtungen dürfen wir aber nicht als Merkmale des Gewissens überhaupt verbuchen. Auch hängt uns noch zu sehr die Wertung aus der Dekadenzzeit am Ende des vorigen Jahrhunderts an, die in Gewissen und Schuldgefühl eine die Lebenstriebe schwächende Einrichtung sah. Die Umfaller-Beobachtungen lehren etwas anderes. Eine intakt geglaubte, in normalen Verhältnissen funktionierende Humanität kann nämlich dennoch einem Pseudogewissen aufruhen und zur Selbsttäuschung verleiten, wenn sie nicht, der Entwicklungsstufe gemäß zum Bestandglied des *persönlichen* Gewissens wird. Damit erwerben wir uns dem Saturnstand des Kosmogramms angemessen diejenigen Entsprechungen, die bei der Erprobung ein *Integrierthaben humaner Gebote* anzeigen. Eingedenk der Wechselbezüglichkeit aller Komponenten unseres Wesengefüges erreicht dies aber kein „isolierter Saturn". Die innerseelische Wahrheit ist komplex. Vor allem erweist sich am Herausbilden jener Haltung das unter Jupiter verstandene Optimalstreben beteiligt, der hoffnungsvolle Aufschwung und Drang über sich hinaus, der alle menschenwürdigen Ideale einbeschließt.

Hier zeigen sich selbst psychologische Schulen, welche den Gewissensbegriff aus dogmatischer Starre herauslösen wollten, als unzureichend. Zugegeben, daß beim Begründer der Psychoanalyse, bei Sigmund Freud, die gewissensmäßige Verantwortung für den Mitmenschen, besonders für Menschen in Sexualnot, seinen forschenden Drang und Wahrheitswillen entscheidend mitbestimmte. Die in beharrlicher Seelendiagnostik ausgebildete Lehre hat aber in der Definition des Gewissens ihren schwächsten Punkt. Freilich hängt eine Therapie in der Durchführung mehr von der Person, und damit vom vielberufenen „ärztlichen Ethos", als von Definitionen ab. Definitionen entscheiden nicht die Handhabung, sondern den Ansatz einer des Gefühls entkleideten Methode. Um diesen Ansatz jedoch geht es in der Wissenschaftlichkeit, darin sollte ins theoretische Bewußtsein treten, was man praktisch tut. Eine an den empirischen Befund sich haltende Kausalbetrachtung, die mit Unwägbarem nicht paktieren möchte, sieht Gewissen als Produkt von Angstgefühlen, hervorgerufen durch Verbote und Strafen, mit welchen ursprüngliche Grundtriebe unterdrückt wurden. Damit nun die mit solchen Verboten verknüpften oder nur vorgegebenen Ideale vom Ich, dessen Unbedingtheit ja negiert wird, angenommen werden können, ist ein Über-Ich nötig (bei Freud sozusagen ein Mittel, dessen sich die Kultur mit ihrem Moralkodex zur Erreichung ihrer Ziele bedient). Erkennen wir aber kein angeborenes Streben des Menschen über sich hinaus (vom strengen Realisten verworfen, da er die Natur gegen Suggestivwirkungen der herrschenden Moral zu schützen sucht), dann ist, was spätere Vermittler als autonome Sittlichkeit einführten, nur eine nachträgliche Anerkennung von anfänglich Unerwünschtem, es hat keine von Haus aus gestaltende Kraft.

Ähnlich wie Saturn in der Vulgärastrologie bleibt Gewissen auf diese Weise betrachtet eine *regressive Instanz*, auch wenn die Lebenstriebe sich aus Gründen der Sozialanpassung damit abfinden. Manche Schüler Freuds gehen weiter und machen eine *Repression* daraus, sehen eine Rache des abgerungenen Verzichts und lassen das Negativum selbst zum unterdrückenden Trieb werden. Ein Trieb mit sittlichen Vorzeichen wäre die Perversion eines gesunden Triebes, denn jeder Trieb sucht sittlich indifferent lediglich seine Befriedigung. Derartige Umkehr gibt es freilich. Doch ihre Verallgemeinerung würde Gewissen zu etwas Krankhaften stempeln. Der Mehrzahl scheint ein Pseudogewissen zu genügen; fühlt ein solcher Mensch sich niemandem mehr verantwortlich, so fallen die aufgedrungenen Pflichten ab und die unveränderten Grundtriebe kommen zum Vorschein, wie Umfaller-Erfahrungen zeigen.

Gewissen meldet sich allerdings als Neinsager vor Handlungen, die unvereinbar wären mit der *sittlichen Tektonik*, es sagt, was wir nicht tun dürfen, wenn dieser Bau intakt bleiben soll. Darin spricht der gesunde saturnische Anteil: Hüter der ethischen Unversehrtheit, der Selbstachtung. Nur bei konformistischer Moral sind die Pfeiler dieses Baues eingeimpfte Verbote. An derartigen sozialen Normen, wenn erklärungslos nahe gebracht und als Verbot verstanden, bricht sich zunächst der vitale Ansturm des Kindes, seine Triebe werden dadurch unterdrückt, zumindest verbogen, entstellt. Bei vernünftiger Interpretation und richtigem Verstandenwerden jedoch helfen überpersönliche Grundsätze mit zum eigenen Format; ihr Erlernen lehrt die Umwelt verstehen, auf welche der Mensch entworfen ist. Dies kennzeichnet den jupiterhaften Anteil an der Gewissensbildung, den Zug zum menschlichen Optimum, die vorausgreifende Forderung. Somit unterscheiden sich *Schuldgefühle nach Übertretungen* als saturnisch vom *schlechten Gewissen bei Unterlassung dessen, was man von sich verlangt*, als jupiterhaft; jene bedrücken, pressen, bringen in Engpässe, dieses wird als hohl und heuchlerisch, als etwas Unerfülltes empfunden. Das Jupiterhafte bildet dann sozusagen ein ansaugendes Vakuum, gemahnt uns etwa „das zu tun hast du versäumt!". Je nach den Zeichen und Aspekten der Jupiterstellung führt dies zu Handlungen, die nachträglich das Geschehene gutmachen sollen, oder es wird zur Selbstanklage und führt zu Betrachtungen der Unfähigkeit, die aber doch einen Ansporn zur Besserung enthalten. Das Gewissen wird jedenfalls als „nicht im Lot befindlich" empfunden. Anderseits können hinzutretende Schuldgefühle den Weg zur Wiederherstellung des Gleichgewichts blockieren durch Vorstellungen einer strafenden Macht, können Angstneurosen hervorrufen.

Im gesunden Fall enthält das Gewissen frei entworfene, als bindend anerkannte Richtlinien, stetig sich durchsetzend gegen verführerische Augenblicksreize. Launen und sabotierende Neigungen gelten ihm als Ablenkungen vom inneren Schwerpunkt. Die mörderischen beiden Weltkriege haben auch folgende Erfahrung gebracht: liegt ein verwundeter Feind im Drahtverhau unter Beschuß, so finden sich fast immer solche, die spontan, mit Gefahr des eigenen Lebens, ihn in Deckung hereinholen. Das sind die Handlungen, von denen man wenig spricht. Es gibt viele Arten unbefohlener Menschlichkeit. Sie als Zwangshandlung aus einem *introjizierten* Über-Ich erklären, verkennt das *autonome* Über-Ich, das Kultur, Wohlfahrt, Rechtsordnung hervorgebracht hat und oft genug gegen Paragraphierungen weiterbildet. Nicht deren Brüchigkeit darf möglichem Wiederaufleben als absolute Verneinung entgegengehalten werden. Wohl bemühen sich Kräfte des Niedergangs, die „totalen“ Methoden der Kriegführung, durch Propaganda und Drogen angeheizt, aber auch der konkurrenzgetriebenen Friedenswirtschaft, eine Rückentwicklung zu erzielen. Dennoch wächst die Identifizierung mit anderem Leben, der über Brutpflege und Herdentrieb hinausgehend aufbauende Sinn des Menschseins, als *forderungshafter Anspruch* verankert in der Jupiterkomponente des individuellen Gefüges.

Sprechen wir bei Planetensymbolen von universalen Prinzipien der organischen Gestaltung, so meinen wir natürlich keineswegs den Sittenkodex einer bestimmten Epoche, eines Volkes, einer Religionsgemeinschaft, Klasse oder sonstigen Gruppe. Alle überlieferten Sittengebote sind geschichtlich *geworden* und darum *abänderbar*. Lebendiges Gewissen hat sich mit formal eingefrorenen Regeln auseinanderzusetzen, der Einzelne muß es tun aus der ihm eigenen Problematik. Die Problematik von Einzelnen vervielfacht zum geschichtlichen *Umformungsprozeß* ergibt manchmal das Paradoxon, daß Gewissenlosigkeit im alten Sinne eine Gewissenhaftigkeit in neuem Sinne bedeuten kann; was an überlieferten Regeln gemessen im einzelnen Entgleisung und im Gesamtbild eine „chaotische Zersetzung“ zu sein scheint, mag vielleicht durch neu orientierte Aufbaukräfte ein „schaffendes Chaos“ sein. Der Einzelne freilich steht immer in der Entscheidung, ob er aus seinem inneren Schwerpunkt handelt oder sich von äußeren Reizen forttragen läßt.

Anstreitbar ist der Satz: „Das Gewissen als ethische Instanz reicht nur so weit wie das Bewußtsein.“ Dies wäre ethischer oder richtiger moralischer Wissensinhalt (Angelegenheit des vorerwähnten ideologischen Überbaues), ein Wissen, kein Ge-Wissen, in die Tiefe der Gesamtexistenz hineinreichendes Gewißsein. Auch Sokrates benötigte seinen Daimon, dessen Weisung entschiedener und überzeugender war als Verstandesurteile. Später meinte man daraus die Vox Dei, die Stimme Gottes zu hören, zum Unterschied von Einflüsterungen des Teufels. Man kann dies echtes und falsches Gewissen nennen, denn wenn es erst zu rechnen anfängt, werden auch mephistophelische Argumente eingeworfen. Im übrigen tun wir gut daran, Ethik und Moral trotz übereinstimmendem Wortstamm als zweierlei zu betrachten, nämlich darin, daß Ethik spontane Entscheidungen über gut und schlecht abgibt, Moral dagegen kasuistische Verhaltensmuster der Sozialtauglichkeit befolgt. In jener richtet sich der Einzelne auf das ihm faßbare Menschenbild aus, mit dieser bekommt er sein Verhältnis zum Mitmenschen kodifiziert in fertigen Sitten, nach denen er sich richten kann. In beiden steckt der Doppelsinn von *Gericht* und *Richtung*.

Eine alte Regel behauptet, bei der Geburt eines Religionsstifters sei die Konjunktion von Jupiter und Saturn anzutreffen; Kepler korrigierte das Geburtsjahr Christi auf

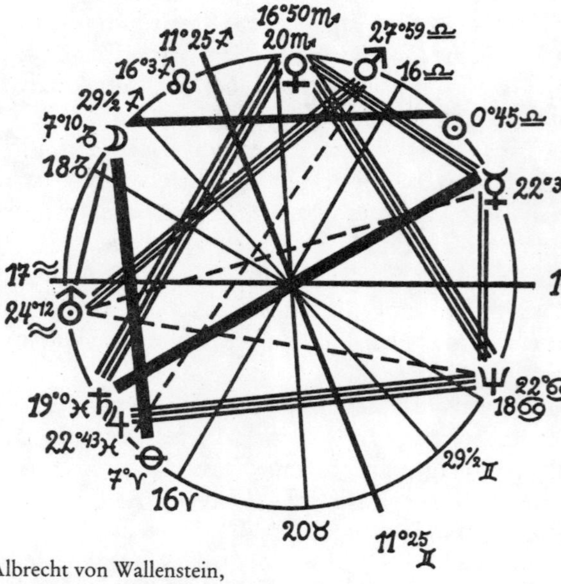

Abb. 16 Albrecht von Wallenstein,
24. (14.) 9. 1583, 4 h 36 m p.m.
Hermanitz in Böhmen

die Konjunktion im Zeichen FISCHE, die Geburt Mohammeds auf eine solche in SKORPION. Wie wenig derartige Regeln umkehrbar und im fatalistischen Sinne allgemeingültig sind, so daß wir einem Menschen mit Jupiter Konjunktion Saturn bei der Geburt eine besondere Religiosität zusprechen können, sei erläutert am Geburtsbild Wallensteins. Diese Konstellation wurde schon andernorts besprochen*, weshalb ich mich hier auf das zum Thema „Gewissenlosigkeit" Gehörige beschränken darf. Der junge Wallenstein kommt uns ethisch wenig taktfest vor, wenn wir von den Duellen und dem Randalieren des Studenten, der Geldheirat, vom Raubzug an eingezogenen Gütern nach der Schlacht am Weißen Berge hören; der Heerführer scheint höchstens die Religion des totalen Krieges eingeführt zu haben und in den diplomatischen Schachzügen, die auf seine Exekution abzielten, galt Wallenstein dem Kaiser als Verräter, den Jesuiten am Wiener Hofe als Urbild der Gewissenlosigkeit. Was an den Anlagen dieses vielgeschmähten zwielichtigen Mannes als bedenklich auszusetzen ist, hat niemand krasser als Kepler im ersten seiner beiden Horoskope geschildert, doch ebenso auch die mögliche Wandlung:

„Es ist aber das Beste an dieser Geburt, daß Jupiter darauf folget und Hoffnung machet, mit reifem Alter werden sich die meisten Untugenden abwetzen und also diese seine ungewöhnliche Natur zu hohen, wichtigen Sachen zu verrichten tauglich machen."

Mag vieles an Wallensteins Handlungen als gewissenlos erscheinen, was übrigens dem Zeitstil der damaligen Machthaber entspricht, das *Gewissensproblem* als persönliches Unruhemotiv können wir dieser Konjunktion im 1. Felde nicht absprechen. Im vielleicht langsamen Bewußtwerden kam die genaue Opposition von Merkur auf Jupiter zur Geltung, die Verstand und höhere Vernunft in Widerstreit

* „Astrologie ohne Aberglauben", Econ Verlag Düsseldorf 1972. Die Texte der beiden Wallensteinhoroskope von Kepler in H. A. Strauß und S. Strauß-Koebe „Die Astrologie des Johannes Kepler", Verlag Oldenbourg München 1926.

zeigt. Das Verstandessymbol (Merkur im 7. Felde in JUNGFRAU) ist dabei an die Partnerschaft gebunden, also auch an die intriganten Winkelzüge um die Person des Kaisers, mit dem Wallenstein als seinem obersten Auftraggeber „verheiratet“ war. Jede Gemeinschaft ist bei solcher Stellung durch Zweckrücksichten bestimmt. Hingegen der optimale Vernunftentscheid lag in der eigenen Person (Jupiter im 1. Feld in FISCHE), für die Öffentlichkeit undurchsichtig, da Wallenstein sein Persönliches entsprechend der Saturnkonjunktion mit einer Mauer des Schweigens umzog, aus der analog Uranus in Aszendentennähe das jäh reizbare Temperament unberechenbar mit Paroxysmen hervorbrach. Die neuere Geschichtsschreibung sieht den „Verrat“ anders als die Feindpartei, die früher Geschichte schrieb, um den Mord zu rechtfertigen. Was für diese nur planende Ehrsucht und Machthunger war, enthüllen uns die Dokumente als groß angelegten Versuch zur Beendigung des Religionskrieges: gegen einen zum Handeln ums Gemeinwohl unfähigen Kaiser zwei oder drei bisher sich bekämpfende Heere zusammenzufassen, der Glaubensrichtung nicht achtend, um den Boden des Reiches von Eindringlingen zu säubern und einen Religionsfrieden zu diktieren. Bei solcher Absicht erklären sich das Doppelspiel der Unterhandlungen, die Pilsener Vorgänge und Wallensteins Zug nach Eger anders als bisher. Der Entschluß war dann hervorgegangen aus einem Gewissenskonflikt, der ein offenbares Unrecht auszuüben sich genötigt sieht um des höheren Rechtes willen. Mochten andere Motive wie die vermutlich angestrebte Krone Böhmens mitgespielt haben, der Konflikt lag in der Sache. Daß der Plan mißlang, begründet sich horoskopisch in den Entsprechungen der Merkuropposition zum internen Konfliktherd; das übermäßig langsame Bedenken und ängstliche Zögern lieferte immer mehr Stoff für die tatsächliche Bespitzelung Wallensteins durch nächst Vertraute, ihm zu Dank Verpflichtete. Neben Piccolomini wirkte nachweislich der Astrologe Zeno (Schillers „Seni“) am Sturz seines Brotgebers mit.

Abgesehen vom geschichtlichen Fall, der das Kollektivgewissen im Handelnden berührt, hält sich der einzelne in seinen privaten Konflikten zwar meist an „Sündenböcke", aber auch individuell hat Gewissen mit Geschichte zu tun. Es gibt eine Individualgeschichte, der Werdegang jedes einzelnen ist handelnd ablaufende Zeit, die nicht mehr rückgängig zu machende Tatsachen im Gedächtnis hinterläßt. Schuldkomplexe sind ein Hängenbleiben in individualgeschichtlich Vergangenem, das in den Folgen nicht mehr aus der Welt geschafft werden kann und mit dem man gewissensmäßig nicht fertig wurde. Sie sind das Eingeständnis von Fehlern bis zur Reue, die Tat begangen zu haben, doch ohne die umwandelnde *Katharsis* (Reinigung, Entsühnung). Es ist im Grunde ein finsteres Beharren: ich identifiziere mich im Schuldgefühl mit einem vergangenen Ich, betrachte die Schuld aber als unheilbar, „heillos", denn ich bin gegenwärtig noch kein anderer und würde in ähnlichen Fällen ebenso handeln, vielleicht nur zweckmäßiger. Aus der so in Wirkung gebrachten saturnalen Reihe (vgl. Bd. I, S. 78) allein kann keine Befreiung vom Übel erreicht werden, auch wenn man es äußerlich „wieder gutmacht". Für seine Tat mit radikaler Gesinnungsänderung einstehen geht aus der solaren Reihe hervor; dies meinte man stets mit „gewandeltem Herzen". Katharsis entspringt dem solaren Kern und entwirft eine *neue Art zu handeln*, strahlt auf das Marsische aus, während das Jupiterhafte im Rückbezug auf den Kern die *Gesamtregelung der Psyche* in neuem Geist vollzieht.

Auflichtung des Schattens

Befassen wir uns intensiver mit dem eigenen Schuldkonto, dann entdecken wir, daß falsche Bezichtigungen anderer, affektiv begangene Bosheiten, auch Lieblosigkeit, Verdrängung peinlicher Situationen, Versäumnisse, Unterlassung lebensfördernder Äußerungen, wo sie erwartet wurden, zusammengezogen sind zu einer dem

Bewußtsein dunklen, antriebshemmenden seelischen Substanz. In der Jungschen Denksprache heißt dies *der Schatten.* Psychologisch deckt er sich weitgehend mit dem „Hüter der Schwelle“ in alten Mysterien. Nur geht es der Psychotherapie um eine aufzulockernde persönliche Belastung, während im Blickfeld überpersönlicher Einweihungsstufen eine Schranke vor das Erreichen letzter Grade gesetzt ist. Dieses auf dem Weg höherer Selbst-Erkenntnis einschneidende Erlebnis verdichtet sich, wenn es personifiziert als Halluzination vor Augen tritt, eine Gestalt abweisender Härte. Für die astrologische Sicht sind dies beides Entsprechungen des Saturnsymbols; sie gehören zu seinen „bleiernen“ und tödlichen Entsprechungsformen.

Die Untersuchung der relativen Bedeutung – relativ zum Entwicklungszustand – trägt dazu bei, Saturn das vulgäre Odium des „großen Übeltäters“ abzunehmen. Darüber hinaus wird uns die Beziehung zwischen Symbol und Entsprechung verständlicher. Der konstellative Standort dieses Schwerpunkts im Individualgefüge, besonders seine Aspektierung, sagt einiges über die angeborenen Neigungen zu positiven oder negativen Auswirkungen dieser Wesenskraft. Nie jedoch ziehe man wertende Behauptungen heraus, und ganz absurd wäre es, im Kosmogramm den selbstbestimmenden Faktor zu suchen, der oberflächlichen Regungen nachgibt oder, ihren Flachgang überwindend, gehaltvollere Bedeutungsträger erwirbt.

Entsprechungen eines und desselben Symbols können sehr verschieden ausfallen, *sachlich* je nachdem, was die Umwelt uns darbietet, *bedeutungsmäßig* in Beziehung zur eigenen Entwicklungshöhe. Angenommen, mein Charakter enthielte ein genießerisches Verlangen von starker Zugkraft. In der Wüste oder im Gefangenenlager finde ich dann andere Entsprechungen dafür als im normalen bürgerlichen Leben, in wohlhabender oder gar üppiger Umgebung. Das ist der sachliche Unterschied. Ob ich mit dem Vorhandenen zufrieden bin und Genüsse daraus ziehe oder sogar am Annehmbaren herumnörgle, ist eine andere Sache, nur teilweise auf Aspekte oder Zeichen zurückgehend. Aber das Eigentliche, die *Glücksfähigkeit*, beruht im Wesentlichen darauf, zu sehen, was man hat und nicht auf das zu blicken, was man nicht hat, höchstens fordern kann. Die außenweltliche Situation bietet die Dinge an, zwischen denen ich zu wählen habe, und hier bedingt eines das andere, denn es gibt Verwöhnung und Zukurzgekommensein, gibt „Milieufälle". *Was* ich wähle, ist nämlich in der Rückwirkung von Einfluß auf die Fertigprägung von Eigenschaften. Die Wahl ist Entwicklungssache vor allem in der kulturellen Wertordnung. Man kann Genüsse suchen in Werken der Kunst, in der Gemeinschaftsatmosphäre, an vollbesetzter Tafel oder im Sexualleben. Was den Vorrang hat und in welchem Verfeinerungsgrad es sich mit anderen Dingen verbindet, hängt mit dem Niveau zusammen; dies etwa in Venus- oder Jupiteraspekten suchen zu wollen, ist ein Irrtum vieler Astrologen.

Zu solchen Schlüssen könnte auch der *Bezug von Anlagen zu den verschiedenen Seinsebenen* verleiten – materiell, organisch, seelisch, geistig analog erdhaften, feurigen, wässerigen, luftigen Zeichen, wenn man „höhere" und „niedere" Ebenen annimmt. Dies wäre unstatthaft; die Aussagen geben keine Wertunterschiede an. Auf jeder Ebene kann eine Anlage je nach der Art, sie zu verwirklichen, „belichtet" oder „beschattet" sein.

In der Vulgärastrologie wird von Jupiter und von Venus als von Wohltätern geredet, und es stimmt annähernd, wenn man nur Erfolg, Behagen und Genuß im Auge hat. Auf höherer Stufe gehören weiterhin Religion und Kunst dazu. Jedes Planetensymbol hat *mehrere wertunterschiedliche Entsprechungen.* Das Prinzip einer Wesenskraft konkretisiert sich auf vielerlei Art, und das „Wie" der Werthöhe hängt vom Menschen ab, der es darlebt. Das Venusprinzip heißt „Harmonie", das Jupiterprinzip heißt „Optimum", darauf bezieht sich die Bedeutung einer Sache, einer Person oder einer emotionalen Regung.

Venus beschränkt sich also keineswegs auf beglückende Empfindungen, insbesondere auf Liebeslust, wie es naheläge, wenn man nur an die Göttin Aphrodite dächte; ferner unterschied schon die Mythologie Jupiter tonans und Jupiter pluvius, den gewitternden und den befruchtenden, Regen bringenden Zeus. Nicht nur begehrende Gefühle, auch absichtslose wie Bewunderung und Ehrfurcht reihen sich unter diese Prinzipien. Äußere Entsprechungen können sich inneren zugesellen, zusammenhängend im selben Planetensymbol, die Wendung nach außen will eine innere Wertwelt verwirklichen. Ganzheitlich gehören alle Wesenskräfte zusammen, die Harmonie des Wesensganzen braucht das ihm Bestmögliche und -zuträgliche, das Optimum. Ist aber das Maß des gesunden Ausgleichs überschritten, so beginnt die überreizte Wollust, hysterische Lustigkeit, Vergnügungssucht, die Völlerei und der sinnlose Luxus. Nicht minder reichhaltig und ebensowenig nur aus dem Kosmogramm ermittelbar sind die Saturnentsprechungen.

Stehen denn aber nicht handgreifliche Dinge vorbestimmt im Horoskop? Die meisten Astrologen sind stolz auf „Treffer", und die Mehrheit der Anfrager will nur wissen, „was geschieht, denn", so sagen sie, „mich kenne ich sowieso." Welch Irrtum! Aber hier sind wir bei der oft überforderten Häuserfrage, der Frage nach der Gegenständlichkeit. Die Häuser geben die *Richtung der Kräfte* an, die Interessen *in bezug auf die individuelle Struktur;* die Verwirklichung müssen wir schätzen und dabei die erreichte Höhe der Entwicklung berücksichtigen. Was persönlich von Wert ist, steht nicht im Horoskop, die Dinge sind in diesem Rahmen vertauschbar, und der wählend Entscheidende gibt den Ausschlag.

Soweit unter Saturnentsprechungen ein *angeborenes* Niveau mit in Betracht kommt, ist es zwar nicht in der *Qualität* erkenntlich, aber im persönlichen *Rückzug zum Erbe.* Nehmen wir das 2. Haus, vulgär das „Geldhaus". Freilich, wenn wir Durchschnittsmenschen nach der Grundlage ihrer persönlichen Existenz befragen, herrscht bei Saturn darin von Haus aus ein Interesse an materiellem Erwerb und Besitz. Auf diese Lebensregion wird dann besonderes Gewicht gelegt, das Ererbte und Erworbene wird zäh festgehalten. Doch diese Entsprechungen gelten nicht für alle. Für *Friedrich Nietzsche* waren die ererbte Gedächtniskraft und der erworbene geistige Fundus wahrscheinlich wichtiger als die pünktlich ausbezahlte Pension als ehemaliger Basler Professor. Natürlich brauchte er sie als materielle Grundlage, besonders zur Zeit der Augenerkrankung und des Entstehens seiner Hauptwerke. Saturn steht im 2. Haus, die *wesenseigene Bedeutung des Schwerpunkts* war anders. Daß es die *geistige Grundlage* war, auf die sich Nietzsche stützte, daß nicht umgekehrt der Organisationsverstand dem materiellen Erwerb diente, lag am Niveau in Rückbezug zur Herkunft; dokumentarisch bestätigt ist diese Vorprägung durch das Erbe. Das luftige Zeichen WASSERMANN, als dessen planetarisches Äquivalent außer Saturn auch Uranus gilt, ist auf eigentümliche Weise in das Aspektgerüst eingebunden. Saturn steht darin im Sextil zu Uranus und im Trigon zu Merkur, deren Opposition eine Hochspannung der geistigen Anlagen ausdrückt. Er stand, wie ich es nenne, im harmonisierenden Punkt und gibt darin die Fähigkeit an, die paradoxistischen Gedankenblitze an Erfahrung und Tradition zu überprüfen. Eine andere Saturnentsprechung, die vom Niveau abhängt, ist das Gewissen. Hierher gehört die gesinnungsmäßige Redlichkeit, mit der es geschah. Der uranische Neuerer, an saturnale Tradition gebunden, sucht in merkurialer Gedankenarbeit den Wendepunkt auszuloten.

Unterwerfen wir Nietzsche als Kritiker seiner Epoche selbst der Kritik, kommt auch zur Geltung, was C. G. Jung dem „Schatten“ beimaß: Die Summe aller Verdrängungen, das in der Vergangenheit Abgewertete und Verneinte, entweder komplexhaft eingekapselt oder ein auf Sündenböcke bezogenes Feindbild. Daraus bezog der kulminierende Mars seine Nahrung. Nietzsche war keineswegs von Affekten dieser Art frei. Seine zeitkritische

Mission, in welcher der zweiflerische SKORPION-Aszendent sich ausgab, bedurfte zum Absprung vom Bisherigen, dessen geistesgeschichtlicher Erbe er war, einer Negation des elterlichen Pfarrhauses. Ebenso enthält seine Wendung im „Falle Wagner“ eine schroffe Abkehr von dem, was er früher anbetete. Solche jähe und radikale Verneinung dessen, was tiefinnen wurzelt, rechtfertigt Uranus als revolutionäres Element im 4. Haus. Hinsichtlich des Christentums leuchtete die Rebellion gegen das im Kindergemüt Eingesogene – bei überhöhter Forderung nach Ernstmachen mit der Grundidee – um so schärfer die Schäden an, die er durch Mißverstand und Heuchelei eingeschlichen sah. In seiner affektiven Beteiligung unterlag er aber dem von ihm selbst verteufelten „Ressentiment“. Eine seiner Hauptkomponenten, Jupiter in FISCHE, vergewaltigte er, indem er den *Kult des Mitleidens* härter als alles andere bekämpfte. Der opponierende Mars im nüchternen JUNGFRAU-Zeichen drängte sein Optimum in eine Sackgasse. Als beim unerwarteten Anblick eines mißhandelten Pferdes diese Mitleidsanlage durchbrach, riß auch die Ratio durch. Die Überflutung mit teilnehmendem Gefühl führte die Umnachtung herbei.

Selbstverständlich war der Schock nicht die Ursache der Geisteskrankheit. Etwas schon Bereitliegendes wurde nur akut, und die zusammenbrechende saturnale Stütze der Persönlichkeit enthemmte die selbstzerstörerischen Kräfte des Marszeichens SKORPION. Man darf behaupten, daß diese Stütze eine gläserne Konstruktion war, die der Realität nicht standhalten konnte, weil ihre Idealität einen nicht aufgelösten Schatten überformte. Die durchaus „harmonische“ Saturnstellung hatte die übergipfelnde Forderung affektiver Urteile begünstigt. Die nur abschirmende Härtung des weichen, im Begreifen alles begütigenden Wesensgrundes erwies sich als zerbrechlich, als die hochgespielte *Idee des Übermenschen* sich der rohen Wirklichkeit des Kutschers gegenübergestellt sah. Auch paranoische Selbsterhöhung verbarg sich in Nietzsches Höhenflug. Das letzte Werk vor dem Zusammenbruch,

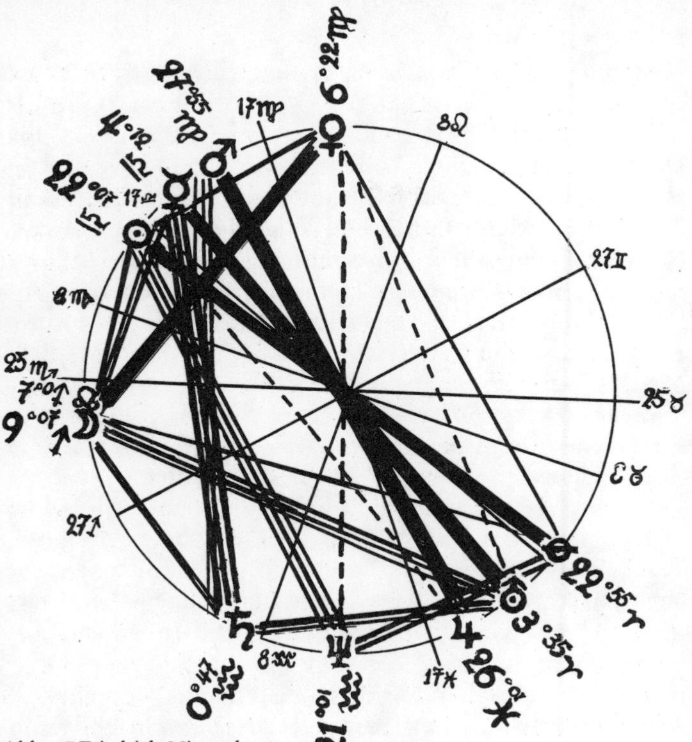

Abb. 17 Friedrich Nietzsche
15. Oktober 1844, 10 h
Röcken bei Lützen
(Eintragung des Vaters)

„Ecce Homo", ist das erschütternde Zeugnis eines Großen, dem vor der Wand angetroffenen Unverständnisses der Mitwelt die Zügel aus der Hand glitten, als er sie zu straff anzog. Kein Dionysos, sondern ein Phaeton...

Kein Grund, die reifen Werke Nietzsches deshalb negativ zu werten. Jeder hat seinen psychischen Schatten umgekehrt dem Körperschatten, den wir nach außen werfen. Zur völligen Umwertung der Werte muß man diese seine Negationen – auch wenn man in der Auseinandersetzung mit ihnen sich ins eigene Fleisch schneidet – *als unwiederholbar annehmen.* Dies ist die Hegelsche „Negation der Negation" auf sich bezogen, und zur Tragik

Nietzsches gehört es, daß er sie aufgriff, als es dafür zu spät war.

In überpersönlicher Sicht steht nicht einer gegen alle wie beim persönlichen Verletztsein. Im gesamtverbindlichen Ausmaß gilt es, über erlebte Feindseligkeit und Tücke hinweg *das Leid der Welt mitzutragen und umzuwandeln.* Dafür war in Nietzsches Geburtsbild der Neptun im harmonisierenden Punkt zur Opposition von Sonne und Pluto berufen, eine verfängliche Anlage, wenn sie zur Selbsttäuschung durch Ästhetisierung der Grundfragen aktiver Stellungnahme verführt. Dem tritt der *menschheitsgeschichtliche Hüter der Schwelle* als die zur Gegenwart komprimierte menschliche Vergangenheit in ihren lebensverneinenden Zügen gegenüber. Der Kutscher in Turin war Symbol. Wer vor der fordernden, unverstellten Tatsächlichkeit, „daß es das noch gibt", bestehen will, muß eine Umkehr aus der Erwartung eines anderen, nur erahnbaren Gesichts erzwingen. Dies vermochte Nietzsches „Übermensch" nicht. In diesem Zusammenhang ist Saturn der alte römische Janus, der Doppelgesichtige, nach rückwärts blickt er ins Vergangene, nach vorwärts ins Künftige. Nietzsches vorwärtige Vision hatte nicht seinen Schatten ausgelöscht. Ungetrübten Glaubens muß man sein, um die Schwelle zu überschreiten, muß *Bedingungen schaffen für das, was werden könnte.* Vielleicht aber war in dieser Epoche nur eine geniale Behauptung fähig, über die Schattenseiten der Geschichte zu springen.

Carus nennt in seinem Werk „Psyche" die Vorahnung des Kommenden das *Prometheische,* das Bewahren des Vergangenen das *Epimetheische* im Menschen. Im kreisläufigen System des Tierkreises liegt hier die Cäsur zwischen den Zeichen STEINBOCK und WASSERMANN. Saturn gibt sein Reich dem Geist einer neuen Epoche, gibt es Uranus frei, hält die Hand nur auf Erhaltungswürdigem innerhalb der neuen Ära. Von saturnischer Schwere althergebrachter Dinge tritt man in das erhellende Bewußtsein uranischer Neugestaltung. Falsch wäre es natürlich, dies aus der Geburt im einen oder anderen Zeichen einem Menschen zu deuten! Es handelt sich vielmehr um den Kreis als Stufengang der Entwicklung.

Zuweilen mag es einem Menschen notwendig sein, im Heraufdämmern seiner besten Möglichkeiten anzuhalten, ohne den Gipfel des Parnaß zu erreichen. Hierbei spricht mehr als ein persönliches Schuldkonto mit, auch Familienschicksal und Zeitlage sind beteiligt, ihm die volle Freisetzung seiner optimalen Fähigkeiten verweigernd. Um dies begreiflich zu machen, sei auf die Aspektfigur von *Franz Grillparzer* eingegangen. Er mußte zeitweilig geradezu als Lehrbeispiel für psychopathologische Untersuchungen herhalten. Übersehen wurde dabei der *zähe Kampf um ein Loskommen von der saturnalen Klammer,* in die sich Erbe und Umwelt einzeichneten. Immer wieder glomm der Brennpunkt seiner dramatischen Begabung auf, ehe das Alter erstickte, was in der Jugend blühte.

Dem am Aszendenten befindlichen Saturn – Signum

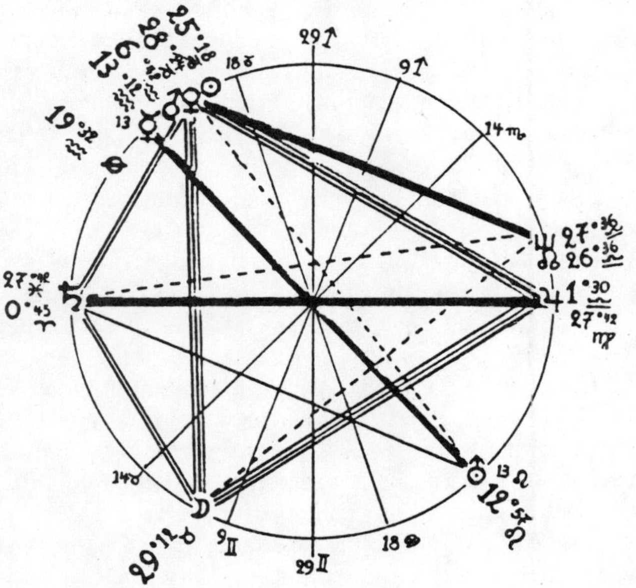

Abb. 18 Franz Grillparzer,
15. Januar 1791, Wien.
Nach Eintrag der Mutter
10.30 Uhr. Rektifikation
wenige Minuten früher.

des Rückbezugs zur Herkunft – entsprachen schwere Belastungen. Die Mutter und ein Bruder begingen Selbstmord, der frühe Tod des Vaters an Lungenkrankheit unterbrach die vorgesehenen Studien, aus materiellen Gründen mußte eine mindere Amtsstellung angenommen werden. Persönlich quälten Grillparzer körperliche Mängel: stark kurzsichtig, leichter Sprachfehler, ansetzender Buckel. Mit seinen Dramen frühzeitig erfolgreich, sah er sich der schikanösen Zensur der Metternichzeit ausgesetzt. Dennoch ein Beamter von loyaler Gesinnung, stand er als Bewunderer der josefinischen Reformen im Widerspruch zur zeitgenössischen Reaktion und konnte auch dem achtundvierziger Liberalismus keinen Geschmack abgewinnen.

Einerseits litt Grillparzer unter der „Abnormität", wie er seine Wunderlichkeiten nannte, andererseits unter der Angst vor Selbsthingabe. Er blieb ehelos ungeachtet triebstarker Anlage und unbestreitbarem Kontaktbedürfnis, bei jahrelanger Nähe der geliebten Frau, seiner Verlobten – Tragödie einer nie vollzogenen und doch als jahrelange Bindung beständigen Ehe –, als Untermieter in einer und derselben Wohnung. Nicht organische Schäden hielten ihn zurück, sondern selbstquälerische Reflexionen, eine intellektuell raffinierte Zergliederung seiner Seelenlage mit ständig wiederkehrender *Depression* als Orgelpunkt, bis dies Für und Wider einer grämlichen, verbitterten Resignation wich. In der Jugendphase wortgewandtes Theaterblut und äußerst fruchtbar, schrieb er in den letzten dreißig Jahren seines Lebens kein größeres Werk mehr.

Auch Goethe hatte Saturn am Aszendenten, auch sein Familienerbe trug belastende Züge. Bei ihm war es das „Geheimrätliche", eine nach außen abgrenzende Haltung, überhaupt das Fernhalten widriger Eindrücke und störender Beeinflussung. Im Falle Grillparzers erlaubte das Aspektgerüst keine so lebenskluge Einschaltung des Saturnischen. Saturn nämlich stand im ichbetonten Zeichen WIDDER als Kopf einer *Drachenfigur* am Aszendenten. Ein „Drache" besteht aus einer Längsachse – hier der Opposition von Saturn und Jupiter – und am einen Pol ansetzend, einem durchgehenden Trigon – Jupiter, Mond, Venus, bei dieser Sonne und Mars –, so daß zwei harmonisierende Punkte entstehen, indem der andere Pol, der Kopf – hier Saturn – umflügelt wird von zwei Sextilen – zu Mond und zu Venus. Eine solche Drachenfigur ist transponierbar auf verschiedene Zeichen, sie überformt deren Verhaltenscharakter und die dazugehörigen Seinsebenen. Die Haupt-Eigentümlichkeit dieser in sich geschlossenen Figur liegt in der *Richtungstendenz zum Kopf des Drachens.* Die Lage im Häuserschema ist individuell verschieden. Im Kräftegefüge Grillparzers fällt auf, daß der harmonisierende Punkt „Venus" zwischen zwei Planetensymbolen sich innerhalb der mit dem Kernsymbol „Sonne" beginnenden Kette befindet, die, von STEINBOCK zu WASSERMANN überleitend, im 11. Felde steht, bezogen also auf den Geist der Epoche.

Meist wird ein Mann wie Grillparzer leichtfertig abgeurteilt: Sein Verhalten käme aus der typischen Stimmungslage des Enttäuschten, der zur Sonne strebte und in den Schatten weichen mußte. Wir sprechen hier von einem anderen Schatten, dem der lichtlosen seelischen Haltung, gewichtig in der Anlagestruktur verankert. Diese Haltung verdichtete sich von Jahr zu Jahr, natürlich unter Vermerk enttäuschender Außengeschehnisse, doch das eigentlich Hemmende lag in ihm. Dieser leib-seelischen Physiognomie konnte Grillparzer auf direktem Wege schwerlich Herr werden. Das Ankämpfen dagegen schuf jedoch den Dramatiker, und er hielt seine Kunst rein, nie trug er subjektive Schwächen auf die Bühne, hat nie die Kunst mit „den geheimen Gebrechen seiner Individualität befleckt". Venus, das Symbol künstlerischer Gestaltung der Eindrücke weltzugewandter Sinne, finden wir flankiert von den Symbolen eines strengen Grundantriebes – Sonne-STEINBOCK – sowie der geistig aktiven Entäußerung – Mars-WASSERMANN –, und hier erblickte er beide Janusgesichter. Die kettenartige Kräfteverbindung endet mit Merkur-WASSERMANN, der in seiner Opposition zu Uranus-LÖWE die Hochspannung von Verstand und Intuition einströmen läßt.

Eigenes und fremdes Tun wie Unterlassen vertieften die Kluft zwischen Ich und Welt, zugleich Bannkreis um das Allerheiligste, die Eigenperson. Die Aushebelung der Aspektfigur gelang nicht trotz Zartgefühl und Güte gegenüber dem Herantretenden. Das Ventil dichterischer Äußerung – Übertragung der Leidenschaften, Wünsche, Hoffnungen in Höherbewertetes, künstlerische Form – wurde verstopft. Oft hat man dem Hagestolz mit seinem Zwang zur Selbstzergliederung geraten zu heiraten, dies aber rührte gerade an die führende Spannung, die Mittelachse des Drachens, die Saturn-Jupiter-Opposition.

Eine Wendung analog Jupiter am Deszendenten schien sich längst angebahnt zu haben durch die Verlobung. Doch Hingabe an ein Du verlangt, die Grenzen des Ichs zu öffnen. Grillparzer floh die Verwirklichung seines Herzenswunsches, die sich ihm in einer von allen bewunderten, ihm ergebenen Frau anbot. Katharina Fröhlich, angelobt und nie geheiratet, brachte die überwindende Geduld auf, daß sie nach einem Wort von Carl J. Burckhardt sich „schützend vor seine Einsamkeit stellte". Es war der seltene, vielleicht einmalige Fall, *daß die Auflichtung des Schattens übernommen und bewirkt wurde von einem Du.* Obzwar eine vitale Frau, die seinem Triebbegehren entsprochen hätte, verlangte sie nichts als anwesend, helfend da zu sein. Das Sprichwort, daß Liebe blind und Haß sehend macht, kehrte sich hier um: verstehende Liebe sah scharf, was vorlag.

In Grillparzers Partnerschaftsfeld stand, die Wahl bestimmend, auch Neptun beim aufsteigenden Mondknoten, dem Zugang zum unbewußt-vegetativen Leben. Neptun läßt vieles in der Schwebe, schwankend vom Ich zum Du und wieder zurück. Sensibles Zugehörigkeitsempfinden kennt visionär die Wesenheit des Geliebten, die sich manifestieren möchte, auch deren Hindernisse, weibliches Gespür reinigt vom Entstellenden, entwirrt die Schlingen, löst die Knoten. Manchmal liegt der eigene Sinn im Wirken am anderen in seinem Anderssein.

Jupiter als Heiler und Helfer verkörperte sich somit durch eine Frau, die in hellwacher Naivität, mit mädchenhaftem Stolz und gelegentlich auch unwirschen Zurechtweisungen den therapeutischen Vorgang steuerte, den C. G. Jung beschreibt: »Die dialektische Auseinandersetzung im Prozeß einer analytischen Behandlung führt konsequenterweise zur Konfrontation des Patienten mit seinem Schatten, jener dunklen Hälfte der Seele, deren man sich je und je durch Projektionen entledigt hat; entweder dadurch, daß man seinen Nachbarn im engeren und weiteren Sinne mit all den Untugenden belastet, die man offenkundigerweise selber hat, oder daß man seine Sünden mittels „contritio" oder – sanfter – der „attritio" einem göttlichen Mittler überläßt."

In der Anmerkung hierzu erklärt Jung contritio als die vollkommene, attritio als die unvollkommene Reue; erstere betrachtet die Sünde als Gegensatz zum höchsten Gut, letztere verwirft sie wegen ihrer Bosheit und Häßlichkeit und wegen der Furcht vor Strafe. Bei Grillparzer lag der Fall so, daß eine Mauer von Selbstbezichtigungen ihn meistens davon abhielt, Projektionen auf andere zu richten, und daß er mit auf sich selbst gerichtetem Katapult das dort entdeckte „Feindbild" als Person in die Bühnenhandlung hinein versetzte. Hier lebte sich in leuchtenden Farben dar, was er grau in grau in seiner Erzählung „Der arme Spielmann" mit selbstbiographischem Akzent als Kehrseite umschrieb. Dies war ein Verstörtsein vom Übermaß erfahrener Widrigkeiten und, um nicht darin unterzugehn, die vom Amtseinerlei entthebende Ersatzwelt. Am Ende erfolgten nur noch die demütig gewährenlassenden Reaktionen des Aszendentenzeichens FISCHE. Nach bitter vorgetragenen Beschwerden pflegte er wehmütig lächelnd zu schließen „Sei's". Zum Thema Partnerschaft äußerte er sich einmal Marie von Ebner-Eschenbach gegenüber: „Ich habe schon deshalb nicht heiraten können, weil ich den Gedanken nicht ertragen hätte, daß es einen Menschen gibt, der das Recht hat, wenn immer es ihm beliebt, in mein Zimmer zu kommen." Es war die Abschließung eines überspannten Idols, denn „mein Zimmer" bedeutet in Wahrheit das höchste Gut, das es für ihn gab: die Dichtung.

Wo Vergötzung herrscht, zeigt Janus nur das rückwärts gewandte Gesicht, das düstere, belastende, blockierende. Er ist dann das Abgründige, das Grauen schlechthin. So wurde von den Astrologen meistens Saturn abgewertet als Bringer aller Übel des Daseins, der Unglücksfälle, Stürze, Hemmungen, als Herr über Alter, Krankheit und Tod. Dies heißt, die *Grenzen* des vergötzten Ichs *negativ* zu beurteilen, den Blick auf das ihm Wertwidrige und Unvollkommene zu richten. In das Herannahende, Werdende trägt man so den Nachhall früherer Nackenschläge hinein und wundert sich, daß das Leben nicht aufmacht, wenn man beim Tode anklopft. Die Katharsis oder Reinigung liegt in der *Negation der Negation,* sie wendet den Januskopf und lichtet den Schatten auf. Der positive Saturn stützt sich auf *Einsicht in die Grenzen des Möglichen,* nur zügelnd widerstreitet dies dem solaren Lebensantrieb. Aufschwung, Wagnis, Unternehmungslust bekommen damit ihre richtige Fassung, und an den Grenzen der Eigenmacht, die uns das Geschick zeigt, wird die Gestaltetheit der Individualität erkennbar. Saturn ist so gesehen das Gesetz der realisierten Form. Meister der Form finden wir gerade in Männern, bei deren Geburt Saturn in Konjunktion mit der Sonne, dem zentralen Inhalts-Symbol stand: Dante, Dürer, Haydn, Mozart, Schopenhauer, Baudelaire. Aber nicht der Aspekt machts, sondern der solare Kern nahm die saturnale Aufgabe in vollem Ernste an.

Überhaupt Aspekte. Man untersuche die sogenannten „Dissonanzen" in charakterlicher Bedeutung. Es sind *Aufforderungsaspekte,* sie fordern auf, je zwei Wesenskräfte, die aus dem Ganzen herausstreben, miteinander zu vereinen und ihre teilheitliche Tendenz dem Ganzen gefügig zu machen, auch wenn es durch Zerreißproben hindurchgeht. Eine so zustandegebrachte Synthese ist im Sinne kontrastreicher Persönlichkeit gehaltvoller, als was aus der Gunst „harmonischer" Aspekte meistens hervorgeht.

Denken wir uns eine Quadratur Saturn zu Venus. Nach vulgärer Auffassung ist es dann schlecht bestellt mit Liebe, Kunst, Geschmack, alles wäre behindert, verklemmt, bösen Schicksalsschlägen ausgesetzt. Der Lebensgenuß wäre getrübt bis zu dem Punkt, an dem einem das ganze Dasein nicht mehr schmeckt. In der mit solchen Definitionen verknüpften Erwartung, dies läge unabstellbar fest, liegt eine fatalistische Verneinung der Freiheit. Freilich ist es so, daß eine Entscheidungswahl von Fall zu Fall nicht unverpflichtet und leichter Hand gelingt; Verzicht und zeitweise Verunsicherung müssen in Kauf genommen werden. Was der Aspekt in Frage stellt, ist unbeschwerte Harmonie und schrankenloses Genießen, weil die *Aufforderung zu ernsten und gewichtigen Gehalten* verbietet, sein Leben zu vertändeln. Man wünscht sich auch nicht weich gebettet, selbst wenn die Herkunft es ermöglichen würde. Keinesfalls aber sind deswegen die Empfindungen verarmt und musische Betätigung versperrt. Die momentane Unmittelbarkeit der Empfindungen wird nur oft gestört durch den Wunsch nach Dauer, zuweilen die Angst, der Kontakt könnte abbrechen; in der Liebeswahl tut man sich schwerer als andere, weil es das Fremde in allen Konsequenzen zu assimilieren oder abzuwehren gilt und die Gewinnung von Harmonie den Einbau in das Grundgesetz des eigenen Seins zu beachten verlangt.

Diesen Aspekt finden wir bei *Michelangelo Buonarotti,* Venus in WIDDER am unteren Meridian, Saturn in KREBS am Deszendenten. Beachtenswert ist diese Stellung des Saturn im „Dupunkt", während der „Ichpunkt", der Aszendent, im Saturnzeichen STEINBOCK liegt. Vom jeweiligen Gegenüber wird also das Ich an Kandaren gehalten, und Saturn am Deszendenten bezeichnet ohnehin eine kontaktscheue Anlage. Das Problem des *Schattens* stellt sich von vornherein als ein Fertigwerdenmüssen mit feindlichen Mächten – dementsprechend

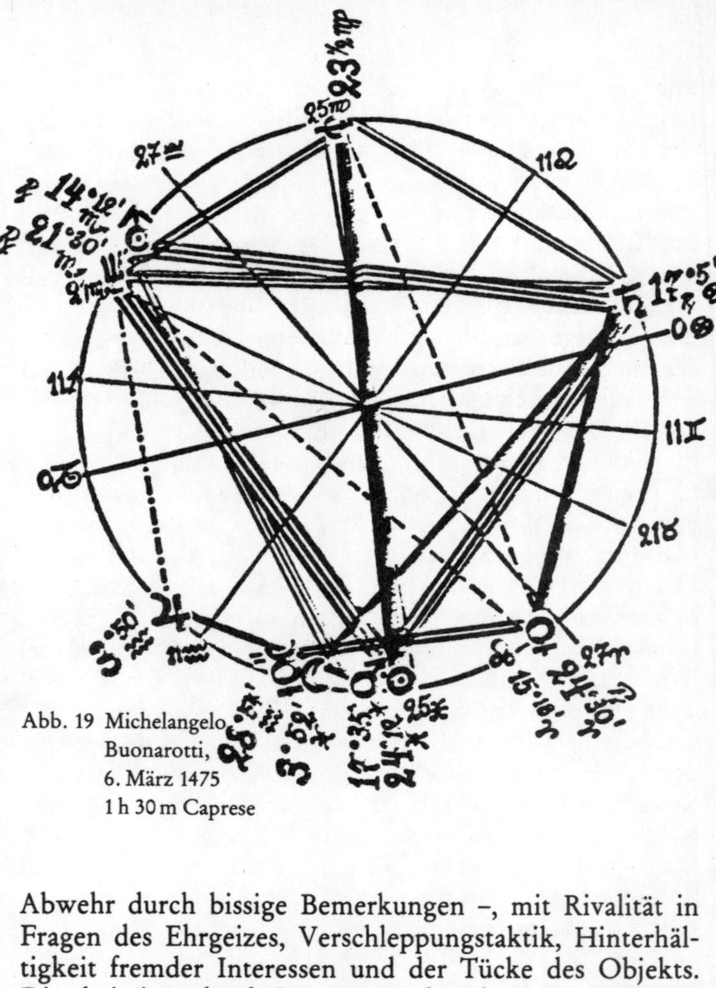

Abb. 19 Michelangelo Buonarotti,
6. März 1475
1 h 30 m Caprese

Abwehr durch bissige Bemerkungen –, mit Rivalität in Fragen des Ehrgeizes, Verschleppungstaktik, Hinterhältigkeit fremder Interessen und der Tücke des Objekts. Dies bei einer durch Sonne, Mond und Mars in FISCHE gekennzeichneten sensiblen, feinfühligen, das Letztmögliche verlangenden, nur leicht verängstigten und in Flucht geschlagenen Kernanlage, Gemütsart und Tatkraft!

Tragisch können Geschehnisse jenseits der Aussagegrenze in den Werdegang eingreifen. Daß Torrigiano dem jungen Michelangelo durch einen Faustschlag das Nasenbein zerschmetterte, war – ungeachtet nachträglich aufweisbarer Aspektbezüglichkeit – als Brutalität eines halbwüchsigen Mitschülers, auch wenn er gereizt wurde, nicht vorauszusehen. Das Bewußtsein eines entstellten Gesichts aber erschwerte dem so Gezeichneten den Zugang zum weiblichen Eros; dem Aspekt des Saturn zum anderen weiblichen Symbol, dem Anderthalbquadrat zum Mond, entsprach die späte Begegnung mit Vittoria Colonna.

„Trotzdem“ zu sagen, veranlassen uns Marsaspekte. In seinem Trigon zu Mars gibt Saturn hinzu, was er im Quadrat zu Venus abknappt. Saturn und Mars zusammen bilden ein gleichschenkliges Dreieck zu Uranus und Neptun im Marszeichen SKORPION. Doch das eigentliche „Trotzdem“ bringt kein Aspekt, auch nicht das Eingefügtsein in eine Drachenfigur mit Pluto als Kopf, der zu den letzten Dingen vorstößt. Dies Eigentliche des Aspekts war bei Michelangelo, daß sein universell gearteter Wille die schicksalhafte Beschränkung *annahm* und sich *verwirklichte* im sprödesten Material, in Marmorblöcken und auf Wandflächen, zuletzt in der Kuppelwölbung der Kirche, die ein sakraler Mittelpunkt auf Dauer sein sollte. Trotz der empfangenen Leidwesen entstand das Unversehrte. Er vermochte dies nicht, ohne der Aufforderung des Saturn-Venus-Quadrats nachzukommen, nämlich, indem die in ihm tobenden Leidenschaften in strenger Zucht gehalten waren, wenn es um ein künstlerisches Vorhaben ging. Der Ursprung des Musischen im Wesensgrund formte sich aus in Kelchblättern, die Blüten von herber und ernster Schönheit schützten.

Die Eintopfmethode

Man macht sichs im Gewissen leicht, wenn man alles in einen Topf wirft. Das Komplizierte zu bedenken erscheint vielen so, als ob damit das Urteil an Klarheit abnähme. Zumal bei geistiger Massenware ist dergleichen nicht zu gebrauchen. Es wurde einmal vermerkt, eine für die Massen zugkräftige Lehre müsse so einfach sein, daß man ihren Inhalt auf einem Bein stehend in drei Minuten hersagen könne. Schlichte Gemüter wollen nichts als eine Richtschnur des Handelns. Dem genügt ein vereinfachendes Denken, das die ganze Mannigfaltigkeit der Erscheinungen auf einen einzigen Begriff bringt, sämtliche Konflikte aus einer Grundursache herleitet. So bekommt das gelebte Leben einen plausiblen Ursprung, die Mühe ein Ziel und das Versagen eine Entschuldigung.

Ein Großteil der Gewissensnot unserer Zeit beruht auf solchen Vereinfachungen. Vielerlei Fanatismen wachsen daraus. Mit souveränen Behauptungen lehnt einer die ganze Gegenwart ab, weil sie nicht bietet, was er wünscht, attakkiert jeden, der die Dinge anders sieht und erklärt. Geistige Enge kann im Handumdrehen anmaßend sein und der Einspurige hortet Beispielfälle für die Richtigkeit seiner These. Gesagt wird etwa: Der Mensch ist „nichts als" ein Säugetier, unsere Kultur „nur" sublimierte Sexualität, Kunst „bloß" ein Rummel, Religion „lediglich" etwas was die Weltangst uns einredete. Gegensätzlich zum Herunterreißen werden überwertige Ideen hochgestochen: das Vorhandene gilt als „nichtig" vor dem und jenem, was sein sollte, als ein „Abglanz" des Möglichen, Lebenswerten, Ewigen. Denken ist auf diese Weise ein Vereinheitlichungsprozeß auf Kosten des nicht Mitgedachten. Sowohl die immer wieder gehörte Altersklage „ich bin zu nichts mehr nütze" als auch der jugendliche Aufruhr mit seinen „Alles-oder-nichts-Programmen" bedienen sich phantasielos der kleingärtnerischen Beschränkung des Geistes. Sie stammt nicht aus einem bloßen Denkfehler, sondern Wertungsüberschwang, Bequemlichkeit, Geltungsbedürfnis, Entscheidungsdruck augenblicklicher Forderungen und vieles mehr sind zumindest mitsprechende Motive, um das vorstellungsmäßig gerade Zuhandene in einen Topf zu werfen, den man im Bekehrungseifer kochen läßt.

„Gemach", wird man einer darin rührenden Kassandra, die wieder mal einen Weltuntergang prophezeit, zurufen, „es ist halb so schlimm". Schlimm ist kein Denkfehler, aber die Kräfte nehmen schlimme Formen der Auswirkung an, wenn sie mit seiner Hilfe das lebendige Gewebe zersetzen. Diese Entgleisungen müssen wir zu packen suchen wo sie entspringen, nämlich in der Nichtbeachtung des Vieldimensionalen. Für seelische Inflationen, panikhafte Aufregungen gibt es außer dem Holzhammer, der sie gewaltsam dämpft, kein anderes Beruhigungsmittel als Denken in Gemäßheit des Mannigfaltigen.

Rang und Ordnung, Stellenwert des Einzelnen im Ganzen, ein Beziehungs-, kein Substanzbegriff ist der Kosmos. Ein Warenhaus des Wissens wäre kein solcher. Hier liegt die Ursache des Mißbrauchs kosmologischer Symbole, wenn sie in den vulgären Gebrauch geraten. Der akosmisch Denkende will mit totalisierten Vereinfachungen in Bausch und Bogen ergreifen, was in seinen vielen Bestandteilen immer wieder anders angefaßt werden müßte. Dies ist statthaft in praktischen Entscheidungen, bei denen Kleinigkeiten links liegen bleiben. Im Weltblick jedoch, im Wesen geht es um die Einheit des Mannigfaltigen, hierfür hält das kosmologische Denken *synthetische Formeln* bereit. Hingegen jeder analytische Begriff wird falsch, wenn als alleserklärender Generalnenner gebraucht. Falsche Verallgemeinerung tötet das im Besonderen der Unterscheidung Gültige. Ein in richtiger Anwendung aufbauender Begriff wie „Realismus" wirkt lebensabtötend, wenn man etwa Kindergärtnerinnen sagen hört: „Phantasie muß man dem Kinde austreiben, das Spiel hat nur den Zweck, etwas für den Ernst des Lebens zu lernen." Nichts sei deswegen gegen Wahrheitsbehauptungen und erklärende Begriffe gesagt, Gewichtiges aber gegen die Sucht der Ausschließlichkeit. Wir sprechen nicht vom krankhaften Bewußtseinsverlust, von Vorkommnissen in der Ekstase und anderen Ausnahmezuständen, auch nicht vom „abaissement mental" des Massenwahns, sondern vom normalen Denken unter der Macht der Etikettierungen. Monothematisches Richten der Aufmerksamkeit wirkt selektiv auf den vorhandenen Gedankenvorrat sowie alles, was die Umwelt heranträgt. Auch weit gefaßte und scharfgedachte Urteile, wenn man ihre

Relativität vergißt, wandeln sich dann zur philiströsen Enge einer Meinung, die andere Meinungen ausschließt.

An ausschließlichen Behauptungen ist wie gesagt die *Aufmerksamkeit* beteiligt. Hier wird nun praktisch auswertbar, für die Selbstkontrolle wie für die Deutung anderer, was bei der Beschreibung der zwölf Tierkreiszeichen (Bd. II, „Einzeldarstellungen") jeweils in der betreffenden Rubrik über die Auffassungsweise gesagt wurde. Jede Stilform des Erlebens enthält eine eigene Art des Aufmerkens, sei es im Herausfinden führender Gesichtspunkte (kardinal), der weiter verfolgenden Beharrlichkeit in bestimmten Anschauungen (fix), des frische Anregungen bevorzugenden Wechselbedürfnisses (labil). Mit spielt dann die im Zeichen berührte Seinsebene (erdhaft, feurig, wässerig, luftig, vgl. Bd. II, S. 61 u.f., besonders S. 77) und anderes. Allen Ingredienzen gemäß bestimmen die vorherrschenden Zeichen die Meinungsbildung mit.

Auch die zwölf Felder, die „Häuserstellungen", sind beteiligt. Sie bezeichnen ja diejenigen Dispositionen, nach denen wir in jeder Umgebung bestimmte Dinge wahrnehmen und auswählen als „von Interesse", weil sie einem uns eingeborenen *Bedeutungsschema* entsprechen. Sind zwar die Gegenstände innerhalb dieses Schemas vertauschbar, so legt doch der gleichbleibende Bezug bzw. die Rolle, welche die Dinge im Bedeutungsschema spielen, auch geistige Anschauungsrichtungen fest. Diese Schematisierung gilt mehr für die Verstandesstruktur, während die Zeichen mehr die Gefühlshaltung beeinflussen.

Entscheidend ist natürlich immer die Entwicklungshöhe bzw. die Tiefe der Verankerung dessen, was die *Selbstbehauptung in der Welt*, die darin gesehene *Aufgabe* und die *optimale Leistung* gründet. Hiervon hängt der Gehalt der vorerwähnten Vereinfachung ab. Die Felderbesetzungen enthalten in der gegenständlichen Richtung, die betonten Zeichen im Verhaltensstil gewisse Voraussetzungen.

Es ist kein Sakrileg, sei vielmehr als Beitrag zur Untersuchung geistiger Strukturen aufgefaßt, wenn als Beispiel die Geburtskonstellationen von Karl Marx und Sigmund

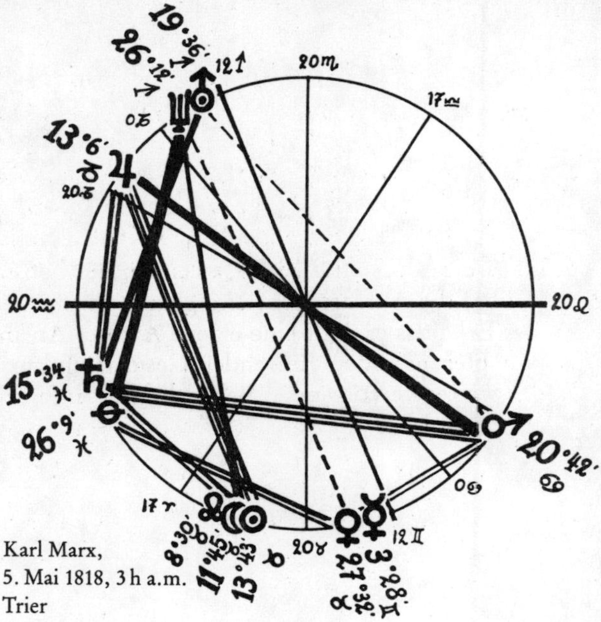

Abb. 20 Karl Marx,
5. Mai 1818, 3 h a.m.
Trier

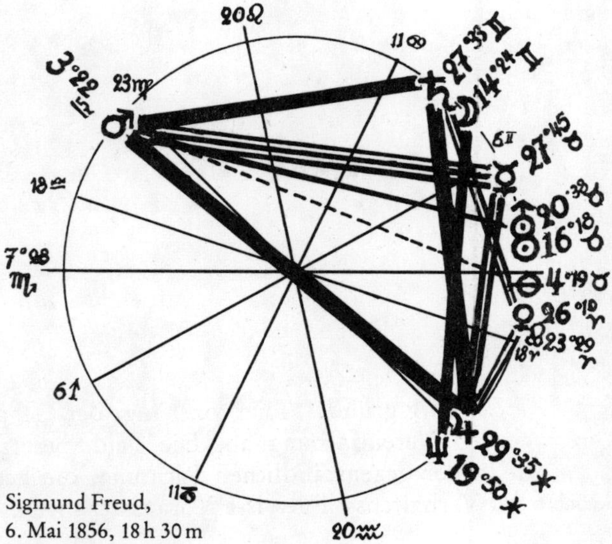

Abb. 21 Sigmund Freud,
6. Mai 1856, 18 h 30 m
Freiberg/Mähren
(Eintragung des Vaters)

Freud gebracht werden. (Bei Marx stammt die Zeit aus dem Geburtsregister, bei Freud wurde in der ersten Ausgabe dieses Bandes die von A. Turel angegebene Zeit, zurückgehend auf eine Selbstangabe Freuds, genommen. Inzwischen veröffentlichte der Suhrkamp Verlag im Bildband „Sigmund Freud" eine Eintragung des Vaters in der Familienbibel, um 1½ Stunden verschieden.) Bewußt sei uns von Anfang an der Unterschied zwischen dem *Initiator* einer Lehre und seinen *Anhängern.* Diese nehmen mit Vorliebe Vereinfachungen vor, wo jener, meist weitherziger und toleranter, Handhaben dafür bietet. Stets kommt es darauf an, *wer* sich einer Lehre bedient. Marx war ebensowenig Marxist wie Freud Freudianer. Lehren, wie beide sie brachten, sind zu verstehen als *Querschnitte durch den Bereich des Denkbaren.* Die Schnittschärfe des Blicks, die ihr Verdienst ist, sowie das damit Erreichbare rechtfertigt nicht ohne weiteres die Ausschließlichkeit, mit der sie vertreten werden.

Um Konstellationen wie die von Marx und Freud und überhaupt den ungewöhnlichen Menschen* im Rahmen seiner Anlagen richtig zu verstehen, greifen wir das Ehekapitel wieder auf und erweitern die Sicht hinsichtlich entstehender Kontakte. Während die vulgäre Astrologie an ein konkret vorbestimmtes Schicksal und damit an die real begegnenden Personen denkt, führen wir den Begriff der *Bezugsperson* ein. Sie ist ungefähr dasjenige, was man in der heutigen Literatensprache „Aufhänger" nennt, eine Person, an die sich subjektive Gefühle heften oder die zur erklärenden Verdeutlichung solcher dient. Die Besetzung der sog. Häuser sagt dem Astrologen, welche Inbilder dafür der unter einer bestimmten Konstellation Geborene mitbringt.

* Nach meinen Ausführungen in »Genius und Dämon« (Aurum Verlag, Freiburg/Br. 1980) findet in jedem Menschen ein Kampf zwischen diesen beiden Mächten charakterlicher Äußerung statt, wobei einmal die eine, einmal die andere die Oberhand bekommt. Es kann daher von »genialen« oder »dämonischen« Einfällen bzw. Handlungen eines Menschen gesprochen werden, ohne daß damit – wie im üblichen verallgemeinernden Sprachgebrauch – gesagt wird, der Betreffende als Ganzer sei ein »Genie« oder »Dämon«.

Es war nun eine geniale Lösung Freuds, seine Kräfteballung am Deszendenten nicht aufgehen zu lassen in den Tatsachen einer bürgerlichen Ehe, sondern im Klienten den jeweiligen Modellfall zur Ermittlung menschheitswichtiger Untergründe des Verhaltens zu sehen. Eine Familiengeschichte kann bedeutsam sein für den Werdegang des einzelnen, für die Menschheit wäre sie uninteressant, bei ihr gilt nur das Werk, das aufgrund persönlicher Leistung Herausgestellte. Ein Durchschnittsmensch mit derartiger Betonung des 7. Feldes und darin STIER wäre vielleicht bei annehmlichen Gewohnheiten des Ehelebens hängen geblieben oder er wäre des Partners überdrüssig geworden und analog Sonne, Uranus, Merkur in diesem Felde sowie Pluto nahe am Deszendenten auf andere Partnerbeziehungen umgesprungen. Freuds forschende Intuition ergriff statt dessen den Wechsel des Patienten, der Bezugsperson, als Gelegenheit. Sein genialer Griff war Intimität mit einem Du bei gleichzeitiger Distanz. Die analytisch aufschließende Spürkraft des SKORPION-Aszendenten inspirierte sich immer neu an den Rätseln des Seelenlebens, allerdings kausal-mechanisch betrachtet mit dem Schlüssel – analog der Rezeption von Mars und Venus mit umgekehrten Vorzeichen – des Libidobegriffs, zur Demaskierung von Vorgängen unterhalb der Bewußtseinsschwelle.

Ein und dieselbe Konstellation muß demnach verschieden gedeutet werden. Für den Außergewöhnlichen ist das kreisläufige System (Tierkreis, Häuserkreis) nicht nur ein Arsenal mitbekommener Anlagen zur Auseinandersetzung mit der Welt, er dringt vielmehr auf *schöpferische Aktualisierung* solcher Auseinandersetzungen, so daß etwa derselbe vorzeichnende Rahmen der Intimität mit einem Du andere Erscheinungen hervorbringt. Der größere Abstand zum Augenschein entlarvte im konkreten Fall aufgepfropfte Unnatur in der Herkunft des Krankhaften. Was andere von einem denken, ist damit nicht gesagt. Anderseits braucht man, wenn so konstelliert, Bezugspersonen, Umgang, um die entsprechenden Wesenskräfte zur Wirkung zu bringen. Ein Mensch mit Sonne am Deszendenten entwickelt seine Kernanlage erst in der Auseinandersetzung mit anderen, bei Mond lebt das Gemüt im Gefühlskontakt auf, bei Mars wird man erst im Verhältnis zu einem Gegenüber aktiv usw., bis zum imaginativen Du bei Neptun im 7. Felde. Wenn die vulgäre Deutungsweise aus mehreren Planeten im 7. Felde auf mehrere Ehen schließt, so liegt die häufige Bewahrheitung an der ungenialen Art, Beziehungen zu leben. Das Augenmerk richtet sich dann statt auf den Sinn der Gemeinsamkeit auf Nebensächlichkeiten der Realperson, die aus einem der Bezüge gewählt wurde; bei enttäuschten Erwartungen treten andere Komponenten in 7 als abweichendes Wahlmotiv ein, die Problematik wird nicht gelöst, sondern *umgelagert.* Aber auch den Gegenfall zu solcher Mehrzahl von Gemeinschaftsbeziehungen, zum wechselnden Gesicht, findet man, daß nämlich auf einem monogam erlebten Partner unterschiedliche Eigenschaften und Ansprüche *projiziert* werden, was ebenso zu Unausgefülltheiten führt. Richtig verstanden gibt die Besetzung des 7. Feldes die Gaben des *personalen Bezogenseins auf das Fremde, Andersartige an.* Die Bezugsperson erhält demgemäß etwas perspektivisch Bedingtes, Genialität aber hat den aperspektivischen Blick für das Menschliche in seiner Bedingtheit.

Auch sich selber kann man in seiner Bedingtheit sehen, doch zum *Modellfall menschheitswichtiger Erlebnisse* ausweiten. Dies ist die geniale Lösung bei Planeten im 1. Felde, dem 7. gegenüber. Dann fallen Eigenperson und Bezugsperson zusammen. Beim Durchschnittsmenschen, und sei er noch so hoch gestellt wie Kaiser Nero mit Sonne und Mars am Aszendenten, wirken sich die betreffenden Wesenskräfte egozentrisch aus, sie nehmen die Eigenperson als Maßstab aller Dinge und das Herantretende in bezug auf sich. Bei Marx mit Saturn im 1. Felde, dominant über das Zeichen STEINBOCK, worin Jupiter im 11. Felde steht, lag die Genialisierung darin, daß er die persönliche Erfahrungssumme zum Schlüssel des produktiven Erfassens seiner Epoche machte. Erinnern wir uns der gleichen Saturnstellung in FISCHE bei Wallenstein, mit Jupiterkonjunktion und dominant über den Mond im 11. Felde, so können wir eine dämonische Genialität dieses Mannes in einem das Gemüt beunruhigenden, doch das Reifesymbol Jupiter nicht zum Zug bringenden Gewissens-Widerstreit sehen.

Beachten wir die Tierkreiszeichen, so ist auffällig im Vergleich der Meßbilder von Marx und Freud eine zentrale STIER-Betonung. Diese Kernhaltung des empirischen Realisten bevorzugt eine Anschaulichkeit der zur festen Grundlage der Lehre genommenen Tatsachen. Hierin liegt für eine Anhängerschaft die Brauchbarkeit zur „Eintopfmethode". Diese Kernhaltung sieht bei Marx, entsprechend der Sonne im 2. Felde, den Angelpunkt im *Eigentum*, rückt bei Freud, entsprechend der Sonne in Nähe des Deszendenten, den *Gesprächspartner* in die Mitte der Untersuchung* Die Quadranten unterstreichen diese Bezugsrichtung. Bei Marx ist fast ausschließlich Einzelperson und Gesellschaft betont (I. und IV. Qu.), bei Freud familiäre Bindung bzw. Fortpflanzung und Gemeinschaft (II. und III. Qu.). Nur der Planet Mars steht bei beiden abseits, analog dem hervorgehobenen kämpferischen Motiv und Angestrittenwerden der Äußerung (zumal in Opposition zu Jupiter, die wir auch bei Nietzsche finden). Ferner steht bei jedem das umschwungbewirkende Symbol, Uranus in einem Eckfeld. Im Falle Marxens kulminiert er und macht die Revolution zum führenden Thema einer Gesellschaftslehre, im Falle Freuds steht er mit Sonne in 7 und bringt umstürzende Entdeckungen betreffend die Person des Mitmenschen. Wissenschaftlichkeit ist mit STIER noch nicht gegeben, diese müssen wir

* Einen annähernden Gegenfall zu Freud hätten wir bei Hans Driesch mit STIER-Aszendent sowie Mond in SKORPION am Deszendenten, flankiert von Venus und Sonne unter, sowie Mars, Saturn und Merkur über dem Horizont im selben Zeichen. Der hintergründige Charakter des SKORPION-Prinzips duldet keine empirischen Vereinfachungen, die „Bezugsperson" ist ein transzendentales Agens, von Driesch in der Entelechie gesucht. Auch im Gespräch ging es ihm mehr um die seelische und geistige Potenz, als um das Erscheinungsbild; hingegen bei STIER-Betonung um den Deszendenten braucht man gerade dieses in massiver Gegenwärtigkeit. Positionen im 7. Feld zeigen primär das eigene Verhalten zum Mitmenschen, die Bevorzugungen und das Gemiedene an, über dieses Wahlmotiv dann sekundär auch die Personen schicksalhafter Partnerschaft.

bei Marx der systematisierenden Tendenz des WASSERMANN-Aszendenten, bei Freud der forschenden Tendenz des SKORPION-Aszendenten zuschreiben. Ist Wissenschaftlichkeit vorhanden, so äußert sich der fixe Charakter von STIER häufig in einer dogmatisierenden Tendenz.

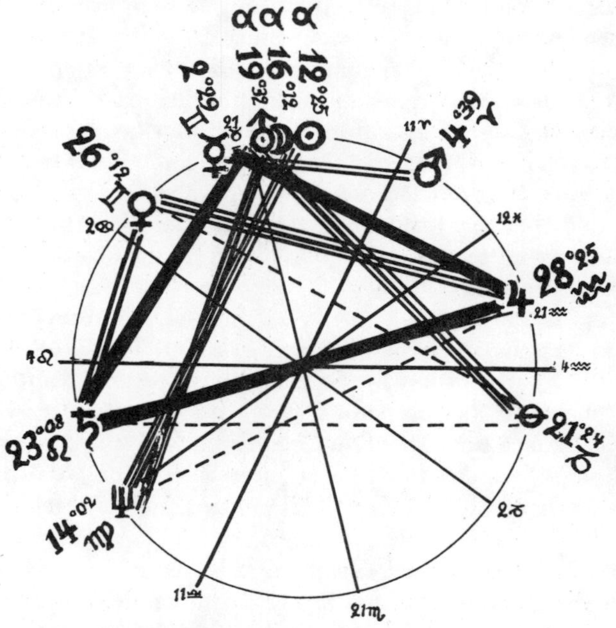

Abb. 22 Friedrich v. Hardenberg (Novalis),
2. Mai 1772, 10 h a.m.,
Wiederstedt bei Mansfeld

Redliche Tatsachenfeststellung, Verbuchen konkreter Inhalte analog der STIER-Betonung kann sich aber auf ganz anderem Gebiet äußern, wie wir uns an der Konstellation von Novalis klarmachen wollen. Bei ihm standen Mond, Sonne und Uranus in diesem Zeichen im 10. Felde, das im engeren Bezug den Beruf betrifft. Seinem Beruf als Bergbauingenieur wird er damit auf gediegene Weise genügt haben. In diesem Feld geht es nicht um eine Bezugsperson, sondern den Bezug zu einer *Sache.* Doch auch aus Konfliktspannungen kann Genialisierung hervorgehen, als *Berufung*. Die Quadratur zwischen Uranus und dem im 2. Feld auf Erwerb bezogenen Saturn bedeutet eine Spannung, ein Nichtgenügen an Berufssroutine und ein Verlangen nach radikaler Änderung; ob sie aber zum „Sprung über den Schatten" führte, hängt an der genialen Abständigkeit, aus dem Kosmogramm nicht ersichtlich. Dieses gestattet nur „wenn-dann" -Aussagen. Die dichterische Berufung können wir ihm also nicht entnehmen, wohl aber im Falle der Genialität die Abflußrichtung gemäß dem Trigon von Sonne-Mond-Uranus zu Neptun im 3.Felde, dem der schreibenden Hand, dessen Analogiezeichen ZWILLINGE durch Merkur und Venus betont ist (Auch bei Marx finden wir Merkur in diesem Zeichen, zusammen mit Venus in STIER im 3. Feld; daß er in der Jugend Gedichte schrieb, wird meist übersehen, der in Uranus ausgedrückte „dimensionale Sprung" weist ebenfalls auf Saturn, das Musische weicht den nüchternen Tatsachen). Neptun als visionäres Element, das einer Grenzüberschreitung normaler Äußerungsformen, kann man bei Novalis den unbewußten Untergrund des STIER-Prinzips aufschließen sehen: hier ankert die vom Altersmäßigen her unerklärliche Weisheit des Verfassers der „Fragmente".

Ausschlaggebend für die Reaktion auf die Umwelt ist schließlich der Aszendent: bei Novalis mit LÖWE die impulsive Reaktion des Augenmenschen, bei Marx mit WASSERMANN die Wendung zum Abstrakten, zur begrifflichen Einteilung, bei Freud mit SKORPION die in Verdecktes enthüllend eindringende Reaktion des Zweiflers am Augenschein. Die Kombination sei nur in Beziehung zum Thema weitergeführt. Ich setze wenigstens die Hauptgedanken des historischen Materialismus und der Psychoanalyse als bekannt voraus, hier geht es uns um die charakterlichen Bedingungen ihrer Entstehung. Die dogmatisierende Neigung von STIER, beim Romantiker Novalis die Rückwendung zur gottgeborgenen Welt des Mittelalters bestimmend, ernennt bei Marx und Freud einen empirischen Tatbestand zur Grundursache der untersuchten Erscheinungen. Dieser als Prämisse eines daraus abgeleiteten Systems erlaubt ihren Anhängern die Eintopf-Schematisierung. Im Weitergang offenbart SKORPION seine phasenbetonte Natur, sowohl Freuds Anschauungen als auch seine Lehre wandeln sich ab in der fortschreitenden Forschung, durch Neuentdeckungen. Dagegen WASSERMANN (auch Aszendentenzeichen von Robespierre) bleibt bei der Ausführung einer einmal gefaßten Grundidee, angereichert durch historisches Material, das als Beleg dient, läßt Änderungen nur in der Durchführung der Idee zu, wenn nicht eine Mutation der Idee selbst erfolgt.

Bei der Erläuterung des kreisläufigen Systems (Bd. II, S. 113-116) wurde die Grundstimmung des IV. Quadranten *organisch kontaktlos* genannt. Dies heißt praktisch und nun absehend von persönlichen Beispielen, daß das einmal gesprochene und mit Massenmedien verbreitete Wort sich fortpflanzt *unabhängig von Motiv, Gesinnung, Wollen und Fühlen dessen, der es aussprach.* Der wirkliche Verlauf kann von tragischer Ironie sein. Ein motivischer Ansatz bei Marx im Entwurf seiner Gesellschaftslehre war, was er die Entfremdung des Industriearbeiters nannte, der Verlust des vollen, natürlichen und uneingeschränkten Menschentums im klassenbedingten Dasein. Durch wachgerufenes Bewußtsein dieser Lage, Klassenkampf und revolutionären Umbau der Gesellschaft sollte die Menschlichkeit wieder hergestellt werden. Wie sich inzwischen gezeigt hat, kann man mit Gebrauch marxistischer Formulierungen ein repressives Staatsgebilde aufbauen, das diesem Motiv nicht weniger feindlich gegenübersteht als kapitalistische Gesellschaften, die im Fortgang industrieller Entwicklung die Entfremdung weiter trieben. „Machtergreifung" ist ein leeres Wort, wenn die Träger der Macht durch die Angst, sie zu verlieren, korrumpiert werden. Für die Menschenbeobachtung Freuds wiederum bestanden kulturelle Gefahren darin, daß natürliche Triebe durch die moralische Repression der Gesellschaft entstellt, unterdrückt und auf Irrwege geleitet wurden. Anderseits beruht ihm zufolge Kultur überhaupt und unsere abendländische insbesondere auf Einschränkungen der Ichtriebe, ein Wort wie „Realitätsanpassung“ setzt den Anpassungsprozeß des Ichs als Ziel. Freuds Leben ging auf im gewissenhaften Bemühen, Einzelnen aus der Notlage zu helfen und die Mittel dazu in eine Lehre zu fassen. Soll aber der psychisch Kranke zu seiner Heilung sich nicht wieder anpassen müssen an das, was ihn krank machte, so muß eine Erneuerung der Gesellschaft erzielt werden, deren Kulturforderungen den Einzelnen nicht mehr in Konflikt mit seiner Natur bringen. Inzwischen hat die vulgäre Verbreitung psychoanalytischer Gedanken in puncto sozialer Erneuerung ein remis erzielt. Den summativen Bedürfnissen des IV. Quadranten, am Alten bis zur Einsicht des Besseren hängend, kommt alles entgegen, was in schlagwortartigen Vereinfachungen wie „Trieblockerung“, „Abreagieren“ usw. einen vorhandenen Zustand stützt, indem es Verhaltensweisen ändert ohne an den sozialen Fundamenten zu rütteln.

So hat die ideologische Verpackung einer Lehre unvermeidliche Folgen, wenn sie Gemeingut wird. Angesichts der Denkgewohnheiten, die auf ehemaligen Annahmen gründen, stünde auch zu befürchten, daß die revidierte Astrologie immer wieder den alten Sternglauben weckt, wenn wir nicht in „Einflüssen“, „Aussagegrenzen“, „selbstbestimmendem Faktor“ klare Unterscheidungen durchführen. Beobachtung der Wirklichkeit ist nie durch Schlagworte zu ersetzen, braucht den unvoreingenommenen Beobachter.

Die Lebenslüge

Dies um die letzte Jahrhundertwende viel gebrauchte Wort hört man heute nur noch selten. Der Inhalt hat aber deswegen an Aktualität nichts eingebüßt. Die Lebenslüge ist nur undurchsichtiger, glänzender, gleichsam metallener — verchromt und blankpoliert — geworden. Sie schließt die „bessere Lebenshaltung“ ein, die Perfektion des angeblich allen erreichbaren Wohlstandes, die Überschwemmung mit Waren, welche das Leben annehmlicher machen. Zur Schau Gestelltes erzeugt wieder neue Bedürfnisse und so mündet die Verbesserung in einem Teufelskreis. Ein Wohlbehagen im Sog dieses Kreislaufes wird zur Lüge, solange man sich darüber täuscht, daß bei anderen Menschen fundamentale Notwendigkeiten im argen liegen. Worte wie „Entwicklungshilfe", „Sozialfürsorge" stellen sich einem zur rechten Zeit ein, um im Überfluß weiter schwimmen zu können. Der Besonnene, Zurückhaltende, sparsam in Rücksicht auf den Sinn seiner persönlichen Existenz innerhalb der Gemeinschaft, kommt nur noch vereinzelt vor. So wenigstens erscheint es, denn die heimlichen Bedenken zählen nicht im Getriebe, ebensowenig wie Proteste gegen einzelne, auffällige Korruptionen und Bereicherungs-Skandale. Elementare Ausbrüche ob des herrschenden Tons, der Mehrheit aller Parteien und Klassen unbequem, gehen leicht als asozial abzuwerten.

Wir wollen keine Jeremiade anstimmen. Die Frage erhebt sich jedoch: kann etwas Lügenhaftes den allgemeinen Grundton bilden? Zur Zeit der Währungsreform nach dem letzten Kriege zog mich in einem Irrenhaus eine Katatonikerin, die Tag für Tag ihre paar Habseligkeiten von einem Koffer in den andern packte, leise am Ärmel in eine Ecke und flüsterte mir erregt ihr Geheimnis zu: „Wissen Sie nicht, daß die Erdachse jetzt umgelagert wird?" Vom Leben geschlagen, ausgestoßen, gewöhnlich stumm in sich versunken, hat sie deutlicher den Umbruch der Epoche verspürt als mancher dem Erfolg Nachjagende. Sie wurde „verrückt", weil sie den Dreh nicht mitmachte.

Selbstgerecht sich in die Brust werfende Pharisäer hat es schon immer gegeben, sagt man. Astrologisch handelt es sich um das Element, das vulgär *das große Glück* heißt, um Jupiter. Man könnte Hemingway recht geben: „Glück, das ist einfach eine gute Gesundheit und ein schlechtes Gedächtnis", und Tolstoi sagt einmal, daß nicht glücklich sein könne, wer irgendetwas — er spricht von

Talenten — im Überfluß besäße. Symbol des Optimums und seiner Verfehlungen, wird das Jupiterhafte in seinen inferioren Entsprechungen zur Lebenslüge. Die Heuchelei ist offenkundig, wenn banalen Verrichtungen und Genüssen eine höhere Rechtfertigung angedichtet wird, profane Absichten sich mit einem Heiligenschein tarnen. Aber ganz unbeabsichtigt werden Sinnglaube und Wohlwollen oft nur vorgespiegelt. Schon lauert die unheilige Lüge im gern geglaubten übertriebenen Wert eines beiläufigen Dings, dem für nötig gehaltenen Hochschrauben eines Ausdrucks, in großen Titeln für sein Tun sowie im interessierten Gutsein, der „arrangierten" Wärme. Jupiter in der Entgleisung schafft Fülle, die einen Leerlauf zu verdecken hat. Die subjektiv beigelegte Bedeutung stapelt stets höher, als der objektive Rang des wertgeschätzten Dings liegt.

Jupiterhaftes begreifen wir in polarer Wechselbeziehung zum Merkurischen, das als Generalpächter der Lüge gilt. Doch lassen wir uns nicht von Denkgewohnheiten leiten. Was ist Lüge überhaupt?

Kinder reagieren oft ihre Angst ab durch Erzählen lustiger oder schrecklicher Geschichten, die rasch zu diesem Zweck erdacht werden. Die Beliebtheit von Anekdoten, Witzen und anderseits von Gruselromanen, von Schlagern und Krimis mag in dieselbe Kategorie gehören. Die improvisierte Selbsttäuschung dabei gestattet ebensowenig wie die Ausrede aus Furcht vor Vergeltung eine Probe auf den Wahrheitswillen; selbst Adam im Paradiese versteckte sich vor dem göttlichen Anruf, als ihm das Herz pochte. Es gibt phantastisch klingende Berichte und eine Phantasie frei erfundener Tatsachen, die anregsam auf Widerhall zielen und nicht wie Zwecklügen einen Vorteil beabsichtigen. Zweck ist außerdem nicht immer bewußt im Spiel. Denken wir an die bekannte Erscheinung, daß aufdringliche Neugier, wenn zurückgewiesen, sich in Verbreitung von Lügen über den Angehimmelten entschädigt. Oft arbeitet kindliche Funktionslust der Sensation und Nervenspannung halber mit merkurischen Tricks. Überspielt auch das Wort den nackten Tatbestand: „ist es nicht wahr, ist es doch gut erfunden!" Ein wenig Schaumschlägerei süßt den tierischen Ernst.

Natürlich gibt es außer solchem „Flunkern" und den entwicklungsbedingten „Kinderlügen" die absichtliche Entstellung der Wahrheit, um Nutzen daraus zu ziehen. Bei schwankendem Niveau greift manchmal eines in das andere über. Zwischen merkurialer Gewinnsucht aber, teilheitlich gerichtet, und jupiterhaften Entgleisungen besteht der Unterschied von *frivol verfolgten Zwecken* dort, *verratenem Gesamtsinn* hier. Jupiter in archaischer Zeit vertrat eine magische Gläubigkeit vereint mit priesterlicher Segnung (beibehalten noch in der Wandlung bei der Messe), worin der Mensch als Ganzer sich mit dem Sinn der Weihehandlung eins fühlte. Auch bei geändertem Lebensinhalt besteht die Forderung einheitlicher Ausrichtung auf einen höchsten Wert, er gibt dem Handeln etwas Getragenes, der Kultur ein Ritual. Verfall greift zum Ersatz, doch mit Pseudowerten kann man auf die Sinnfrage keine Antwort geben. Der inferiore Jupiter durchdringt die Gesamthaltung, bläht sie auf: Religion wird zur Bigotterie, Bildung zum beziehungslosen Überbau, Wirtschaft zur Erfolgsjagd. Das Unechte ihrer Leitsätze nennen wir Lebenslüge.

Wo bleibt der Weihnachtsfrieden, das Glück des Schenkens, wenn die Menschen durch Anpreisungen hindurchrennend ihre Einkäufe „tätigen?" Verkäufer und Käufer stöhnen heimlich: wäre es nur schon vorüber! Der hektische Trubel ist aber sozialgeschichtlich bedingt. Man sucht das Neueste. Dem Kinderherzen wird durch eine Puppe mit eingebautem Bandgerät weniger gedient als der Konsumgesellschaft. Käufer wie Verkäufer sind vom Verteilernetz dieser Gesellschaft eingefangen. Unbemerkt machen sich hierbei *kosmische Prinzipien* geltend. Gelangt in der Dreiheit von Produktion, Distribution, Konsumation oder von Hervorbringung, Verteilung, Verbrauch das letzte Glied zur Herrschaft, dann ist die Dreiheit von *kardinal*, *fix und labil* gestört.* Wie im Theater: die Aufführung ist eine Kunst für sich und freilich müssen Zuschauer angesprochen werden. Doch ohne schöpferische Inhalte geht es nicht. Im gesunden Zustand liegt die Führung nicht beim Zuschauer sondern in der dramatischen Dichtung. Stirbt die Bühne, weil bedeutsame Stücke fehlen oder ihre Erzeuger nicht an die Rampe kommen, so kann dem weder durch Plakatierung, Platzanweisung und Preisgestaltung, noch durch spannende Regie und perfekte Schauspielkunst aufgeholfen werden. Stehen nur Klassiker auf dem Programm, bedeutet es, daß die dramatische Wahrheit der Gegenwart ferngehalten ist, holt man aber lediglich aus Aktualitätsgründen die Straße auf die Bretter, bleibt deren Realität draußen.

Astrologisch gelten Jupiter und Merkur, dienende Organe im Großen wie im Kleinen, als Dispositoren der labilen Zeichen, denen die Durchführung und der Umsatz im Vorhandenen obliegt. Mit einer durch die Verhältnisse eingewöhnten Parteinahme verliert die Relativität dieser Zeichen ihren Fußpunkt. Die Bezüglichkeit zu einem Kulturkanon mit zwingenden Aufgaben hinkt, wo die entfesselte Wirtschaft das große Wort führt. Werte, um derentwillen der Mensch auf der Erde ist, gehen unter im Marktgeschrei, Diskussionen über Zweckmäßigkeit wollen den Sinn ersetzen, „Bedürfnisbefriedigung“ wird zum Hauptwort der Zivilisation erhoben. Dies Merkurische hat es mit dem Beweisbaren zu tun, gegen welches jupiterhafter Glaube als „nur“ forderungshaft, als absurd absticht. Wird diesem durch jenes Herrschaft die Echtheit genommen, dann schwelgt das Jupiterhafte im Verzehr von Überflüssigem.

Normalerweise soll die Gesellschaft dem Individuum fertige Maßstäbe für die richtige Einschaltung des Kardi-

* Immer wieder muß erinnert werden, daß wir mit den Begriffen der Deutungselemente keine der umlaufenden Wertungen verbinden. So verstehn wir „phlegmatisch“ wertfrei im Sinn der alten Temperaemntenlehre, „labil“ im Wortsinne als beweglich, veränderlich, nicht wie oft vulgär gebraucht als schwach und unsicher oder hinfällig.

nalen (führender Gehalte), des Fixen (ausharrender Festigkeit), und des Labilen (beweglicher Durchführung) anbieten. Wohl gleichen sich Einseitigkeiten mit den geschichtlichen Schwenkungen aus. Doch die Individuen sind ungleich, jedes Individuum ist zu einem eigenen Sinn seines Daseins berufen und kann daher nicht immer eine Änderung der Gesamthaltung abwarten. Seinen individualen Sinn erkennend muß man manchmal gegen den Strom schwimmen. Es gilt dann, wenigstens den eigenen Urteilsstandpunkt zu *erkämpfen,* sich damit *durchzusetzen.* Die äußere Durchsetzung erfordert Einbeziehung der Marskomponente, gerechtfertigt, wenn das Urteil innerlich einwandfrei errungen ist. Im Jupiterhaften geht es um das Bestmögliche und dies schließt das Entworfensein auf Umwelt, auch wenn sie manchmal große Anstrengungen nicht zu verdienen scheint, in sich. Den Erfolg im Gegebenen suchend, greift man nach Ausgleichsvergütungen (Kompensationen) für Verlust und Versagen. Das mit lebensfähigem Kompromiß sich ergebende „Einerseits-Anderseits" begegnet jeder kühnen Forderung mit abschwächenden Argumenten, sieht Verbrechen unter mildernden Umständen, verniedlicht überdimensionierte Leitbilder und dämpft, wo es geht, bevorzugt eine Welt mit gepolsterten Wänden, um nicht anzuecken. Dies ist „inferiorer Jupiter", noch nicht lügenhaft. Die Lebenslüge entsteht erst, wenn man seine Schwächen nicht wahrhaben will, sich eine höhere Gesinnung vortäuscht und ein mahnendes „Soll" für ein „Ist" hält.

Bei positiven Jupiter-Entsprechungen geht es um Fruchtbarkeit und Gedeihen. Da das unproduktive Negativum nicht in der Geburtskonstellation steht, nur Begünstigung oder Erschwernis der optimalen Auswirkung, zögere ich, Beispiele zu bringen. Wenn es doch geschieht, müssen sie in der *niveauabhängigen Flexibilität der Entsprechungen* verstanden werden. In diesen Entsprechungen liegt aber auch eine Möglichkeit der Umwandlung, so daß gegebenenfalls mit Einsicht in den strukturellen Sachverhalt die Produktivität aufgeschlossen werden kann.

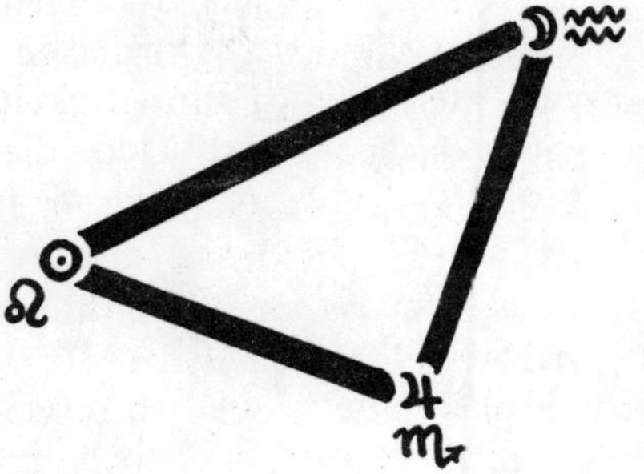

Abb. 23

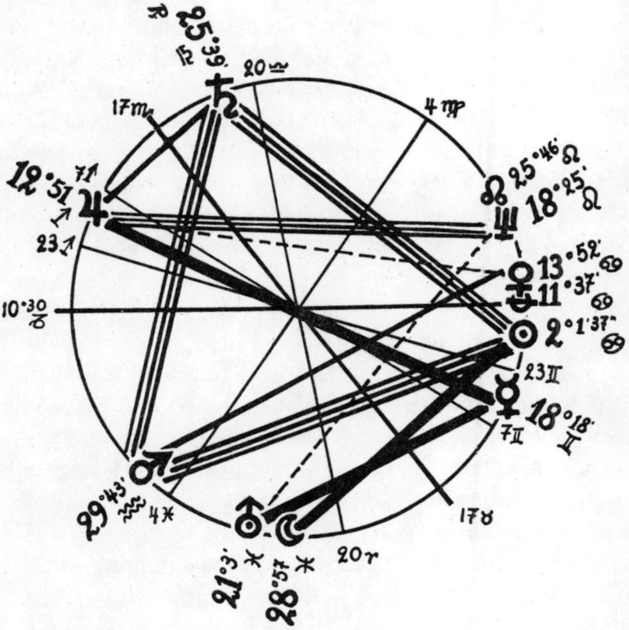
25°39'
20 ♎
17 ♏
4 ♍
25°46' ♌
18°25' ♌
12°51'
23 ♐
10°30'
13°52' ♋
11°37' ♋
2°1'37" ♋
23 ♊
18°18' ♊
7 ♊
29°43' ♒
4 ♓
17 ♉
20 ♈
21°3' ♓
28°57' ♓

Abb. 24

Im einfacheren Fall A (Abb. 23) lag bei Sonne in LÖWE in Opposition zu Mond in WASSERMANN, mit Jupiter in SKORPION im Quadrat zu beiden, unverkennbar eine Selbststilisierung durch eine fixe Idee vor. Solange die betreffende Frau in Gegensatz zu ihrer vitalen Kernanlage sich fanatisch auf ein ideologisches Postament stellte, war ihr Schöpferisches, das sie in künstlerischer Richtung suchte, gesperrt. Sie gebärdete sich als Märtyrerin ihrer Ideale, suchte ihr Heil in asketischer Lebensweise, vorgeschrieben von der Sekte, der sie aus Gemütsbedürfnissen anhing. Mit weltanschaulich eingefärbter Spannung zwischen WASSERMANN und SKORPION reduzierte sie so die organische Gegenwärtigkeit von LÖWE; um so mehr suchte dessen Macht- und Geltungstrieb nach Achtungserfolgen, strebte sie doch nach dem Posten des Vorsitzenden ihrer Anschauungsgemeinschaft.

Als ich die Betreffende einmal unangemeldet in ihrem Heim aufsuchte, überraschte ich sie in einer wenig zu den Ikonen an der Wand passenden Situation, nämlich vor einem übervoll mit Leckerbissen besetzten Tisch. Fassungslos stotterte sie als Quasi-Entschuldigung hervor: „Wenn niemand zu mir gut ist, muß ich doch wenigstens selber gut zu mir sein.“ Dies war aber der richtige Augenblick, ihr klar zu machen, daß die ausgleichsuchende Kompensation ein Zeichen der Gesundung, ein Durchbruch der vor überwertigen Ideen abgeschnürten Lebenstriebe sei. Seitdem ihre Kunst nicht mehr auf Neinsagen zur sinnlichen Gegenwart beruht, sondern in sublimierter Form Ja sagt zu den Erscheinungen, bekamen die Bilder Blut und Farbe, mit der vitalen Selbstüberzeugung wuchs die Gestaltungskraft. Allerdings wird bei fixen Zeichen der Umschwung nicht mit einem Schlag erzielt, ihr Beharrungscharakter setzt als Bedingung, daß alles „Wenn“ und „Aber“ der Probleme durchgestanden wird.

Fall B (Abb. 24) liegt komplizierter, schon infolge der Nervenanfälligkeit analog Merkur Quadrat Uranus. Es handelt sich um eine Lehrerin, unverheiratet. Merkur im ganz von seinem Zeichen ZWILLINGE beherrschten 5. Felde entspricht einer pädagogischen Anlage, raschem Urteil, wendiger Anpassung. Trotzdem wird der Beruf als eine Last empfunden. Außer dem Spannungsaspekt des Uranus hat Merkur vor allem eine Opposition zu Jupiter in SCHÜTZE; dies Gegensatzpaar von Zweckdienlichkeit und Sinnstreben, Intelligenz im praktischen Tagesbedarf und großen Entwürfen mit sakralem Grundton, jeder Planet im eigenen Zeichen, schafft im Zusammenstoß von These und Antithese ein Gefühl des Unausgefülltseins. Hinzu kamen die Nachwirkungen einer schwierigen Kindheit, gestörten Verhältnisses zu den Eltern, die ihrerseits nicht zusammenstimmten (Sonne Quadrat Mond, Parteinahme eher für den Vater), der Nichterfüllung weiblicher Erwartungen, wofür der Vulgärastrologe außer den Merkurdissonanzen die Konjunktion der Venus mit dem „Übeltäter“ Pluto sowie diese beiden unter Dominanz des „schlecht“ aspektierten Mondes haftbar machen würde.

Beläßt man eine Opposition im Entweder-Oder, statt eine Synthese ihres Gegensatzes herauszubilden, so tendiert sie zur Aufspaltung der Persönlichkeit; besonders nahe liegt eine solche Gefahr beim Beteiligtsein des Verstandessymbols Merkur und des Zeichens ZWILLINGE. Im vorliegenden Fall stehen die maskulinen Komponenten Sonne und Mars in Trigon zu Saturn, wobei die Zeichen WASSERMANN und WAAGE eine Neigung, wenn nicht Begabung zur theoretischen Intelligenz und Kombinatorik anzeigen. Aus der Überzüchtung dieser „harmonischen“ Komponenten schichtete sich über den eigentlich weichen, anlehnungsbedürftigen, seelisch zartfühligen Wesensgrund (Sonne-KREBS, der Dispositor Mond im 2. Felde) eine weltgewandt scheinende, geistig aktive „Durchsetzungsperson“, an philosophischen und psychologischen Spitzenwerken orientiert. Die damit nur verdeckte innere Hilflosigkeit entschädigte sich in aggressiver Zurechtweisung Nahestehender aus angelesenem Ideenvorrat, kalt, nüchtern, der Situation unangemessen, hart, womit auch das Aszendentenzeichen STEINBOCK zur Geltung kam. Hinter großen Worten war oft die kleine Rationalität zu spüren, die Selbstbestätigung: „habe ich's ihm nicht wieder mal fein gegeben?" Dies war natürlich unbefriedigend, Merkurisches und Jupiterhaftes blieben getrennt bei hochgradiger Empfindlichkeit analog der KREBS-Sonne und, wenn man sie selbst kritisch beurteilte, Rückzug in die Introversion, eine Flucht in die Krankheit.

Es ist die typische Unruhe- und Kampfsituation eines zwiespältigen Menschen — zur Zeit noch nicht entschieden —, der nach einer sinngemäßen Erfüllung sucht. Während der geistige Aneignungsprozeß der Lehrerin hastig fortschreitet, in vielem sich versuchend unter der Überzeugung, zu etwas Besserem geboren zu sein, halten die ausfälligen Impulse an, abgelöst von zeitweisen Depressionen und Unsicherheiten. Dies ist bedingt im Wesenskern, dem Drehpunkt, der nicht zum einigenden Zusammenschluß findet. Begreiflicherweise herrscht noch in vorgerückten Jahren die Vorstellung, daß ein Mann, der alles verstehend die Erwartungen des Herzens befriedigt, die Lösung bringen würde.

Eine grundsätzliche Änderung in der so skizzierten Seelenlage setzt voraus, daß die ideologische Panzerung durchbrochen wird. Angesichts der Konjunktion von Venus und Pluto am Deszendenten, auch der Orientierung der Sonne darauf und Neptun im 7. Felde, sei erinnert an das, was unter „Bezugsperson" über Sigmund Freud gesagt wurde (S. 178f.), die Ersetzung des einmaligen Partners durch einen Wechsel personaler Fälle, in Obhut genommen und zugleich Gegenstand der Forschung. Psychotherapie wird angesteuert. Wie die Form beratender Einwirkung auf Mitmenschen auch heißen mag, ist dies als Ziel richtig. Nur hätte KREBS bei einer als Kopie männlichen Intellekts mißverstandenen Emanzipation keine Wirkkraft. Statt belehrenden Darüberstehenwollens muß das Ziel, um echt zu sein, umgewandelt werden in ein *Gefühlsmotiv*, Dienst am Mitmenschen. Der kardinale Charakter von KREBS liegt im Psychagogischen, der mit Sonne nahe dem Deszendenten sowie Neptun im Sonnenzeichen LÖWE gegebene Machtanspruch könnte sich bewähren im mütterlichen Verständnis von Schutzbefohlenen. Wenn nicht, löst Neptun als „imaginative Bezugsperson" eine inflatorische Phantasie aus, welche die als Partner in Betracht Kommenden auf das Babyhafte stilisiert, um Gouvernante zu spielen. Ein so orientierter Wesenskern wird erst durch helfenden Kontakt aufgeschlossen. Selbstsicherheit verlangt redliche Auseinandersetzung mit dem „Du", die synthetische Saturnstellung weist auf eine Spätlösung.

Mitunter kann also, was sich wie eine Lebenslüge anläßt und verfestigt zu einer solchen würde, ein zur Lösung führender Behelf sein.

Zu den inferioren Jupiter-Entsprechungen zählt die *Wertüberschwemmung*, der inflatorische Gebrauch von gut und böse, schön und häßlich. Auch ganz sachliche Angelegenheiten bringt man unter moralische oder ästhetische Kategorien, die Natur bekommt im Umkreis dieser Personen gleichsam andere Gesetze. Hier kann eine unbewältigte Dissonanz zu Saturn das *Schuldmotiv* einflechten; nimmt dieses an der Lebenslüge teil, dann wird die Umgebung gewöhnlich mit Sündenböcken besetzt. Besonders in Wasserzeichen blüht diese Übertragungsmanie; unter offenbaren Fehlleistungen bezichtigt sie den Nächststehenden, oder wenn einem anderen etwas Unangenehmes passiert, fühlt man sich selber irgendwie mitschuldig. Verbindet sich dies gar mit inferioren Äußerungen von Neptun (Nebenregent in FISCHE), so können sich alle Sachverhalte durch Bewertungen und Illusionen rauschhaft verschleiern. Nicht ohne Grund spricht Jaspers schon von „schlemmen", wenn der Mensch die ihm gesetzten Grenzen überschreitet. Die Griechen nannten es Hybris, Frevel. Unter solchen Voraussetzungen kann Neptun, das grenzenüberschreitende Symbol, die realen Gewichte aufheben oder, gestützt auf transzendentale Ahnungen, ins Gegenteil umkehren. Doch Fälschung, Schwindel, Korruption, wenngleich unter analytischen Aspekten häufig angetroffen, gehören nicht zur elementaren Bedeutung von Neptun. Diese ist Transparenz, Durchscheinendwerden der Dinge für eine außerrationale Sicht. Infolge mangelnder Entwickeltheit wird dies in unterbelichteten Fällen nur unvollkommen ausgeschöpft, Neptun bekommt dann auflösende Wirkungen und selbst Sublimierungen verhalten sich zu Venus, der unteren Oktave, wie Kitsch zu Kunst.

Ebensowenig wie dies in Neptun, darf man Sinn oder Unsinn der Lebensabsicht in Jupiter und seinen Aspekten begründet glauben. Man findet seine Leitlinie oder verfehlt sie. Ein analytischer Merkuraspekt zu Jupiter, Symbol der Gesamtregulation und optimalen Erfüllung, bezeichnet häufig einen ständig auf anderleuts Sinnlosigkeiten und Unvollkommenheiten herumhackenden Intellekt. Ein damit Beanlagter kann aber auch im Bedingten sich nützlich machen und mit vorsichtigen Schritten expandieren lernen, indem der Verstand als innerer Gegenspieler ein geltungshungriges Streben zügelt. Niveau ist hier eine Frage des Selbstverständnisses, das sich in Letztzielen, im Erwerben der Mittel dazu und in der Durchführung offenbart, um jupiterhafte Vollendung unter Kontrolle der Bewußtheit zu erreichen. (Vgl. Bd. III, S. 304.)

Persönlichkeitsschwund

Nach dem zweiten Weltkrieg wurde die Kategorie der „displaced persons" geschaffen. Es waren Flüchtlinge, Meuterer an irgend einer Front, Ausgebombte, Entlassene aus Konzentrationslägern und allgemein diejenigen, die man in den neu entstandenen staatlichen Grenzen und politischen Ordnungen nicht unterzubringen wußte. Die behelfsmäßigen Unterkünfte und Beschäftigungen wurden zur Qual für die nun Heimatlosen, herausgerissen aus dem bisherigen Sinnzusammenhang. Doch von Hause aus ohne Heimat tieferer Bedeutung ist, wer überhaupt in keinen Sinnzusammenhang hineinfindet, und wer einen solchen aufgeben mußte, dem mangelt die innere Heimat. Wenn Goethes Wort vom „höchsten Glück der Erdenkinder", der Persönlichkeit, einen Sinn hat, dann in diesem Sinnzusammenhang.

Man kann also von außen und von innen fehl am Platze sein, kann auch einen im Dasein schon innegehabten Wurzelpunkt verlieren. Persönlichkeit darf angesehen werden als dasjenige, was unserem Tun und Treiben einen Sinnzusammenhang gibt, an welchem Ort wir uns auch befinden mögen.

Astrologisch kommt hierbei das Verhältnis der beiden kreisläufigen Systeme, Tierkreis und Häuser, in Betracht. Die Beachtung von Tierkreisqualitäten zieht uns stärker in *binnenseelische*, die Beachtung von Häuserbedeutungen stärker in *gegenständliche* Probleme hinein. Demnach haben die Planeten für die Deutung zweierlei Grundton, da sich bei jeder entsprechenden Wesenskraft mit Ausdruck und Richtung die beiden kreisläufigen Systeme überschneiden. Gegenstände kann man verlieren, innere Haltungen, die auf Qualitäten gründen, nicht, und der Tierkreis oder Zodiak ist, wie schon früher gesagt (vgl. Bd. II, S. 131), dem qualitativen Wesen und seinen Kräften einen Schritt näher.

Versuchen wir uns dies konkret vorzustellen. Venus im praktischen Beispiel, bezogen auf das Feld in dem sie steht, bedeutet *Lust oder Unlust* zu bestimmten Dingen, Personen und Lebensgebieten. Doch bezogen auf das Zeichen, in dem sie steht, bedeutet sie Freude als Frucht eines *überdinglichen Harmoniegefühls.* Wir sagen Gefühl in bezug auf die Stellung der Venus im Zodiak, wo es um eine harmonische Grundhaltung geht, dagegen in den Feldern symbolisiert sie ausschließlich Empfindung des anziehenden oder abstoßenden Reizes. Für beides bildet sinnlicher Kontakt das Bindeglied. Gefühlsmäßig sind natürlich Gleichmaß und Freude gefärbt durch das Zeichen. Harmonie hat demgemäß mehrerlei Entsprechungen. Mit SKORPION etwa liebt man graue Stimmungen, gedämpftes oder kaltes Licht, auch Zwielichtigkeit, Zerrissenheitseffekte, kann keine schummerige und spannungslose Harmonie vertragen, für STEINBOCK gilt das Sprichwort „sauer macht lustig“. Diese beiden Zeichen schließen den schwarzen Humor ein, ungleich dem harmlos Heiteren oder Traurigen, unzersetzt Aufbauenden bei den Gegenzeichen STIER und KREBS. Aber diese SKORPION-Freude an sowohl dezenten als auch rauhen Tönen und starken Spannungen ist etwas anderes als die am Gegenstand des venusbesetzten Feldes empfundene, wenn auch „skorpionöse", daher manchmal etwas makabre Lust. Im Erleben färbt nämlich die hintergründige Natur des SKORPION-Prinzips auf den Gegenstand ab, läßt ihn sozusagen von der auszufüllenden Lücke und vom Hintergrund her empfinden, infolge der zweiflerischen Einstellung oft im Negativum. Das Hineinlegen einer solchen Grundstimmung in die gleichwohl isoliert gesehene Sache gewährt selten restlose Befriedigung wie die naiv anschauliche Lust am Besitz eines kompakten Dings bei STIER. Bei diesem endet aber auch die Harmonie mit dem Verlust eines solchen Dings, bei SKORPION hingegen löst sein Verschwinden, die an ihm erlebte Vergängnis, mitunter umso intensivere innere Zugehörigkeit aus.

Persönliches Vollständigsein vereinigt die in den beiden Kreissystemen vorgezeichneten äußeren und inneren Beziehungen. Mit jeder Art Venusstellung lebt man sich (dem Feld nach) an Personen und Dingen dar, interessiert eingehend auf sie und liebend ihnen verbunden, manchmal instinktiv an sie gekettet. Doch im Wesen (angenähert dem Tierkreiszeichen nach) ist man nicht absolut verhaftet; wenn auch im Gefühl empirisch bedingt, sind die erlebten Qualitäten ablösbar. Auch der eigene Tod, bzw. die Beschäftigung mit Todesgedanken, gehören besonders bei SKORPION höheren Niveaus hinzu als Ablassen von den Existenzbedingungen und Eintreten in sein Wesentliches. Was dem sinnenhaft gegenständlich Fixierten eine Quelle der Angst und Sorge bedeutet, kann in qualitativer Sicht als Voraussetzung einer übergreifenden, umspannenderen Harmonie erlebt werden. Darin sind die Zeichen ungleich. SKORPION bezieht solche Zusammenhänge leichter in das Erleben ein als STIER. Freilich hängt dies von der Entwicklungshöhe ab. Auf minderem Niveau siegt auch bei SKORPION die Gegenständlichkeit und dies äußert sich dann in Unlust, Negativismus, Zersetzung oder krampfhaftem Festhalten. Wer aber im Durchdenken binnenseelischer Problematik geistig unabhängig wurde, verspürt schon mitten im Leben die hintergründige Bedeutung des Herantretenden, richtet seine Selbstverwirklichung auf das Unvergängliche aus.

An diesen beiden fixen Zeichen wird im Extrem besonders deutlich, wie notwendig es für den Zusammenhalt ist, daß wir Ausdruck und Richtung der Kräfte vereinigen, daß unser Leben gemäß der Anlagen-Doppelung von Tierkreis und Feldersystem verläuft. Bei Venus als Harmoniesymbol wird dies entscheidend. Wer sein Erleben auf körperhafte Empfindungen beschränkt, also vorwiegend „Häuserbedeutungen" lebt, befindet sich auf dem Wege zur *Depersonalisation* (Auflösung des Persönlichkeitszusammenhalts, nicht die Entpersönlichung der Mystiker). Man schwimmt dann auf der Oberfläche des für die eigene Person Bedeutsamen, verliert die tieferen und wesenhaften Bezüge, Sinn und innere Heimat, wird von überfremdenden Klischees gestempelt. So etwas vollzieht sich langsam und oft unmerklich.

Doch abgesehen von wohl verspürten Warnsignalen: wer kann denn heute persönlich leben? Ein naheliegender Einwand. Die überfremdende Gesellschaft veräußerlicht, versachlicht uns zwangsweise, sagt man, vernachlässigt die Innenwelt. Jedenfalls: wer sein Persönliches im Äußeren sucht, gibt den Verhältnissen die Vorhand. Auch wenn wir die Ausdrucksfärbung der Zeichen in die Gegenstände hineintragen, kann ihre eigentliche Bedeutung dennoch leerlaufen. Wir sind dann „frustriert" und fühlen uns zurückgesetzt, zukurzgekommen, enttäuscht, unzufrieden, auch zweckvollste Verrichtungen bleiben ohne Sinn. Wie wir im Bezug zum Außengesicht der Gegenwart sagten: auch im perfekten Wohlstand kommt das Bewußtsein persönlichen Lebens abhanden. Schließlich werden wir „displaced persons" in der normalen Umwelt.

Eine Psychologie, die von der Lust als letzter Triebfeder des Handelns ausgeht, hilft uns dabei wenig. Wir gelangen durch sie bestenfalls zur „Realitätsanpassung“, erreichen zweckdienliche Umlagerungen der Gegenstandsinteressen, seelisches „Umfunktionieren“. Wollten wir dagegen ein ausschließliches Innenleben führen, so wäre dies der umgekehrte Leerlauf. Wir stünden außerhalb der Gesellschaft, in der wir notgedrungen doch leben müssen, und wären den Dingen, die unseren Anlagen genehm sind, nicht im vollen Maß verpflichtet. Persönlich unumschränkte Macht über Dinge, welche die Gesellschaft hervorbringt, führt zu ihrem Mißbrauch, der schicksalhaft auf uns zurückfällt. Solchen individualistischen Konstruktionen gegenüber zeigt die astrologische Menschenkunde das individuelle Gefüge *auf Umwelt hin entworfen.* In dieser Hinsicht ist die Quadrantenordnung wichtig (vgl. Bd. II, S. 103 u. f., sowie Bd. III, S. 374 u. f.). Auch wenn die vorgefundene Gesellschaft nicht den persönlichen Wünschen entgegenkommt, sondern unser Ureigenes verneint, unterdrückt, setzt doch dies strukturelle Verankertsein darin uns bestimmte *Aufgaben,* die bei aller Sachlichkeit *persönliche* sind. Freilich wäre zu fordern, eine Gesellschaftsordnung solle so beschaffen sein, daß sie dem Einzelnen ohne lange zu suchen Stellenwert und Aufgabe gibt: Gesellschaft im kulturellen Gleichgewicht. Wir müssen aber vom Vorhandenen ausgehen und keinesfalls, gerade in Umbruchszeiten nicht, können wir aus sozial gebräuchlichen Begriffen unseren persönlichen Sinn beziehen. Er kann in freiwilliger Bejahung dieser Begriffe, aber auch im Umschaffen der Einrichtungen und Lebensformen liegen. Vollständiges Leben des Anlagengefüges schließt immer auch eigene Aufgaben ein.

Von hier sei eine aktuelle Erscheinung angeleuchtet, die Flucht in das Rauschgift. Befragen wir die Befallenen, meist Jugendliche, nach den Gründen, so hören wir: „Nur aus Langeweile“, „Neugier“, „Um mich anderen anzupassen und das Glücksgefühl zu erleben, von dem so viele reden“, „Sehnsucht nach einer Welt, in der alles stimmt“, „Um eine Rolle vor meinen Kameraden zu spielen, mir ein Image zu geben“. Viele sind erst durch alarmierende Artikel der Zeitungen darauf aufmerksam geworden. Immer ist das eigentliche Motiv ein Herauswollen aus sozialen Bedingungen, während das „wohin“ imaginär bleibt. Weil das Optimum in der Gegenstandswelt gesucht wird, greift man zum stofflichen Mittel, das eine bessere Welt herzaubern soll. Über die Neben- und Nachwirkungen des Mittels täuscht man sich gern. „Es schadet ja nicht“ (Haschisch im Propagandamund, entgegen neueren Untersuchungen), „Ich bin gar nicht abhängig von der Droge, kann immer noch aufhören, wenn ich will“, oder im Händlerslogan: „Gewöhnliche Zigaretten und Alkohol sind viel schlimmer.“

Unfähigkeit zur Beurteilung der eigenen Situation gehört aber schon zu den medizinisch markanten Folgewirkungen: Gedächtnisstörung, Kritiklosigkeit, Mangel an geistiger Wendigkeit, Leistungsabfall, infantiles Benehmen, fehlender Aufstiegs- und Verbesserungsdrang. Da dies Erscheinungen sind, die allgemeine Merkmale des Persönlichkeitsschwunds nur verstärkt zeigen, darf angenommen werden, daß eine Anfälligkeit oft schon *vor* dem Versuch mit dem vielgepriesenen „Mittel zur Bewußtseinserweiterung“ (nebenbei: die Sinneswelt wird erweitert, das Bewußtsein bestenfalls, wenn es Schritt hält) bestand. Als Anlage nennen Mißgünstige häufig Faulheit und Desinteressierung, verkennen aber, wieweit eine freudlose, nicht interessierende Umwelt und Tätigkeit mitwirkt, ferner, was Ursache und Wirkung ist, etwa Schädigung durch wiederholten Drogengebrauch. Die kennzeichnende Abwendung von einer als sinnlos empfundenen Gegenwart finden wir anderseits auch ohne Droge bei einem Teil der Hippies, die bewußt aus der Verdienstgesellschaft aussteigen und denen apostolische Bedürfnislosigkeit eine Überzeugungssache ist. Doch Sammelbezeichnungen sagen da nichts. Stets liegt ein Konflikt zwischen Individuum und Gesellschaft vor. Für das persönliche Intaktbleiben dreht es sich besonders in der Marskomponente darum, ob man durch Lebensweise oder Rauschgift sozialem Druck nur *ausweicht*, statt um eine Umgestaltung zu *kämpfen*.

Nutznießer bestehender Verhältnisse, „Etablierte", könnten geradezu dankbar sein, wenn revolutionäre Gesinnung sich aufweicht durch ablenkende Lustreize. Indem sie kriegerischen Impulsen ein Capua bereitet, führt Venus mit inferioren Entsprechungen zum *Verfall der Werte* und hilft beim Verlust des persönlichen Zusammenhalts. Nicht ohne Grund ist der Rauschgiftgenuß eine Massenerscheinung heutiger Jugend. Wer ins gesellschaftliche Leben einsteigen will, braucht Anregung und Befriedigung auf einem ihm gemäßen Platz, wenn er sie nicht findet und ehrlich ist, steigt er aus. Wie man das Vorhandene ändern könnte ist unklar nach einer Desillusionierung durch frühere geschichtliche Versuche. Der verspürten Dringlichkeit sozialer Umgestaltung begegnen die meisten mit verschwommenen Zielen. Wer zur „Lebenslüge" hält, ist an alledem mitschuldig und wenig berechtigt zum unduldsamen, ablehnenden Verhalten der Mehrheit gegen den saloppen Stil in Benehmen und Kleidung der Jugend, zumal gegen die an die „harten" Drogen geratenen Außenseiter. Diese kamen meist dazu, weil sie sich in der Wohlstandsgesellschaft nicht angenommen fühlten, doch Kameradschaft in einer Gruppe Gleichgesinnter fanden, zu deren Ritual der „Schuß" gehört. Der „Stoff" ist aber teuer und schwer zu beschaffen; mancher entlaufene Lehrling, dem die Arbeit keinen Spaß machte, verbraucht nun die gesamte ihm verfügbare Energie für Gelegenheiten, zu besorgen, wovon er abhängig wurde. Gewiß gibt es Auflehnung dagegen, Entziehungskuren (meist in trostlos empfundenen Anstalten), aber die Wiedereingliederung in die Gesellschaft muß vom Heimkehrer selbst geleistet werden gegen eine Mauer von Mißtrauen und sachlichen Erschwernissen. Nur völlig neue Methoden, persönlicher Kontakt, Verständnis mit Ansprechen der Freiwilligkeit, Milieuwechsel und vor allem Ermunterung des Glaubens an sich als Einzelperson können ändern, daß die Rate des Rückfälligwerdens fast 100 Prozent erreicht.

Solche Probleme, abgesehen von sozialen Mißständen, entstehen aus der Fortsetzung veräußerlichter Interessen analog einer Vorherrschaft von „Häuserfragen". Damit beginnt die Auflösung des Zusammenhalts. Es entscheidet sich in jedem von uns, ob wir den Sinn des persönlichen Daseins verwechseln mit erstrebten Dingen, die vielleicht zweckmäßig sind, doch auf Dauer nie befriedigen können. Das *Wesen* des Menschen verkauft sich damit an die *Existenz.* Wie das Beispiel des Drogengebrauchs zeigt, kann eine stofflich geweckte euphorische Stimmung in Orgasmus umschlagen, doch das Abklingen erzeugt wieder den angstähnlichen Zustand der Leere und Bestimmungslosigkeit. Mit Beschränkung auf die Außenseite reduzieren sich die Wesenskräfte zu Faktoren, die uns an die Verkörperung und ihre Vergänglichkeit binden. In dieser *leistungsfunktionellen* Betrachtung werden wir zur Nummer Soundso zwangsläufiger Sozietät. Erst die *wertmäßige* Betrachtung, wofür die zodiakalen Planetenstellungen die Ansätze bieten, schließt sich zusammen zum Bewußtsein des *Eigenwerts,* den wir als Zelle eines umfassenderen Organismus haben. Im kollektiven Austausch gibt es nicht nur Ansteckung durch Krankheitsträger, sondern auch eine umsichgreifende gesunde Ausstrahlung der wertmäßig in sich Gefestigten, allerdings weniger auffällig. Derartige „Mana-Persönlichkeiten“ setzen ihre Kräfte zur wesenhaften Wertverwirklichung ein.

Wahrnehmung und Gefühlsreaktion	☽ (Mondsymbol)
Begriffsbildung und Logik	☿ (Merkursymbol)
Daseinsgenuß und Gewohnheiten	♀ (Venussymbol)
Leidenschaften und Triebe	♂ (Marssymbol)
Wünsche und Streben	♃ (Jupitersymbol)
Schicksalserfahrung und Grundsätze	♄ (Saturnsymbol)
Wertverwirklichung aus dem Wesenskern	☉ (Sonnensymbol)

Jeder ist als Kompositum dieser Kräfte geboren und dazu befähigt, aus ihnen seine Persönlichkeit zu formen. Die Wesenskräfte sind sowohl selbständig, jede für sich genommen, als auch in gegenseitiger Abhängigkeit befindlich. Für ihren vom Kern aus geschaffenen Wertzusammenhang, die reife Menschlichkeit, gibt es im mitmenschlichen Umkreis keine Wellenlänge, auf die man nicht abstimmbar wäre. Setzt aber dieser Wille zum Zusammenhalt aus, was mit der Fixierung des Bewußtseins an äußere Dinge, die Schwierigkeit sie zu erwerben, dem Blick auf ihre Mängel beginnt, so leitet dies einen Zersetzungsvorgang ein. Die gleichfalls in jedem liegende Anfälligkeit wird verfänglich, wenn zur normalen Belastung ein außergewöhnlicher Druck hinzukommt. Meint der Ausdruck „displaced persons" Menschen, die fehl am Platze sind, so ist zu achten auf die Scheinpersönlichkeit, getragen von Verhältnissen, welche der wahren Natur unangemessen sind und die mit Änderung dieser Verhältnisse zusammenbricht.

Eine andere Version des Verlusts persönlicher Einheit ist die „Verkehrtnagelung", sind Aufspaltungen infolge Verdammung dessen, was man früher angebetet hat. Das eine der entstehenden Extreme stellt der Nihilist dar, der alles, was er heimlich noch bewundert, kraß verneint (etwa in Abwertung von Sentimentalität, schon damit nicht jemand glauben oder sagen könne, er sei sentimental). Dieser hat die Enttäuschung ob seiner Ideale vielleicht vergessen und sich umfunktioniert auf ein intellektuelles Freisein davon, seine aufklärerische Tendenz verbreitet radikalisierte Gescheitheit. Das andere Extrem ist der gemütskranke Zyniker, sozusagen die Ruine eines ehemaligen Leitbildes. Bei ihm schimmern gewisse edle Formen des einstigen Entwurfs durch, infolge Zerissenheit durch Enttäuschungen reißt er seinerseits herunter, was ihm wohlgestaltet entgegentritt (kein anderer soll auf seine Art vollkommen sein). Dies beides sind aber nicht etwa aufgelöste oder zusammenhanglos werdende, sondern vom ehemaligen Kurs zurückgestoßene und nun einseitig verkrampfte Persönlichkeiten, Karikaturen von solchen.

Um den Ausweg aus einem anhebenden Persönlichkeitszerfall zu finden, muß man sich in die Mitte *seiner* Welt versetzen. Dies ist weder die Mitte einer vom Stande der Forschung abhängigen Welt, noch heißt es egozentrisch die Umgebung für sich beanspruchen, solche Befriedigung subjektiver Absichten würde wieder zu äußeren Dingen führen. Es geht um *Selbstverwirklichung* im bestmöglichen

Auswerten seiner Anlagen, mit Bescheidung auf sie das *Eigene* ausschöpfend. Nur wer sein eigenes Wesen erfüllt, kann anderen etwas von Wert geben. Objektive Leistung ist also darin enthalten, doch existentieller Erfolg oder Mißerfolg gibt im Wesenhaften nicht den Ausschlag. Hier kommen wir zur Aufgabe des Menschenberaters. Sie besteht hauptsächlich darin, einem anderen mit angekränkelter Überzeugung von seiner Person den ihm innewohnenden Sinn aufzuschließen, indem er ihn über genaue Analyse hinweg zur Psychosynthese führt. Diesen Sinn zeigt das Kosmogramm, das die einzelnen Wesenszüge zusammengefaßt enthält. Auch jede „tote" Sache, herausgelöst aus ihrem Fürsichsein, erfüllt eine lebendige Funktion wie im Gefüge vorgezeichnet vermittels seelischer und geistiger Anteilnahme, die geweckt werden soll. Der Wert der Dinge ist freilich relativ. Was dem einen der globus intellectualis, bedeutet dem anderen ein Fußball und dem dritten eine schillernde Seifenblase. Doch eben aus dem *persönlichen Bezug* zu den Dingen geht ihr lebendiger Wert und dessen Erhöhung hervor, im „Entworfensein auf Umwelt" ist es zugleich ein sozialer Wert. Er *wird* vielmehr ein solcher durch vollständige Selbstverwirklichung. Die *Bedeutung des Einzelnen im Ganzen,* dies ist der individuale Sinn, den Sinnzusammenhang gibt die pulsierende, geistig durchgeprägte Persönlichkeit.

Und die Unkosten? Die Enttäuschungen? Die einzustekkenden Ungerechtigkeiten? Erinnern wir uns an den Satz von Nietzsche: „Wer ein Warum zu leben hat, erträgt fast jedes Wie".

Ist bei den Süchtigen der Rückgang des Persönlichkeitszusammenhangs umweltsbedingt im *Absprung,* der eine nicht annehmbare Wirklichkeit durch künstliche Paradiese zu ersetzen sucht, so führt die Flucht vor sich und seinem „Warum", der verantwortlichen Aufgabe, zur *Abhängigkeit* von äußeren Dingen. Im veränderten Verhältnis zu den Dingen, zur Umwelt liegt die Möglichkeit, herauszukommen. Nihilistische Einstellung endet stets bei der resignierten Klage „alles ist wertlos" und tatsächlich wird eine

Unzahl entwerteter und entwertender Gegenwartserscheinungen nachzuweisen sein, wo die Anerkennung eines obersten Wertes fehlt. Die Gegenrechnung liegt in Minderwertigkeitsgefühlen und es müßte heißen: „mir in meiner Wertlosigkeit erscheint nichts wert, anzustreben". Dies Urteil trifft in den Kern, von dem eine Wandlung ausgehen kann. Aber rügen wir bloß Verantwortungslosigkeit, mangelndes Pflichtgefühl, Scheu vor Anstrengung und andere Fehler, so werden wir bald von der Unwirksamkeit eines moralischen Appells überzeugt. Statt dessen wäre der gesunde Egoismus anzusprechen, nämlich dasjenige wachzurufen, was jeder sich selbst schuldig zu sein glaubt.

Etwas wie der mit Drogen ausgelöste *imaginäre Wert*, jede Rauschphantasie und illusionistische Vorspiegelung, überstuft den Genuß, das Venushafte, als inferiore Entsprechung des Neptunischen. Auch hier ist es unzulänglich, mit Hinweis auf die Schädlichkeit des Mittels eine Änderung bewirken zu wollen. Aufklärung, Warnung und Strafe, Unterdrückung beseitigen bestenfalls den „Aufhänger", es geht jedoch um den Grund des Gebrauchs. Illusionsbedürftigkeit wird auch andere Mittel finden, derer sie sich bedient. Wenn wir als Gegengift zur leeren Einbildung die *Überkompensation* gebrauchen, so treiben wir den Teufel mit Beelzebub aus. Eine an überschätzten äußeren Gegenständen, Namen, Titeln, Leistungszielen haftende Geltungssucht bleibt im gleichen Teufelskreis, überspannt nur das darin mögliche Optimum: eine inferiore Jupiter-Entsprechung. Es besagt etwas, wenn derselbe soziale Zustand sowohl den Rauschgiftsüchtigen als auch den mit Herzinfarkt endenden Manager hervorbringt; dieser nimmt auf sich und übersteigert krampfhaft die Anforderungen, denen sich jener entzieht, Hybris und Chaos bilden zwei Extreme des Persönlichkeitsschwunds.

In der Elementarbedeutung ist Neptun die höhere Oktave von Venus insofern, als diese die gesunde Harmonie im geschlossenen organischen Ganzen, Neptun das universelle Gleichgewicht symbolisiert. Die neptunische „Harmonie der Sphären" zieht uns aus der raumzeitlichen Geschlossenheit heraus ins geöffnete Universum, ihre höchste Entsprechung ist das visionäre Erfassen von Zusammenhängen und dem echten Mystiker gilt die Entpersönlichung als legales Bestandglied seines Weges zur „Unio Mystica". Die sinnliche Liebe des Venushaften überstuft sich in der transzendentalen All-Liebe des Neptunischen. Inferior, den Zusammenhang störend und zerlösend ist es nur, die Welt dinglicher Kompaktheit statt durch Verinnerlichung mit äußeren Mitteln aufheben und so die Transparenz des Gegenständlichen erreichen zu wollen.

Unverkennbar liegt bei vielen Rauschgiftsüchtigen ein „Hineinschlittern durch Verhältnisse und Umgang" vor. Bei einigen wirkt aber ein untergründiger *Trieb zur Selbstzerstörung* mit, die Pervertierung des Aufbauwillens. Das gleichzeitige Anwachsen der Selbstmordziffern, der Kriminalität und Korruption zeigt einen Zusammenhang in der Kollektivstimmung, als solche zu Neptun, der transsaturnischen Empfindungskomponente, gehörig. Im Einzelfalle genügt zum Selbstzerstörungstrieb keine aus Neptun, auch nicht in analytischen Aspekten, zu schließende persönliche Anfälligkeit. Vielmehr sind Marsaspekte, das 8. Feld, starke Betonung des Zeichens SKORPION und andere inferior gelebte „destruktive" Komponenten zu untersuchen in Verbindung mit Niveau, Gemüts- und Umweltslage. Hiermit und aus der Anamnese ist die Frage zu beantworten, wieweit ein bloßes Ausweichen, eine Flucht, eine Infiltrierung zersetzender Umweltseinflüsse oder aber eine gegen sich selbst gekehrte Aggression die Führung hat. Mehr affektiv kann auch SCHÜTZE mit beteiligt sein als jäher Fall aus idealer Höhe in Verhältnisse, die als nicht lebenswürdig empfunden werden. Derartiges erschließt sich nur aus dem *Gesamtbild* der Konstellation, wie überhaupt stets erinnert sei, daß jede Einzelaussage eine Zusammenschau voraussetzt. Nie darf man eine Erscheinung aus einem einzelnen Anzeichen erklärt glauben. In unserem Buche können natürlich jeweils nur überwiegend in Betracht kommende Komponenten genannt werden.

Krise, Verwirrung, Umbau

Mit Krise bezeichnen wir einen Zustand, bei dem man in gewohnter Weise nicht mehr leben kann und auf neue Art noch nicht zu leben weiß. Alles ist ungewiß, nur eines sicher, daß es nicht mehr so weitergeht. Insofern stellt die Krise einen Übergang dar und lebt von der Möglichkeit, ein Wendepunkt, eine Umschaltung, eine Drehscheibe zu sein. Welche Ausfahrtrichtung ist aber richtig? Diese brennende Frage wird zum Hauptthema während der Drehung. Fragwürdigkeit bestimmt vor allem jene tiefgreifenden Wirrnisse, die wir als *Existenzkrise* bezeichnen und eigentlich *Wesenskrise* nennen müßten in dem Sinne, daß das sich wandelnde Wesen zu einer neuen Form seiner Manifestation drängt. Jede Krise dringt auf Beantwortung angerührter Fragen. Es ist nicht einmal in politischen Krisen so, daß sie überwunden werden, wenn man aufhört, davon zu sprechen. Die Antwort gefunden zu haben, verwirklicht sich spontan im *Durchstoß.* Der fraglos richtige Durchstoß aber setzt voraus, daß man zum *Tief* der Krise vordrang. Erst wenn wir das Bisherige und Gewohnte bis zum Bodensatz seiner Anwendbarkeit ausgekostet und daran das Unmögliche, es weiter anzuwenden, erfahren haben, ändern wir mit voller Überzeugung den Kurs und wissen zugleich, in welcher Richtung wir weiterfahren, welcher Mittel wir uns bedienen müssen.

Das astrologische Element der Krise heißt Uranus, das *Umschwungbewirkende.* Hieran wird seine Stellung in der Elementarordnung einsichtig. Er ist der erste Transsaturnier und gilt als höhere Oktave von Merkur. Transsaturnier sind Wesenskräfte jenseits von Saturn, der Abschlußkraft eines in sich genormten Systems, begreiflich als Baugesetz der Existenzform, als Integration aller Lebensgewohnheiten und Mittel, die zur Erhaltung des lebensfähigen Ganzen notwendig sind. Der meist depressive Anlaß zur Krise bzw. ein Depressionen auslösender Vorfall rührt an das Unzulängliche der Konstruktion, diese zieht sich aber im aufgedrängten Selbstschutz krampfartig zusammen. Die

Verfassung will sich im alten Zustand erhalten, alles schon Bekannte erweist sich als ausgeschöpft, zur neuen Lage nicht mehr passend. Der saturnische Beharrungszwang, die zählebige Summe früherer Erfahrung geleitet zum Tief, das vor dem Umschwung liegt. Was in der neuen, real noch weitgehend unbekannten Lage richtig sein könnte, erscheint an bisherigen Maßstäben gemessen zuweilen absurd. Die Erschütterung von Brauch und Sitte, Gewohnheit, das Dringliche unerhörter Forderungen aber sagt uns, daß diese Maßstäbe nicht die einzig möglichen sind. Krisenfähigkeit überhaupt setzt zum Sprung über die Schatten der Vergangenheit an, heißt Bereitsein für etwas völlig anderes.

Als Äußerung einer für sich genommenen Anlage finden wir unter Uranus explosive Reizbeantwortung. Es kriselt dabei, doch die eigentliche Krise entsteht erst aus dem Bezug auf das Lebensganze: ein außergewöhnlicher Zeitpunkt im biologischen Kontinuum, der unser Wesen als ganzes zur Entscheidung aufruft. Jede Krise hat somit ihre Vorgeschichte. Geschichtlich verfolgt knackt es längst im Gebälk, bevor der Riß sichtbar wird. Im bewußten Nachzeichnen dieser Vorgänge liegt die Beziehung des Merkurischen zum Uranischen. Jenes vollzieht sich in kontinuierlicher Punkt-für-Punkt-Logik, die von Prämissen zu Schlußfolgerungen fortschreitet, dieses landet als Intuition mit kühnem Satz im springenden Punkt des Zusammenhangs. Dem Uranischen eignet also das spontane *Finden* gegenüber dem *regelhaften Erschließen* des Merkurischen. Bewegungsmäßig ergibt sich das Verhältnis von merkurisch *stetiger, schrittweiser* gegenüber uranisch *plötzlicher, schubweiser* Veränderung. Jene ist überschaubar, nachberechenbar für den empirisch gebundenen Verstand, während ein empirischer Befund für die Intuition nur Auslöser zur Deutung eines Gesamtvorganges sein kann, einschließlich transzendentaler, sinnlich nicht wahrnehmbarer Zusammenhänge. Wie die geistigen Entsprechungen von Merkur ihren Stoff aus Venushaftem, aus der Empirie beziehen, schöpfen die Funde von Uranus aus Neptunischem, aus der außersinnlichen Wahrnehmung. Dies macht das Unberechenbare des Uranischen aus. Im sozialen Leben heißt es das Verhältnis *evolutionellen Fortschritts* zum *revolutionären Umbruch.* Dieser wälzt die Konstitution um, die jener nicht antastet. Ja, unter Umständen erhalten evolutionelle Verbesserungen eine Verfassung aufrecht durch den geweckten Optimismus, daß es in gewohnter Weise weiterginge, „besser und besser", obzwar die Grundverfassung zur Lösung der Gesamtfragen bereits untauglich wurde.

Wie immer äußert sich dies auf verschiedenen Entwicklungsstufen. Der Ausdruck „höhere Oktave" enthält keine Höherwertung des Uranischen, sondern bezeichnet die Wiederkehr desselben in anderer Dimension. Die uranische Methode geistiger Erhellung ist verschieden von der merkurischen. Das Merkurische bleibt in der geschlossenen Ganzheit als deren Informator eingebaut, es betrifft lediglich darauf bezügliche Einzelheiten, das Uranische jedoch greift darüber hinweg und leuchtet das Systemganze aus einem umfassenderen Blickkreis an. Wird die merkurische Intelligenz nicht ausgebildet, so ergibt dies meistens „Blender", „Irrlichter". Uranus in höchster Potenz meint Kant im intellectus archetypus (dem urbildlichen Verstand), der von Ganzen zu den Teilen denkt, während unser normaler menschlicher Verstand nur zum analytisch Allgemeinen taugt (nachträgliche Wiederherstellung des Ganzen, aus dem zuerst die Teile herausgelöst wurden, an Hand der an diesen ermittelten Gesetze). Als Geisteskräfte können Normalverstand und Intuition (diese im Sinne Kants und Bergsons) aufeinander bezogen werden, insofern Intuitionen erhöhte Aussagekraft bekommen, wenn vorbereitet durch eine Gedankenarbeit, die kritisch klarlegt, was empirisch-logisch nicht wißbar ist; doch der Umsprung muß gelingen. In dieser aufwärtssteigenden Tendenz kann man von „überwertiger Intelligenz" sprechen, einer Geistesart, die in logischen Prozeduren nicht unterzubringen wäre. Auch physiologisch, wenn wir die Störtendenzen von Merkur und Uranus betrachten, besteht ein Zusammenhang zwischen informativ weitergeleiteten Nervenreizungen sowie einer Nervenkrise, die das Gesamtsystem ergreift.

Überwertig heißt natürlich keineswegs, daß alle uranischen Äußerungen auf höchster Stufe lägen, daß sie notwendig aus merkurisch nicht verarbeiteter Empirie hervorgingen, die Intuition also aus dem Verstand folgert. Wo Erklärungen nicht ausreichen, ist noch lange kein lösender Einfall da. Dementsprechend gibt es auch bei hochgradiger Intelligenz (mitunter eben darum, Intellekt als Intuitionssperre) inferiore Äußerungen des Uranischen, die nur Verwirrung stiften statt eine Neuerung anzubahnen. Spontane Funde gehen oft unter in Wirrköpfigkeit. Gemeinhin ist dies häufiger der Fall, wenn die Regungen auf der Gefühlsebene bleiben und dort festsitzende Gewöhnungen einen Umbruch verhindern. Alle uranischen Äußerungen haben etwas Stichflammenartiges in Tempo und Eindringlichkeit, etwas Absurdes gegenüber dem Vorhandenen, und Paradoxa bekommen eine Überzeugungskraft. Dies will freilich geistig und anschauungsmäßig gebändigt sein, um fruchtbar zu werden. Man steigt ja mit den Transsaturniern in eine weitere Dimension ein. Bei anlagemäßiger Überbetonung des Uranischen und unzulänglichem Entwicklungszustand kann es dauernd kriseln, ohne daß eine entscheidende Krise zum Durchbruch käme. Unausgegorene Probleme zeitigen nur inferiore Entsprechungen. Echte Intuition ist nicht erlernbar, man muß als Ganzer *instrumental* dafür bereit sein. Unechte Intuitionen ähneln den biologischen Blendlingen (unfruchtbares Kreuzungsprodukt verschiedener Arten), indem sie Unvereinbares durcheinanderwerfen. Doch auch leere Täuschungen (inferiore neptunische Grundlagen) können vom Evidenzerlebnis begleitet sein, wenn die Grundlage wahnhaft ist; sie wären vielleicht logisch zu entlarven, brächte man Geduld und Genauigkeit auf. Gerade diese sichere Erfahrungsgrundlage, saturnische Intaktheit, fehlt aber bei minderem Niveau. Auf der Willensebene entstehen dann lauthals aufmuckende Rebellen, voreilig, unstet in den Zielen, unberechenbar in ihren souveränen Behauptungen, Menschen mit Kurzschlußhandlungen, denen sozusagen leicht die Naht platzt, weil sie die schlußfolgernde Vernähung der Diskrepanzen nicht bewältigen.

Spannungsaspekte zwischen Merkur und Uranus gestatten darum keinen Schluß auf derartige Äußerungen, alles ist hier Sache der Entwicklungshöhe und geistig-instrumentalen Bereitschaft. Auch der umgesetzte Wissensstoff darf nicht vergessen werden. Beispielsweise finden wir Oppositionen bei Nietzsche, Voltaire, Goethe, Grillparzer und anderen, hingegen geistigen Kurzatem und oberflächliche Spritzigkeit häufig unter synthetischen Aspekten.

Im Dissonanzfall ist die Vulgärastrologie rasch mit „Irrsinn" bei der Hand. Bei allen Transsaturniern, die freilich zum Außernormalen tendieren, darf man aber höchstens von *Gefährdungen* sprechen. Genie und Irrsinn stehen außerhalb exakter astrologischer Aussagemöglichkeit. In diesem Zusammenhang gilt gegebenenfalls, was sich mehr oder weniger auf psychogene Erkrankungen und sogar „Schicksalsschläge" als Manipulationen des Unbewußten bezieht: unbewußt stellt die Seele sich Aufgaben, die sie ohne äußere Nötigung nicht erfüllen könnte, und sie verschafft sich diese Nötigungen. Es gibt Krankheits- und Schicksalsfälle, die auf eine innerlich schwebende Problematik „zugeschnitten" sind, sich an Sperrungen der Einsicht oder Blockierungen des Willens „entwickeln" und schließlich Ereignis werden. Unzutreffend wäre es, von Absicht zu sprechen, denn bewußt liegt eine solche gewiß nicht vor. Das Ereignis kann aber den Anstoß zu einer Wandlung geben. Es wird von der Tiefenperson so verstanden, *als ob* es eine *Weisung* in diesem Sinne sei. Dies ist besonders bei solchen Menschen der Fall, die man analog extrem gestellten Transsaturniern, bzw. damit gekennzeichneter Einstellung, als „Menschen an der Grenze" bezeichnet. Geht, wie es vorkommt, die Handlungsweise den Absichten oder Anschauungen verquer, so entsteht die psychologisch nicht unbekannte „Selbstsabotage".

Uranus ist in dieser Beziehung das Element der Als-ob-Logik und dies kann, besonders bei Aspekten zu Faktoren der „solaren Reihe", insbesondere Mars, unmittelbar zur Tat werden. (Über Uranus-Jupiter-Oppositionen vgl. Bd. III, ab S. 390).

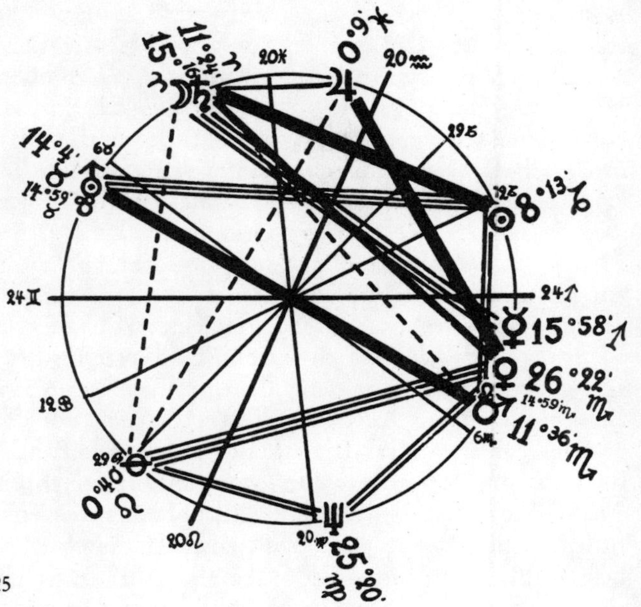

Abb. 25

Als instruktives Beispiel einer Uranus-Mars-Opposition und ihrer Auswirkung unter den genannten Umständen sei ein Ingenieur vorgeführt, der sich in seiner Lust am Autofahren gestoppt sah durch das plötzliche Versagen eines neu überholten Motors. Er ließ den Wagen abschleppen, der Automechaniker sagte nach der Untersuchung, es müsse Sabotage vorliegen: völlig verfilzt mit Schaumgummi. Nun wurde dem Ingenieur bewußt, daß er selbst dies angestiftet habe, indem er vor der Abfahrt, gegen jede technische Vernunft, wie verträumt, eine Schaumgummimatratze so hingelegt hatte, daß sie sich hineindrehen mußte. Die Selbstprüfung steckte ihm noch ein anderes Licht auf. Im Grunde wollte er garnicht mehr fahren und war dabei, den extraversiven Lebensstil abzubrechen zu Gunsten einer inneren Einkehr und neuer Zielsetzungen.

Es sei nichts gegen Autofahren gesagt. Auch soll nicht der ganze Charakter durchleuchtet, sondern nur das an der

Lebenskrise Beteiligte angeführt werden. Ein Jugendtrauma war der Tod der Mutter, ihm folgte die Verpflanzung aus dem Osten in die Verhältnisse der Bundesrepublik. Die Sonne nahe der Spitze des 8. Feldes, in Quadrat zur Konjunktion von Mond und Saturn, sagt einiges über schicksalhafte Bedingungen dieser Art. Sonne im Saturnzeichen, im Quadrat damit verspannt Saturn im Marszeichen und Mars selbst in seinem anderen Zeichen SKORPION, im Sextil zur Sonne, deutet eine zähe Durchsetzungskraft an. Das hohe Intelligenzniveau hat analog der Stellung von Merkur (sog. Geburtsgebieter) in SCHÜTZE einen idealistischen Aufschwung mit philosophischen Einschlag, was sich aber gut mit dem praktisch positiven Aszendentenzeichen ZWILLINGE verträgt, sofern das exakte Trigon von Merkur zu Mond in WIDDER zur Geltung kommt, das heißt, wenn eine emotional bejahte tätige Anwendung der Gedanken möglich ist. Anderseits entspricht dem Saturn beim Mond eine zeitweise Gehemmtheit, auch Verdüsterung des Gemüts, jäher Sturz in Depressionen sowie ein gegen oberflächlichen Umgang nicht gerade gefälliges Benehmen. Nach durchgebissenem Studium und vorübergehender Lehrtätigkeit ergab sich ein amtlicher Auftrag, Körperbeschädigte wieder in den normalen Poduktionsprozeß einzureihen. Zur Zeit beschäftigten den Mann die Mißleitung Behinderter durch bürokratische Stellen, menschliche Probleme in diesem Zusammenhang. Gegenüber seinen schwerblütigen Zügen boten sich extraversive Ablenkungen, die Motorik konnte seelisch entlastend wirken. Derartigen „leichteren Lösungen“ widerstrebte aber der Ernst des saturnisch eingefärbten Wesenskerns. Was in einem derartigen Charakter langsam ausreift, findet nicht ohne weiteres zum radikalen Entschluß, zu dem Verstand und Gefühl drängen, denn die Komponenten der Existenzachse, Sonne und Saturn, sperren sich gegenseitig. Von Sonne leitet nun ein schwaches Trigon zu Uranus, der in seiner Opposition zu Mars die Höchstspannung in diesem Gefüge angibt. Das im Venuszeichen STIER zwar zum Genuß extensiver Bewegung bei innerem Stillhalten und Abwarten neigende Umschwungssymbol trieb dennoch zur Krise, untergründig. Die aktive Entäußerung vollführte Mars, spontan, entsprechend SKORPION, mit der Tendenz zum brüsken Phasenwechsel. Die beschriebene Selbstsabotage dokumentierte eine schon eingeleitete Wendung des inneren Zustandes.

Fast minutengenau steht bei Uranus der absteigende Mondknoten. Das damit hinzukommende Motiv rührt an ein allgemeines und den meisten dunkles Problem der Deutung. Die Tradition weiß über die Mondknoten wenig zu sagen (vgl. Bd. III, S. 433). Machen wir uns klar, daß der Tierkreis als „Sonnenbahn" gilt und seine Einteilung (Zeichen) als Modifikationen aktiv gestaltender Kraft zu werten sind. Diese Sphäre wird durchschnitten von einem Kreis mit anderen Einteilungen, der als „Mondbahn" gilt. Haltungsmäßig liegt darin der Unterschied, den die Chinesen mit Yang und Yin bezeichnen, etwa die Einstellung „das tue ich" gegenüber der Einstellung „das ist mir gegeben". Beim passiv Gestaltbaren ist das Eingangstor im aufsteigenden, das Ausgangstor im absteigenden Mondknoten symbolisiert. Was das „nächtige" mehr unbewußt vegetative und stärker somatisch gebundene Leben hervorbringt, verknüpft sich im absteigenden Mondknoten wieder mit der „Tageswelt". Auch dies kann Inhalt einer Wandlung sein. Wenn wir nun hier das Umschwungsymbol Uranus finden, noch dazu im Zeichen STIER, so ist anzunehmen, daß krisenhafte Erscheinungen zum Vorschein bringen, was sich auf heimlichen Wegen des imprägnierten und traumbildnahen Gefühlslebens herausgebildet hat.

In ähnlicher Weise verdient der absteigende Mondknoten der Geburtsbilder von Strindberg (bei Venus und Saturn), van Gogh (zwischen Mond und Jupiter), Bismarck (beim Mond), Mozart (bei Uranus am Deszendenten) biographisch untersucht und deutungsmäßig beachtet zu werden (vgl. die Strukturzeichnungen Bd. III, S. 436, 434, 459, 416). Die Partnerwahl bei Mozart war demnach Ausdruck einer Krisensituation, analog dem Zeichen FISCHE in aufgelöster Stimmung der Nachgiebigkeit gegen zufällige Eindrücke.

Ein Fall der Selbstsabotage läßt sich natürlich kausallogisch schwer beweisen. Als Robert Schumann sich den dritten Finger der rechten Hand festband, um die freie Bewegung der übrigen Finger besser üben zu können (vgl. Bd. III, S. 442/43), kann die verhängnisvolle Folgewirkung, Lähmung der ganzen Hand, als unbeabsichtigter Zufall abgetan werden. Man darf jedoch fragen, ob nicht eine unbewußte Bereitschaft zum Komponisten stärker war als die Zielsetzung des reproduktiven Musikers, ein „Paganini des Klaviers" zu werden.

Jeder Durchstoß durch die echte Krise bringt eine umwälzende Strukturverlagerung bzw. Umlegung auf eine andere Äußerungsebene. Das Ich ersteht auf der Basis neuer Entsprechungen wieder, indem es ein bisher vielleicht nicht beachtetes oder berücksichtigtes Nicht-Ich in sein Leben und Streben einbezieht. In diesem schöpferischen Akt erweist sich das autonome Über-Ich. Das individuelle Gefüge ist damit nicht aufgehoben, man bleibt mit neuen Entsprechungen innerhalb seiner Konstellation. Aber auch ursprünglich Unbetontes kann als Erwerbung aus dem allgemeinmenschlichen Arsenal (der astrologischen Elementar-Ordnung) hinzukommen. Die zuvor mehr egoistisch beengte Ichheit geht in das Arbeitsfeld eines erweiterten, human vollständigeren Strebens ein. Die Zusammengehörigkeit von Uranus und Merkur kommt im Zustand nach dem Umbruch nun andersläufig zum Ausdruck. Es ist gewiß nicht leicht, was man geistig mit einem Sprung erreichte, in den kleinen Schritten des täglichen Lebens zu verwirklichen, im Verstand seine Intuitionen einzuholen. Viele scheitern daran, daß die weitere evolutionelle Entwicklung dem revolutionären Krisendurchstoß nicht gerecht wird. Sie bestehen nicht die Charakterprobe des Durchhaltens ihrer blitzartigen Eingebungen, womit sie geändert wieder zur saturnalen Geschlossenheit zurückkehren müßten, sondern erliegen früheren Gewohnheiten. Dies meint der alte Spruch, der Geist sei willig aber das Fleisch sei schwach.

Im Zeichen der Uranusstellung berührten wir die qualitative Verschiedenheit einer Krisenbewältigung. Bei allen Wesenskräften gilt ja das Zeichen als „Stilform des Verhaltens“, als „Ausdruck“. Der langsame Umlauf von Saturn (rund 30 Jahre) und der noch langsamere von Uranus (84 Jahre) macht beider Zusammenkunft zu einem Generationsaspekt. Natürlich ist dabei das Augenmerk auf durchschnittliche Äußerungen zu richten. Vergleichen wir die Generation der zwischen Herbst 1896 und Ende 1897 Geborenen, mit der engeren oder weiteren Konjunktion in SKORPION, sowie anderseits die Generation vom Sommer 1941 bis Anfang 1942, mit derselben Konjunktion in STIER, so zeigt sich im Gesamtton ein verschiedenes Verhalten im planetaren Inhalt, der Verwandlung von Tradition in Neugestalt (vgl. Bd. III, S. 356-59). Bei SKORPION tritt eine Bezweifelung der Traditionswerte hervor, der revolutionäre Schwung will alle Verhältnisse umstürzen, die Dinge werden Zielscheibe von Affekten oder bekommen symbolischen Bezug zu einer Neuordnung. Bei Uranus in STIER hingegen hält man sich an das empirisch Gegebene, möglichst in modernster Form, benutzt das Vorhandene nach Gutdünken und Bedürfnissen persönlicher Harmonie, nimmt unbedenklich das technisch Bessere und Angenehmere, ob neu oder überliefert, zur Hand; das Revolutionäre liegt weniger im Theoretischen, als im geänderten Lebensstil. Der Übergang in das Zeichen ZWILLINGE, womit die Konjunktion vom Mai 1942 bis in den Vorfrühling 1943 hineinreichte, brachte den revolutionären Schwung wieder ideologisch stärker zur Geltung (Lehrer erinnern sich auch einer wacheren Aufmerksamkeit des betreffenden Kinderjahrgangs), doch mit mehr pragmatischen Zielen gegenüber dem Übergang der Konjunktion von 96/97 in das Zeichen SCHÜTZE, die (Vorausgriffe und Rückläufigkeiten ausgeklammert) vom Dezember 1897 bis in die ersten Monate 1898 reichte und einer Verstärkung des idealistischen Aufschwungs entsprach.

Natürlich sind dies nur Allgemeintendenzen, sozusagen Untermalungen der Charakterbilder, jeweils modifiziert aus der Beziehung zur Gesamtkonstellation. Außerdem dämpft die Saturnnähe ein wenig das Sprunghafte und Extremistische, das Uranus in Spannungsaspekten oder Konjunktionen mit anderen Faktoren hat. Oft ist bei Saturn Konjunktion Uranus nur eine untergründige, sich über das ganze Leben erstreckende Dauerkrise bemerkbar.

Fordert die Krise einen raschen und radikalen Umbau, als dessen Inspirator sich Uranus erweist, so kennzeichnet Neptun, auch kollektiv gesehen, eine weitaus langsamere und sublime Umstimmung, die gelegentlich als Stimmungsgrund einer Krise einschaltet. Seltsame Vorfälle, schubartige Entwicklungen mit Ausweitung des Horizonts, wunderbare Wandlung von der Art des Damaskus-Erlebnisses kommen in der Kombination aller Transsaturnier vor, wenn sie im Geburtsbild eine hervorgehobene Bedeutung hat. Anderseits bilden diese Planeten Generationsaspekte gemäß ihrem langsamen Umlauf. Die massenmäßige Streuung wird damit größer, doch die Fälle positiven Heraustretens aus der Norm, die wir Genialität nennen, reduzieren sich auf wenige. Bei „Unterbelichteten" sind es mehr Abseitigkeiten oder Vorfälle, die sie aus dem Sattel werfen, im Ergebnis nur verwirrend. Die Einbrüche des Außernormalen stehen stets in Abhängigkeit vom Entwicklungsstand.

Wie Transsaturnier geistig und seelisch sich auslösen, ermißt die vorsichtige Deutung an dem, was erfahrungsmäßig integriert wurde, also am Saturnischen, das sie überschreiten. Mit Saturn bekommen die Lebensinhalte einen tektonisch sicheren Stellenwert im Ganzen. Sieht man die Welt nicht dogmatisch darin beschlossen, so werden die Transsaturnier zu Organen der Erweiterung, wenn auch die betreffenden Erlebnisse nicht ohne kritische Geistesschulung den passenden Begriff liefern. Die meisten begnügen sich mit Andeutungen, wie die überraschende Sache liegen könnte, manche lassen sich vom Unerwarteten forttreiben, viele bleiben vor dem Rätselhaften stehen und starr beim Alten Verharrende verdorren oder werden zerbrochen.

Interessant ist das Studium der zwischen 1906 und 1913 Geborenen, bei deren Geburt enger oder weiter Uranus in STEINBOCK in Opposition zu Neptun in KREBS stand, zuletzt Uranus in WASSERMANN in einem plaktischen Aspekt (s. Bd. I, S. 251). Es ist ein Generationsaspekt und natürlich kann man der ganzen Generation weder Wirrköpfigkeit noch Genialität nachsagen. Individuell kommt es darauf an, wie die Opposition zu den anderen Faktoren des Geburtsbildes steht, der stark kollektive Bezug der Transsaturnier macht die geschichtliche Situation wichtig, ob der Betreffende in einem Brennpunkt des Allgemeingeschehens lebt und wieweit er hineingezogen wird. Bei uns ist es die Generation, die besonders intensiv an den Umwälzungen der 30er und 40er Jahre teil hatte, am zweiten Weltkrieg und seinen Vorstufen, in anderen Erdteilen stand der Abbau des Kolonialismus an der Tagesordnung. Im Zeitgeschehen vollzog sich ein Umbau aller Verhältnisse. Die individuellen Abwandlungen des Erlebens — Illusion, Berauschung, Voreiligkeiten, verstiegene Ziele oder realistische Deutung und sinngemäßes Erfassen des Außerordentlichen — bestimmen sich aus dem Niveau, auf dem die Spannung gelebt wurde, schicksalhafte Verflechtungen aus der individuellen Struktur. In jedem Falle der genannten Opposition befindet sich das umschwungbewirkende Symbol in Gegensatzspannung zum visionären oder gefühlsromantischen Überschreiten bisheriger Grundsätze und Grenzen.

Selten, wie gesagt, kommt es zum Oktavensprung weltweiter Sicht gegenüber der egozentrischen Enge des Nahblicks auf die Ereignisse. In diesem, dem häufigeren Fall, drängt sich Ausdrucks- und Temperamentsform der Zeichen vor, hier die harte Tatsächlichkeit von STEINBOCK gegen psychische Uferlosigkeiten aus KREBS. Generationsaspekte bezeichnen daher oftmals nur die verdeckten Spannungen eines Umbaues, an dem der Einzelne teil hat ohne daß er weiß, warum, und wohin der geschichtliche Kurs geht.

Die längsten uns bekannten Umlaufsperioden haben Neptun und Pluto. Werfen wir einen Blick auf die letzte der seltenen Konjunktionen, 1889-1893, im Zeichen ZWILLINGE. Darin signalisiert sich ein merkwürdiger Umschaltepunkt der Geistesgeschichte. Rimbaud starb im Spital, van Gogh erschoß sich, Nietzsche wurde wahnsinnig, auch bei anderen Außenseitern des Jahrhunderts riß der Faden ab. Gleichzeitig wurden Chagall, Kokoschka, Dix und viele andere geboren, welche das ästhetische Gesicht der Zeit veränderten, wenn wir die Spanne größer nehmen die ganze Generation der Neuformer, viele Erfinder und Baumeister, Philosophen wie Heidegger, auch Hitler, Himmler, de Gaulle, Mao-tse-tung, Tito, Franco, Mussolini, die politisch, oder Soldaten wie Eisenhower, Rommel, die militärisch die Weichen umzustellen versuchten. Plutonische Umgestaltung mit drastischen Mitteln realisierte neptunischen Atmosphärenwandel, man kann auch sagen die geistbeschwingte Illusion des Zeitalters. Solche mit weiter Streuung zu verstehende Umschaltpunkte, deren völliges Begreifen eine rhythmologische Geschichtsbetrachtung verlangt, verwirklichen sich bei den Wissenden wie bei den Mitgezogenen mit ihnen angemessenen Entsprechungen, stärker oder schwächer spürbar.

VORZÜGE, ERGÄNZUNGEN

Wenn ich hiermit den ersten, Verfehlungen und Mängeln nachgehenden Teil meiner Darlegungen beende, heißt dies keineswegs, daß sämtliche Übelstände aufgezählt wurden. Etwas Prinzipielles zum astrologischen Thema ist aber wohl am Bisherigen klar geworden. Geht unser gewohntes, empirisch verhaftetes Denken an solche Übelstände heran, dann bringt es sie auf ein paar Ursachen, deren Behebung auch die Beseitigung der Mißlichkeiten verspricht. Diese in der äußeren Leistungswelt anwendbare Regel versagt im Menscheninneren. Hier handelt es sich um dispositionelle Ursachen und die Astrologie erklärt uns, daß sie im konstellativen Verhältnis der Wesenskräfte begründet lägen. Nicht aber einzelne Komponenten der Geburtskonstellation können für das Übel haftbar gemacht werden, sondern ihr Gebrauch, eigentlich der Gebrauch aller. Das Übel jeder Art steckt in den *Entsprechungen*, mit denen die Kräfte ausgewirkt werden. Das individuelle Kräfteverhältnis können wir nicht ändern, wohl aber die Auswirkung und darin hängen alle Kräfte zusammen. Die mit der Geburtskonstellation vorgezeichneten Probleme müssen gelebt werden, doch ihre Lösungen haben wir in der Hand bezüglich selbst eingesetzter Entsprechungen und damit können wir Mängel in Vorzüge umwandeln. Wollen wir den Tatbestand der Welt ändern, so beginnen wir füglich bei uns selbst. Erst so erhalten wir einen Maßstab, auch andere richtig zu beurteilen und zu beraten. Richtig oder falsch heißt in diesem Zusammenhang, die Kräfte auf Dinge zu richten, welche der wesensgemäßen Forderung standhalten oder nicht.

Warum sollen wir uns auf diese Weise anstrengen? Um unserer selbst willen. Was Kollektiv, Partner, erreichte Machtstellung und die Resonanz auf unsere Ausstrahlung bewirken, ist die eine Seite, und das, was man sich selbst verdankt, was den Sinn einer Aufgabe ausmacht, die andere. Dieses innerste Anliegen, der modus vivendi der Persönlichkeit, spiegelt sich freilich normalerweise am Äußeren. Der Vergleich mit anderen, der Rang den wir uns geben im Wettbewerb, kann anspornen, aber auch seelisch krankmachende Bazillen züchten. Die Rangfrage der Persönlichkeit kann sogar zur Neurosenursache werden: wer einigermaßen persönlichen Ehrgeiz hat und in seiner Besonderheit anerkannt sein will, beschränkt sich schwer auf unpersönliche Arbeit, die lediglich an Nutzen und Brauchbarkeit gemessen wird wie eine Autobahn. Ist man irgendwie auf ein *Werk* eingestellt und will *sich* darin fortsetzen, dann beruhigt sich diese Zielvorstellung nicht an Titel und Lohnsätzen, sondern am Verspüren des Sinnvollen und Richtigen. Man gerät daher in einen neurotischen Konflikt, wenn man durch Zwang auf ein „nichts an Persönlichkeit“ gedrückt und darin niedergehalten wird.

Freilich liegen dann auch äußere Ursachen im Tätigkeitsbereich. Die gesellschaftlichen Verhältnisse unserer Zivilisation steuern mehr und mehr auf ein Auslöschen der Persönlichkeit hin. Dies und der Fortfall einer Glaubwürdigkeit jenseitiger Heilsversprechungen kennzeichnen den herrschenden Nihilismus. Er herrscht aber durch Menschen, die ihn leben, nämlich die Zugkraft von Dingen, deren im Verbessern der Lebenstechnik übermäßig hochgespielter Wert ein negativer für den inneren Aufbau ist. Was Bestand hat, wird am höchsten Wert gemessen, den man sich gibt. Wir entkommen diesem Teufelskreis durch Ernstmachen mit dem, was uns *wert und würdig ist zu tun*, wofür wir allerdings weder Anerkennung durch die Mitwelt, noch vollkommene Befriedigung in sozial nützlicher Tätigkeit erwarten dürfen. Kommt das Glück der Resonanz hinzu, dann ist es Begnadung, doch im Streben darf es nicht den erwartungsmäßigen Vorspann bilden.

Damit soll keine neue Moral verkündet werden, am wenigsten eine individualistische. Zur Individualität gehört der revidierten Astrologie zufolge ein Entworfensein auf Umwelt. Das von innen gespeiste individuelle Bewußtsein wird damit zum Träger der sozialen Weiterentwicklung. Doch betreiben wir Astrologie weder als Soziologie-, Psychologie- noch Religionsersatz. Geboten ist vielmehr im jetzigen Stand der Untersuchung die Frage nach den Auftriebsmöglichkeiten derselben Elemente, die mißleitet, wie wir sahen, am Abgleiten mitwirken. Gibt es disponible Kräfte, dann für jeden in anderer Wesensart, sodaß schon aus Gründen der *Selbstverwirklichung* das Verlangen entsteht, sie aufzuschließen. Wir fügen hinzu: zur *besseren* Selbstverwirklichung, denn dies umschreibt das unkündbare Positivum der menschlichen Unruhe.

Ein heute gebräuchlicher, noch zu erklärender Ausdruck besagt: zur weitergeführten *Individuation.* Dies Wort enthält eine Abkehr von Massenvertröstungen, legt die Verantwortung in den Einzelnen. Wir müssen aber zuerst erfassen, daß Individuation etwas anderes bedeutet, als nur „sich leben". Sich individuell ausleben heißt noch lange nicht, *aus sich leben* im Vorzug und Sinn des eigentlichen Selbst. Im kosmischen Geborgensein aller Individuen ist der Einzelne ein Sonderfall des Verhältnisses zwischen Ich und Du, das Selbst das Zünglein an der Waage dieser Koexistenz oder in umfassenderer Ausdrucksweise: ein Ausschnitt der Weltseele. Indem ich mein Wesen aus den Wurzeln meines Hineingeborenseins in diese meine Existenzform verwirkliche, bin ich zugleich Sachwalter von Tendenzen, die weit über mich hinausstreben. Mein Bestes schöpfe ich aus mir, verwirkliche es aber auf vorgezeichneten Linien der Konstellation. Die determinierte „andere Seite" meiner Existenz kommt auch unfreiwillig als Schicksal auf mich zu. Freiwillig ergriffen und sozusagen das Befremdende am Schicksal aushebelnd, wird es dasjenige, was mir sinnvolle humane Aufgaben steckt, über naturgeschöpfliches Hinvegetieren hinaus.

Wesenhaft die Dinge sehend bekommen wir ein Verhältnis zur Konstellation, worin wir nicht mehr ein Äußeres erblicken das auf ein Inneres determinierend einwirkt, auch kein Inneres, das gehorchend und duldend sich in ein Äußeres hinein begibt. Wir sehen ein Gleichnis der Wirklichkeit, die beides umfaßt. Die Entwicklungshöhe, auf der wir es verwirklichen, steht uns frei. Was wir aber daraus machen, bleibt prinzipiell im Rahmen, der uns konstellativ gegeben ist. So verstehn wir also die Deutungselemente in einem anderen Licht, als wenn *dort* Gegebenheiten lägen, die wir *hier* so oder so deuten. Wir sehen unser Selbsteigenes gespiegelt und die ins Stoffliche projizierten Inhalte treten uns von außen entgegen. In den Häusern und Tierkreisbildern überschneiden sich zwei kreisläufige Systeme, welche den Mittelpunkt gemeinsam haben, und dieser Mittelpunkt ist unser Selbst. Somit lagern sich zwei Systeme über dieser Selbst-Mitte, von denen das eine die Interessenverwirklichung in der gegenständlichen Welt betrifft, das sind die Häuser, das andere die Art und Weise des Ausdrucks uns allen gemeinsamer, zur individuellen Struktur gefügter Kräfte, das sind die Tierkreisbilder. Unser Individuelles besteht darin, daß bestimmte Abschnitte mehr betont sind als andere und aus der Anordnung sich Verwicklungen oder Begünstigungen ergeben. Latent aber haben wir *alle* Richtungs- und Ausdrucksmöglichkeiten des Menschen, ja der lebendigen Natur überhaupt, in uns. Aus dem gemeinsamen Mittelpunkt der beiden kreisläufigen Systeme erschließt sich ein überindividueller Weg; da es sich bei den individuellen Eigenheiten um Differenzierungen einer Gemeinsamkeit handelt, führt die Konzentration auf die Mitte — und das bedeutet stetiges Aufmerken auf das Wesentliche — zum Einswerden mit dem Schöpfungsursprung alles Lebenden.

Das ist der Sinn der Selbstbeobachtung zur Lösung der Frage, wie die Individuation weiterzubringen sei. Die Anleitung dazu verlangt von uns eine Verfeinerung der Deutungstechnik durch vertiefte Kenntnis der Elemente.

Physiognomische Außenseite und Wesenskern

Zur groben Verbreitung astrologischer Begriffe rechnet die häufig gehörte Aussage „ich bin ein Schütze", oder „ein Krebs", „ein Steinbock" usw., beurteilt allein nach dem Geburtsstand der Sonne in einem der 12 Tierkreiszeichen. Man glaubt damit hinreichend eine Wesensart bezeichnet zu haben. Auf dem einseitigen Gebrauch dieser ältesten Typologie gründet sich oft zu Unrecht die Meinung, daß an der Astrologie etwas daran sei. Die Charakterwirklichkeit erbringt aber genügend abweichende und manchmal gegenteilige Beobachtungen. Die hauptsächliche Unterlassung besteht im Nichtberücksichtigen des *Aszendenten.* Dies ist bekanntlich der Einsatzpunkt der 12 Felder oder Häuser, der Tierkreisgrad, der bei der Geburt am Osthorizont aufsteigt (vgl. Bd. II, S. 259). Natürlich benennt auch dies nur einen Faktor im Gesamtgefüge. Hat man jedoch den Unterschied der beiden kreisläufigen Systeme im Auge (Tierkreis als unmittelbarer Ausdruck der Wesenskräfte, Felderkreis als ihre Ausrichtung auf die Gegenständlichkeit der Welt), so kommt dem Aszendenten eine besondere Geltung zu. Dieser Schnittpunkt der beiden Systeme bezeichnet gleichsam die „Haut" vom Menscheninneren her gesehen, die Abgrenzung der Person gegen die Welt.

Gemäß dem Aszendenten tritt der Mensch physiognomisch in Erscheinung. Physiognomik als Lehre behauptet eine merkmalsmäßige Beziehung des äußeren Erscheinungsbildes zu inneren Eigenschaften, sie sucht die Wesensart aus Wuchs und Gestaltbau, insbesondere den Gesichtszügen zu erschließen. In diesem engeren Bezug beschränkt sie sich auf anatomische Dauerbildungen wie Knochen, Muskulatur, Fettpolster usw., in einer weiteren Sicht beurteilt sie die Dinge ganz allgemein aus ihrer Signatur. Auch die Handschrift ist eine solche Signatur, hängt doch schon dies Wort damit zusammen in Kennzeichnung eines bestimmten Gehalts und Zustandes. Das Äußere wird im Physiognomischen als Anzeichen des Inneren genommen. Über die statische Betrachtung hinaus betrifft der Aszendent auch die Ausdrucksdynamik und zwar weniger die abgeleitete, etwa Handschrift, als die Mimik oder wechselnde Gesichtsbewegung in ihrer persönlichen Eigenart, ferner Gangart, Gebärde, Sprechweise. Es gehören dazu psychophysische Zusammenhänge, Ansprechen auf Reize in der Empfindung, durch Bewegung kundgegebene Gefühle, insgesamt die unreflektierte Reaktion auf die Außenwelt.

Ziehen wir alles in Betracht, was schon in Bd. II, S. 80, 145ff., 165/66, 259/60, 318/19, vom Aszendenten gesagt wurde, so gibt uns das Zeichen am Aszendenten in seinen physiognomischen Entsprechungen darüber Auskunft. Dies bildet allerdings erst die Untermalung der Erscheinungswirklichkeit, abwandelnd treten Planeten an den Eckpunkten hinzu, besonders am Aszendenten und im Medium Coeli. Einiges darüber wurde in Bd. I, in dem S. 96 beginnenden Kapitel „Planeten-Signaturen“ angeführt, weiteres folgt später. Zunächst aber sei die Bedeutung des Sonnenstandes gegen den Aszendenten herausgehoben.

Sprechen wir in diesem Zusammenhang vom Sonnenstand als dem Wesenskern, so meinen wir denselben Menschen im *schöpferischen Ursprung seiner Existenz.* Im Gesamtgefüge ist dies dasjenige, was die einzelnen Wesenskräfte zusammenfaßt, sodaß damit das *Gesamt-Potential* in Kraft tritt. Von der Mitte des Wesens aus ergreifen wir die Fülle des Daseins, gestalten es in souveräner Haltung und Wertrichtung. Wir folgen dann unserer ursprünglichen Erregung unbekümmert um abwarnende Eindrücke und die daraus aktualisierten Veränderungen. Nicht also das äußere Gehabe ist gemeint, analog dem mitbekommenen Körperbau, seine Gestik, nicht akzentuiertes Unterstreichen oder auch Begrenzen des Verhaltens analog dem Aszendentenzeichen, auch nicht der Niederschlag gehirnlich festgesetzter Erfahrungen, sondern das, was letzthin *die Art zu handeln* von innen heraus bestimmt, was uns wert und würdig ist zu tun. Diese Kernhaltung zeigt sich in der aktiven Begegnung mit der Umwelt, absehend von Modifikationen. (Fr. Krueger bezieht Gemüt und Gewissen in die Kernschicht ein, dies wäre in astrologischer Sprache ein Hinzutreten von „Mond“ und „Saturn“ in ihren obersten Entsprechungen). „Sonne“ bedeutet als Willensbereich mehr das wertgerichtete als das intellektuelle Wollen (von F. Tönnies als Wesenswille und Kürwille unterschieden), den Lebens-Grundantrieb, aus dem man sich selbst etwas schuldig zu sein glaubt und dafür die Verantwortung übernimmt.

Mit Aszendent und Sonne stehen sich somit das persönlich zwanglose aber in gewissem Sinne der Umwelt ausgelieferte Gehabe, sowie anderseits der selbstverantwortlich gesteuerte Lebensstil gegenüber. Wir sprachen von den Tierkreiszeichen als von Stilformen, nun bekommt dies erst seine richtige Bedeutung: im Aszendenten haben wir den Stil der ungezwungenen Reaktion auf die Außenwelt, im Zeichen des Sonnenstandes den von innen kommenden wesenhafteren, weil im Kern und letzten Seinsgrund „gewollten" Ausdruck. Beides spielt natürlich ineinander. Kann zwar das im Aszendenten verankerte Temperament kaum verändert werden, so geht doch die Reaktionsweise in diesem Rahmen durch *Steuerung von innen her* auf äußere Tatsachen ein.

Beispielsweise besteht beim Aszendenten WAAGE eine Verletzlichkeit, sobald das Gleichgewicht gestört wird und oft genügt dafür schon etwas ästhetisch Unerwünschtes. Durch die Frage, was dagegen zu tun sei, wird das Zeichen des Sonnenstands aufgerufen, diese Antwort der vitalen Wesensart bekommt man ferner analog der Marsstellung sozusagen in den Griff. Zur zwanglosen Reaktionsweise (eigentlich paradox: daß der Mensch sich ungeniert so oder so äußert, ist ja festgelegt im Aszendentenzeichen) tritt also gezwungenermaßen eine Gegenwehr hinzu, die unter Umständen anders aussieht als das sanfte Gleichmaß und die beschwingte Anpassung, die man im ungestörten Fall unter WAAGE antrifft. Die Gegenwehr wird bei anderem Sonnenzeichen für den Aszendenten untypisch, wenn dieser auch die *Bekundung* des Kerns mitbestimmt; denn WAAGE bleibt WAAGE. Wie der Eindruck gedanklich verarbeitet wird, hängt wiederum von der Merkurstellung ab. Bei ständigem Gestörtsein (etwa langfristig beschränkte Freizügigkeit, bedrückte Umweltsatmosphäre) spricht Saturn mit, seine harmonische oder dissonante Stellung macht sich bei dieser Geduldsprobe bemerkbar, usw., kurz, im reagiblen Subjektsein des Aszendenten wird sukzessive das Gesamtgefüge zum Einsatz gebracht. Mit dem gestaffelten Einsatz verändert sich die Reaktion, umso mehr also, je tiefer ein Ereignis in den Kern der Person dringt oder an andere Faktoren des Gefüges rührt. Bei Ansammlung vieler Planeten in einem andersartigen Zeichen verfärbt sich auch das Aszendenten-Temperament. Welche Maßnahmen bei totaler Erregung ergriffen werden, entscheidet sich letztendlich aus dem Wesenskern, das heißt es erfolgt gemäß den im Sonnenstand zusammengefaßten Stellenwert der psychophysischen Organe.

An diesem Beispiel ist die Problematik zu ermessen, die ein aspektmäßig isolierter Sonnenstand mit sich bringt; die zentrale Steuerung findet dann schwer Handhaben, einzugreifen, und was der so beschaffenen Persönlichkeit zustößt, zerfällt gar leicht in Teilerregungen ohne Zusammenhang. Bei Sonne in sensiblen aber passiven Zeichen wie KREBS und JUNGFRAU rettet sich die Abwehr in verstärkte Introversion, um angestaute Fremdreize besser zu verarbeiten. Derselbe WAAGE-Aszendent bekommt dann ein anderes Gesicht als bei voll aspektierter Sonne in SCHÜTZE oder WASSERMANN. Aber dies bezeichnet natürlich nur die Erscheinungsseite, nicht etwa darf bei „unaspektierter Sonne“ ohne weiteres auf einen kranken Wesenskern (eine Kernneurose) geschlossen werden.

Für die vom Mittelpunkt zum peripheren Leben drängenden Gefühle ist der Mondstand samt Aspekten bedeutsam. Versagt beispielsweise bei inaktivem und isoliertem Wesenskern die zentrale Steuerung, so kann durch anpassende Auflockerung analog dem Zeichen der Mondstellung sozusagen immer wieder das Ventil abgelassen werden, bevor der Kessel platzt. Wir erhalten einen Einstieg in die zusammenhängende Deutung, wenn wir auf diese Weise den Aszendenten mit den beiden Haupt-Lebenssymbolen vergleichen, wobei für Entsprechungen von Sonne und Mond immer auch das Geschlecht ausschlaggebend ist (Sonne beim Mann, Mond bei der Frau primär).

Wie liegt es nun, wenn die Sonne sich am Aszendenten befindet (Geburt bei Sonnenaufgang) und, um die Fragestellung zu komplizieren, auch der Mond im selben Zeichen steht? (Neumond). Die Stellung der Sonne am Aszendenten hatten wir schon gedeutet (Bd. III, S. 34) als *Identifizierung des Wesenskerns mit der Eigenperson*. Die Eigenperson wurde im empirischen Äußeren verstanden, analog der Sonne geht damit auch der innere Antrieb konform. Naturgemäß fällt es dem so Konstellierten infolge Gleichheit des Ausdrucksprinzips schwer, einen Abstand der inneren Antriebe gegenüber Augenblicksreaktionen zu erreichen. Erschwerend kommt hinzu, daß die Gemütsart in gleiche Richtung weist. Sprechen wir aber summarisch von „Egozentrismus“, so führt die Ähnlichkeit des Wortes mit „Egoismus“ leicht irre, dies widerspräche der weltoffenen Haltung von Zeichen wie WAAGE oder FISCHE. Der Sachverhalt birgt begrifflich mehrerlei.

Wieder sei als Beispiel der Aszendent WAAGE genommen. Der Sonnenstand im selben Zeichen fordert bei Störungen des Gleichgewichts einen totaleren Ausgleich, verlangt, daß *Harmonie in gleichmäßiger Ausbildung des ganzen Persönlichseins* begriffen und realisiert wird. Dies hieße totale Anspannung des Willens, um Ausgleiche nach allen Richtungen zu erzielen. Voraussetzung ist zuerst die *Entschlossenheit* dazu und der Wille (Wesenswille!), persönliche und überpersönliche Ausgewogenheit im gesamten Leben zu erreichen. Was davon schon verwirklicht wurde, ist astrologisch unberechenbar, hier liegt eine Aussagegrenze. Die meisten unter dem Aszendenten WAAGE Geborenen warten einfach ab, bis sie wieder in Einklang mit der Umgebung stehen, was dieser einen gewissen Vorrang gibt. Dann ist der Vorwurf der Oberflächlichkeit gerechtfertigt. Doch der Wesenskern will nicht nur von außen getragen sein, die sinnliche Ansprechbarkeit soll mit dem, was als Herzenssache gilt, konform gehen. Introversion, Zurückziehen bei Konflikten subjektiver Wünsche mit der vorgefundenen Situation wären für WAAGE eine unechte Haltung, die nur Minderwertigkeitsgefühle ernährt. Der gesuchten Übereinstimmung genügt bloße Anpassung an äußere Tatbestände ebensowenig als solches Ausweichen, zumal der Mondstand im selben Zeichen nur Lösungen aus emotionaler Stellungnahme zuläßt. Einem derartigen Konflikt kommt die Volksweisheit aus dem Reich der Mitte zu Hilfe. Nach einem chinesischen Sprichwort bleibt immer etwas zu tun: man kann die Lage ändern oder, wenn dies nicht geht, seine Einstellung dazu. Da es sich um ein luftiges Zeichen handelt, Geistbeschwingtheit der sinnlich angeregten Reaktion, bekommt das Intelligenzsymbol hierfür eine erhöhte Bedeutung (Merkur kann in Anbetracht der Elongation in JUNGFRAU, WAAGE oder SKORPION stehen). Das heißt: die kritische oder kombinative Urteilskraft sollte dahin entwickelt und stets aufs neue angespannt werden, auch in unerwünschter Lage zum Überblick und damit zum Gleichgewicht zu finden. Dann erhebt sich die Persönlichkeit vom Kern aus über die Tatsachen und kann sie benutzen, statt ihnen zu erliegen.

Bei jedem Zeichen liegt es anders. Das gebrachte Beispiel der Übereinstimmung von Sonne und Aszendent betrifft nur einen aus 12 Fällen, bei Sonnenstand in einem anderen Zeichen mutipliziert sich dies mit 11 = 122 Fälle, diese kommen hinzu. Beispiele dienen lediglich zur Erläuterung der in der Kombination einzuschlagenden Methode. Inneres mit Äußerem verbindend gestaltet sich der Aszendent zur Persona um (vgl. Bd. II, S. 318), die aber nicht etwas Gemachtes und bloß Aufgesetztes ist, nicht C. G. Jung gemäß ausschließlich auf das Verhältnis zu den Objekten bezogen. Zwar dem Äußeren zugewendet, handelt es sich nicht um einen „mehr oder weniger zufälligen oder willkürlichen Ausschnitt aus der Kollektivpsyche“, eine Maske, „die Individualität vortäuscht“*. Vielmehr geht dabei Angeborenes in das Charakterbild ein zusammen mit verarbeiteten Eindrücken, durch die so erworbene Stellungnahme tönt die Kernhaltung merklich hindurch.

Je nach Zeichen und Aspektierung stellt sich also bei jedem Sonnenstand immer wieder anders die Frage: wo liegt das Zentrum der schöpferischen Lebensgestaltung und

* Citate aus C. G. Jung „Die Beziehung zwischen dem Ich und dem Unbewußten“, 1928, Otto Reichl Verlag Darmstadt.

wie verhält es sich zur ungezwungenen Reaktionsweise analog dem Aszendenten? Bei Stellung am Aszendenten geht dies am engsten zusammen und man kann von Kernreaktionen sprechen. Ähnlich liegt es bei den anderen Wesenskräften. Ist der Aszendent durch Planetenbesetzung betont, so wirkt sich die betreffende Wesenskraft in ihrer Eigentümlichkeit unmittelbar aus. Sogar Saturn bekommt etwas Spontanes. Einschließlich dieser „Erstreaktion" steckt nun im Gehabe dasjenige, was über die personale Bezüglichkeit des 1. Feldes gesagt wurde (bei Abstand des Planeten vom Aszendenten getrennt zu beobachten). Hier ist man sich selbst Bezugsperson. Dies führt besonders bei Sonne zur besagten egozentrischen Grundeinstellung, bei Mond zum Egozentrismus der Gefühle usw. Jedoch mit wachsender Verfügung über die Wesenskräfte kann man darüber hinaus dringen, indem man sich als Modellfall der Menschheit erlebt, bezogen auf das betreffende Symbol; bei Saturn etwa macht man dann nicht nur „seine persönlichen Erfahrungen", sondern die Persönlichkeit wird sozusagen zum Prüffeld des Erfahrbaren überhaupt. Diese „Genialisierung", welche die Gesamtheit des Wesens aufruft, ist freilich nicht aus dem Kosmogramm ersichtlich; sie muß jedoch bei der Aussage als „Chance", als Möglichkeit, offen gelassen werden. Sonne am Aszendenten bedeutet dann, daß jemand in Beobachtung und Ausprobung seiner Kernreaktionen zu wesenhaften Unternehmungen kommt.

Hinsichtlich des Verhältnisses von Introversion und Extraversion, wie vorhin im Beispiel der Sonne in KREBS oder JUNGFRAU bei Aszendent WAAGE berührt, entstehen Komplizierungen, aber keine unlösbaren. Man vergegenwärtige sich die vorkommenden Kombinationen und denke sie durch. Soll beispielsweise die lebenspendende Mannigfaltigkeit des zentral betonten KREBS-Prinzips, so anregsam wie sensibel, unverkümmert hervorkommen und sich in seiner Zartheit durchsetzen, so scheint dies schwierig zu sein bei einem Aszendenten in WIDDER. Der nach außen gerichtete Aktivismus dieses Zeichens verliert aber etwas von seiner Tendenz zu Angeberei und Imponiergehabe und begnügt sich mit der lebensfrischen Äußerung. Vor allem ist das kombinatorische Verhältnis der Zeichen und Felder zu beachten. Eine KREBS-Sonne steht bei Aszendent WIDDER nahe dem unteren Meridian, meist im 4. Felde. Die passiv-empfängliche Kernhaltung gibt sich sinngemäß als stilles Wirken im häuslichen Umkreise aus, unbeschadet spontaner Äußerungslust in herausgeforderten Reaktionen. Während so die Stellung am unteren Meridian der Introversionsneigung entgegenkommt, ist es anders am oberen Meridian und im Fall des Aszendenten WAAGE. Mystische Neigungen, Naturliebe sind beruflich schwer unterzubringen, die Weichheit und Nachgiebigkeit von KREBS zieht den Kürzeren, wo es auf Ellenbogen ankommt. Das Psychagogische und Fürsorgliche aber, die einfühlsame Personbehandlung, auch das Haushälterische des KREBS-Prinzips läßt sich in mannigfachen Aufgaben vereinigen mit der empfänglichen Reagibilität von WAAGE. Ob der Unterhaltung, dem Vertrieb, der Pflege bedürftiger Familienglieder oder einer ernsten sozialen Mission dienlich, braucht dies sensitive Prinzip öftere Wendungen, wechselnde Gesichter, führt außerdem seine „kardinalen" Zielsetzungen auf dem Wege des geringsten Widerstands durch. Bei aller Preisgabe an äußere Dinge soll die Eigenatmosphäre gewahrt bleiben. Die selbstverzärtelnde Rückzugsbereitschaft des Zeichens aber verbietet sich, will man dem hervorgehobenen Ort des Wirkens gerecht werden. Im öffentlichen Wirkungskreis des 10. Feldes ist also Introversion etwas anderes als im 12. Felde, wohin die Sonne in JUNGFRAU bei Aszendent WAAGE meist zu stehen kommt, hier fordert die Selbstbewahrung eine gewisse Zurückgezogenheit.

Wie auch der Aszendent heißen mag, kulminiert die Sonne, so will der Eigenwert sich im äußeren Wirken kundtun, wenn er nicht *übertragen* wird auf den Gatten, einen angebeteten Führer oder verehrten Chef, um Bestätigung aus zweiter Hand zu erreichen. Gegenläufig zu solcher Übertragung und anderen Ablösungen mangelnden Selbstvertrauens verhält sich der *Charakterprotest.* Der haltungsmäßige Unterschied zwischen Aszendent und Sonnenstand kann nach langer Zurücksetzung und Anpassung, welche das Charakterganze verfälschten, plötzlich unausgewirkte Züge zum Vorschein bringen. Dies kommt besonders bei einer Quadratur der Sonne zum Aszendenten vor (anders als bei Aspekten zwischen Planeten ist der Aszendent nur Empfänger, nicht Aussender), die ja meist Zeichen *leidender* und *tätiger* Form (vgl. Bd. II, S. 83/84) in Beziehung bringt. Unterlassungssünden schlagen in krasse Gegenschläge um, zurückgestaute Impulse der Selbständigkeit durchbrechen das gewöhnlich zur Schau getragene Verhalten.

Ein Beispiel aus der Intimsphäre. Ein Mann beschwerte sich empört über die Gefühlskälte seiner Frau in einer Situation der Annäherung, da sie mit einem Blick auf die Uhr ihn aufforderte: „mach rasch, in einer Viertelstunde müssen wir ins Kino". Meine ebenso unerwartete Antwortfrage „und wie machen Sie es?" brachte ihm zu Bewußtsein, was in unserer sexuellen Kulturlosigkeit zum Leidwesen vieler Frauen gehört, daß der Mann an der Frau „sich abreagiert" und dann sie sich selbst überläßt. Die Frau war jahrelang die sanft sich Unterwerfende, gemäß dem Aszendenten KREBS, ein aufgedrungener Leerlauf, gegen den sich die robustere Kernhaltung endlich mit einer Provokation entlud.

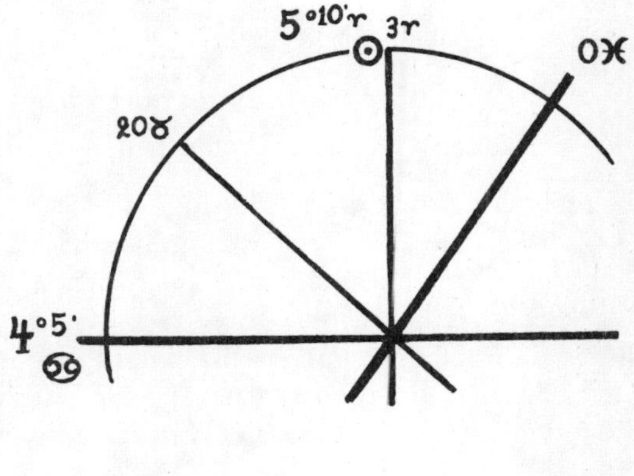

Abb. 26

Natürlich liegt der Schwerpunkt solcher Beziehungen zwischen Aszendent und Sonnenstand nicht in der Intimsphäre. Bei van Gogh (vgl. Bd. III, S. 434) brachten dieselben Zeichen einen Durchbruch des „rustre Hollandais", wie die Pariser ihn nannten, durch den Versuch geschmeidiger Anpassung und Nachahmung, sowie die Wachrufung des Tatmenschen durch den Mitfühlenden. Im Charakterlichen und in der Malerei kehrte sich der ungestüme Eigenrhythmus hervor in aller Wucht, mit groben Konturen. Bei umgekehrtem Verhältnis, Aszendent in WIDDER und Sonne in KREBS, geht es um das Geltendmachen beschaulicher Stille gegen aktiven Äußerungsdrang, wofür uns Marcel Proust (vgl. Bd. III, S. 430) ein Beispiel liefert.

Insoweit der Aszendent die körperliche Physiognomie bezeichnet, machen sich darin auch die Planeten-Signaturen bemerkbar. Die Stellung eines Planeten am Aszendenten gibt also nicht nur eine Bezogenheit der betreffenden Wesenskraft auf die Eigenperson an, sondern bezeichnet als Ausdruck leib-seelischer Einheit auch eine zusätzliche Prägung der Gestalt sowie funktioneller Eigenheiten. Erinnern wir uns, daß wir den Eckfeldern 1, 4, 7, 10 eine *Formungsintensität* zusprachen (vgl. Bd. II, S. 283), so ist uns eine formprägende Eigenschaft analog dem Gestirn an Aszendent, Himmelshöhe, Deszendent, Himmelstiefe plausibel. Diese Erwartung bestätigt sich, aber nicht gleichförmig. Der Aszendent gilt wie gesagt für sichtbare Gestalt, planetare Stellungen hier nehmen den ersten Rang in der Körperphysiognomie ein. Den zweiten formprägenden Rang hat das MC oder die Himmelshöhe als Gipfelung individuell bezogener Kräfte, es gibt je nach Niveau ein „Berufsgesicht" und ein „Berufungsgebaren". Hingegen der Deszendent, zwar auch physiognomisch mitspielend, gilt stärker für die Ausdrucksdynamik in Richtung des unmittelbaren Gegenübers als für die ruhende Körperlichkeit. Das IC oder die Himmelstiefe repräsentiert die angeerbte innere Gestalt, die am wenigsten in der Körperbildung enthalten zu sein braucht, oft den im Elternhaus vorherrschenden Lebensstil und seine Untergründe angibt oder den

„bei sich selbst" bevorzugten Stil formt, mitunter Traumgestalt und Illusion. „Irgendwie" geht freilich jeder Faktor in die Erscheinung ein. Wie im Graphologischen die Interessenfelder die Ausrichtung auf der Schreibfläche, die Aspekte das Spannungshafte angeben (vgl. Bd. I, S. 100), hat auch der Aufriß der Aspektfigur — schlank und differenziert, klotzig und breit, zerrissen oder einheitlich usw. — einige Beziehung zur Gesamterscheinung. Man sehe sich die Strukturbilder daraufhin an, Figuration als Abwandlung oder Verstärkung der Zeichen-Charakteristika.

Unter den Feldern der *Durchführungsintensität* kommt naturgemäß am meisten das 6. in Betracht, das Feld der Körperfunktionen, und zwar in bezug auf Abänderungen die aus der Lebensweise hervorgehen. Ernährungsart, Atemregulierung, Folgen von Bequemlichkeit oder sportlicher Übung usw. machen sich geltend in Einklang mit der Besetzung dieses Feldes. Aussagen darüber sind Sache der fortgeschrittenen Kombination.

Planeten-Signaturen versteht man am besten aus einem künstlerischen Blick für die Formprägung, erweitert ins Funktionale.

♄ Das *Saturnische* ist von rechtwinkligem Bau, mit Sparsamkeit des Materials (mehr Gerüst als Füllsel), ein wenig steif, manchmal bewegungsbehindert. Träge innerorganische Funktionen, Massendichtigkeit, dauerhafte Tektonik, in den Bauträgern zur Erhaltung der organischen Existenz reduziert auf den härtesten Widerstand, vorkommende Kümmerformen. Konzentrierter Lebensstil, Unnötiges verneinend.

♃ Das *Jupiterhafte* ist ausladend, vollmassig ohne deswegen die expansive Bewegung zu behindern, bei zu bequemer und genüßlicher Lebensweise allerdings Verfettung, die aber meist beim Gesamtzuträglichen innehält. Der Lebensstil liebt großen Schwung wo Sinn-Projektionen wirksam sind, in Einklang mit ruhigem Genuß der Früchte. Haltung durchschnittlich gemäßigt, unterbrochen von produktivem Aufschwung.

♂ Das *Marsische* ist sozusagen eine Leistungsmaschine (nur in Tätigkeit ganz zu begreifen), wenig Ruhe in sich, die meiste Zeit zielgerichtet, stark in Tonus und Energieausdruck. Der Bau hat etwas Apparathaftes, aber kurvig, oft formal zusammengedrängt auf Bewegungserfordernisse, selten übergroß. Wachsam und wehrhaft, aggressiv gegen Bedrohliches, aktive Maßnahmen triebhaft unterstrichen.

☉ Das *Sonnenhafte* hat etwas in sich Zentriertes, man merkt ihm das Zusammenhaltenkönnen eines mannigfaltigen Ganzen an, sozusagen Umtrieb auf einen Punkt gebracht worin Informationen zusammenlaufen und von wo Befehle ausgehen. Im Auftreten meist gewichtig, würdevoll, wenn unbeeinträchtigt etwas Strahlendes, Lebensbejahendes, impulsiv unternehmend in wesenhaften Angelegenheiten.

♀ Das *Venushafte* ist wohlproportioniert, gefällig abgerundet, die Formteile und Bewegungen stehen organisch zueinander in Harmonie, weniger markant in den Einzelheiten. Der Lebensstil (mehr Lassen als Tun) ist maßvoll aufbauend, verbindend und verbindlich, genießerisch wo Lustmotive locken, mit Liebe zu wiederholten Reizverkettungen und Bevorzugung dessen, was der Erhaltung dient.

☿ Das *Merkurische* ist von grazilem Bau, obzwar fest im Zweckmäßigen, meist beweglich und etwas dünn, nervös. Die meist hastigen Bewegungen gehen eilfertig den Absichten nach, sparsam im Aufwand, oft arhythmisch vom Kopf her bestimmt. Ein Lebensstil von informationshungriger Unruhe und Neugier, auch echte Wißbegier mit der Tendenz, das Gelernte nützlich einzubauen.

☽ Das *Mondhafte* hat etwas Verschwommenes und Unbestimmtes, Unpersönliches, doch zumeist mit beseeltem und hingebungsvollem Ausdruck. Ein veränderlicher, den umweltlichen Verhältnissen angepaßter Lebensstil, im materiellen Aufwand verschwenderisch oder aber zaghaft-vorsichtig, wie die Anregungen und Einflüsse kommen, auch durch Launen und Stimmungen hervorgerufener

Wechsel. Bei Begünstigung der angeborenen Neigungen ihr Wachsen und Wuchern, das manchmal ungeahnte Talente zum Vorschein bringt, anderseits Vertändeln oder Unentschlossenheit bei Mißgunst.

♅ ♆ ♀ Über die *transsaturnischen Planeten* kann nichts Abschließendes hinsichtlich des Körperbaues gesagt werden, da das Instrumentale und das Berufensein stark mitspielen. Uranus rechnet wie Saturn und Jupiter gemeinhin zu den „Streckern" (obzwar die Körpergröße von Rasse, Familie und generationsmäßiger Acceleration abhängt), zuweilen aber ausgesprochene Kleinformen. Oft wird etwas Bizarres, Drahtiges, im Blick Stechendes, in der Bewegungsweise Abruptes gefunden. — Demgegenüber bekundet sich Neptun in unbestimmterem Auftreten, locker und gelöst; manchmal schwammiges Fleisch und fast immer transparente Haut. Bewegungen in abgemilderter Form. Die Haltung ist mehr die eines Menschen in phantomatisch belebter Atmosphäre als eines auf festem Boden Gehenden. Meistens in ferne Horizonte gerichteter oder verschleierter Blick. — Energiegeballter und durchsetzungskräftiger erweist sich Pluto, sonst in der Signatur wenig hervorstechend außer markanter Durchmodellierung, häufig kugelige Kopfform, gedrängte Züge.

Dies gilt allerdings auf der Basis des Rassen-, Stammes- und Familientypus ,als dessen Abwandlung. Ferner ist es in Kombination mit dem Zeichen anzuwenden; z. B. wird die notorische Schlankheit von ZWILLINGE selten bei Jupiter am Aszendenten beeinträchtigt, doch das mehr Verkniffene und Winklige des Merkurzeichens durch ausladende Formen aufgehoben, auch weicht das oft Grazile einer kräftigeren Konstitution, blutvoller und vitaler, weniger intellektuell.

Gegenüber dem Aszendenten sind die anderen beiden Überschneidungen, der Widderpunkt und der aufsteigende Mondknoten, physiognomisch unauffällig. Ihre Lage im Felderkreis verdient aber Beachtung.

Widderpunkt und aufsteigender Mondknoten sind insofern gegensätzlich, als jener den Einstieg in die empirische Verwirklichung, die Konfrontation mit anschaulichen Dingen angibt, dieser den Umstieg ins vegetative und unterschwellige Leben, den Mondknoten könnte man das Steigrohr des Unbewußten nennen. Im seltenen Fall ihres Zusammentreffens (aufsteigender Mondknoten 0 Grad Widder) hält sich das Gewicht des empirischen Seins und das Gegengewicht des Transzendenten in der Schwebe. Auch wenn WIDDER individuell unbetont ist (kein Planet darin steht), liegt in seinem Beginn, dem Anfang des Tierkreises, doch der Punkt, von dem sich *der ganze Lebensstil willkürhaft aktivieren läßt;* wichtig daher die Aspektierung und Lage im Felderkreis. In den Aspekten sind dynamisierende Spannungen, im Feld ist das Lebensgebiet bezeichnet, auf dem eine *überindividuelle Wertverwirklichung* ansetzen kann. Demgegenüber benennt der aufsteigende Mondknoten die *unwillkürliche Kontaktaufnahme* und *unbewußte Selbstaufschlüsselung,* welche den Lebensgang von innen her leiten, weniger vernehmlich, doch um so bestimmender für die Gemütsverfassung.

Freiheit — Lenker des Schicksals

Wieviel Prozent Freiheit hat der Mensch? Diese Frage, die mir angesichts der am Kosmogramm aufgewiesenen Determinationen gestellt wurde, enthält die unstatthafte Vermengung einer menschlichen Qualität mit quantitativen Verhältnissen. Zwar betrachten wir die Zahl als Bindeglied von Quantität und Qualität, auf der Handhabung ihrer Brückenfunktion beruht die Astrologie. Doch um diesen Übergang zu verstehen, seien die Bereiche auseinandergehalten. Das eine ist nicht ausdrückbar durch das andere. Astronomie als Messung und Astrologie als Deutung unterscheiden sich daran. Die Größe, die Menge, der meßbare Betrag, angegeben durch die Zahl als Maßeinheit, ist etwas anderes als die eigenschaftliche Beschaffenheit eines Dings in Farbe, Form, Geruch, Geschmack usw., noch mehr die qualitas occulta, die verborgene, sinnlich nicht wahrnehmbare Eigenschaft, die wir Kraft nennen. Freilich, und nicht nur weil wir an Energie zu denken gewohnt sind, wird das Urteil hier strittig. Sprechen wir von Wesens- oder Bildekräften, so ziehen wir ihre Wirkungsart aus unmittelbarem Erleben unserer selbst, während wir sie in anderen Lebewesen — als Ursache der Veränderung von Körperform und Bewegungszustand — lediglich *voraussetzen* dürfen. Des Schöpferischen sind wir im tiefsten Wesensgrunde gewiß, aber, so fragt unser Verstand, ist diese Überzeugung nicht vielleicht ein Wahn, eine Täuschung?

Die Ausmessung von Konstellationen führt an Seinszustände, individuelle Gefüge, die ihnen entsprechen. Sie wären restlos determiniert anzusehen, wenn wir nur an physikalische Energie dächten. Der berühmte Satz „die Sterne machen geneigt, sie zwingen nicht" klammert aus, ob nicht etwa eine andere Zwangsläufigkeit den Weisen bestimmt, den Sternen nicht zu gehorchen. Wer an absolute Freiheit denkt und sie verneint, ist um Argumente nie verlegen. Schon die Vergesellschaftung, die technische Organisation unseres Daseins, die Herrschaft des Maschinen- und Zweckdenkens beschränkt persönliche Spontaneität dermaßen, daß der Mechanist uns nicht einen Funken Freiheit beläßt. Das Problem des Schöpferischen löst sich aus einer vom Physikalischen abweichenden Auffassung des Lebens. Man mag dies als Metaphysik bezeichnen, Worte tun nichts zur Sache. Indem wir ein Analogieverhältnis zur Konstellation sehen, dem Leben in diesem Gleichnis eine *Autonomie der Gestaltbildung* zubilligen und seine Fortpflanzung eingeordnet in materielle Proportionen astronomischen Ausmaßes verstehen, bekommt die Zahl ein anderes Gesicht. Es sind dann *Ordnungszahlen,* die unsere Strukturiertheit determinieren, wobei aber zu ermitteln bleibt, ob es Wesenskräfte gibt und welche, die eine solche Struktur verwirklichen, erfüllen und gegebenenfalls umbilden. In der kosmologischen Betrachtung ist dies Ordnungshafte zugleich materielle Tatsache wie deutbare Signatur; Astrologie stellt einen Unterbezirk dar, welcher die Beziehung zwischen Mensch und Gestirn behandelt.

Freiheit und Zwangsläufigkeit sind *Korrelatbegriffe*, einer ist ohne den anderen nicht denkbar. Dies schließt Absolutheit eines jeden aus, wir sind weder absolut frei, noch absolut gebunden, es kommt auf die *Relation*, die Wechselbeziehung an. Frei steht mir gegebenenfalls die Wahl in einer Zwangslage. Wenn mein Haus brennt, kann ich durch die Tür gehen oder aus dem Fenster springen, nicht durch die Wände hindurch steigen. Brennt auch das Stiegenhaus, dann bleibt nur der Ausweg durchs Fenster, ob unten ein Sprungtuch bereit gehalten wird, ist Glückssache. Die Entscheidung des Augenblicks hat zwangsläufige Folgen. „Im ersten bist du frei, im zweiten bist du Knecht" lautet ein mephistophelischer Satz. Demnach wäre Freiheit definierbar als *Umsprung aus einer Gruppe von Kausalreihen in eine andere.* Freiheit an sich, ein für allemal sicher, wäre ein Unding. Organische Wirklichkeit bezeichnet den „actus", worin jeder in jedem Moment, doch immer wieder anders, sowohl frei als auch determiniert ist. Statt uns immer wieder auf die logistische Alternative „frei oder zwangsläufig" festzulegen, gültig auf der materiellen Ebene, sagen wir auf der organischen Seinsebene richtiger: das Lebewesen hat einen autonomen Spielraum mit verschiebbaren Grenzen und der Mensch ist in puncto „Verschiebung" von allen uns bekannten Wesen am besten daran. Dichterisch gebrauchte Bilder, „frei wie ein Vogel", der „unbeschränkte Wildwuchs im Walde", die Trauer um „Pan", die zurückgedrängte „freie Natur", beruhen auf romantischen Vergleichen, relativ wahr gegen die Verregelungen unserer Zivilisation. Dieser metaphorische Gebrauch deckt keineswegs eine absolute Freiheit, gerade außermenschliche Natur gehorcht überwiegend einem Zwangslauf.

In weiterer Sicht umschreiben wir mit der Korrelation von Freiheit und Zwangslauf das Novum, durch welches die organische Seinsschicht sich abhebt von der materiellen, die auf das Verhältnis von Zufall und Notwendigkeit beschränkt gilt. Die Entstehung neuer Lebensformen kann vom Materiellen her nur als Zufall dargestellt werden (meisterhaft interpretiert von Jacques Monod in „hazard et necessité"*), vom Organischen aus ist sie *Zufallsbeherrschung* und dies bedeutet Auswertung des Vorhandenen nach organischen Kategorien. An dieser kleinen aber wichtigen Nuance hängt, was uns Freiheit heißt. Es ist die ontologisch neue und in den materiellen Seinsgesetzen nicht vorgesehene Wendung, eine „Gelegenheit" in organische Gestalt und Lebensfunktion einzubeziehen. Dafür setzen wir die genannten Bildekräfte voraus. Solche Gelegenheiten sind *Wertfakten,* denn in allem Organischen steckt Subjektivität, *für* die etwas besteht und qualitative Zugkraft hat. Organische Schöpfung ist Wertschöpfung und das „Füreinander" geschaffener Werte vereinigt sich zur Lebenstotalität. Wertmaßstäbe begründen die Rangordnung der Naturreiche, worin der Mensch sich einen höheren Rang als Pflanze und Tier zuschreibt, weil diese, trotz oftmals besserer Sinnesleistungen, im großen ganzen *Fertigformen* vergangener Lebensschöpfung sind, zu jenem Gleichgewicht gediehen, das wir Stagnation nennen, während im Menschen die Schöpfung weitergeht. Wir werten die Entwicklungsdynamik, die unsere Kultur geschaffen hat und weiterschafft, höher als stationäres Beharren, begreifen uns als unfertige, als *werdende Gestalt.* Eine Anmaßung, sofern der Mensch mehr wünscht, als er hat, eine Verheißung, insofern er mehr werden kann, als er ist! Den Grenzsetzer in diesem „Drang, *mehr* Leben zu haben" (auch Simmel denkt hier quantitativ) erfährt er im Schicksal. Die astrologische Menschenkunde versteht es als *Strukturzwang,* wobei individuelle Strukturen überbaut zu denken sind von kollektiven Strukturen. Darin sind Grenzen gesetzt gegen den Wahn der Unumschränktheit, zugleich aber besitzen wir im Weiterentwickelnkönnen der geprägten Form, in der Hebung des Niveaus, die Freiheit, Entsprechungen der angeborenen Struktur umzubilden.

* Deutsch unter dem Titel „Zufall und Notwendigkeit" bei Piper & Co, München 1971.

Wir können demnach das Schicksal begreifen als Zwangslauf von Umständen, an denen sich die freie Entscheidung entzündet. Im Schicksal faßt sich das persönliche Leben in allen Facetten zusammen, aber seine Entsprechungen können wir zum Teil ändern, nur die Prinzipien sind strukturell festgelegt. Der Satz „so mußt du sein, dir kannst du nicht entfliehn" bezieht sich auf die prinzipielle Strukturprägung mit gleichbleibenden Tendenzen, nicht auf das Niveau. Dem Konkretum gegenüber, aus dem wir die Entsprechung herausbilden, heißt Freiheit des Bewußtseins: wissen, wo die Verstrickungen beginnen und wo sie enden. Zum Begriff der Freiheit wäre aus astrologischen Elementen und Beobachtungen noch folgendes zu sagen. In bezug auf Tun und Lassen neigt unsere gewöhnliche Auffassung von freier Verantwortung unverkennbar zur Hervorhebung des handelnden Entscheidens. Beachten wir den Unterschied von tätiger und leidender Form der Stilprinzipien (vgl. Bd. II, S. 82), so bedeutet dies den menschlichen Anlagen gegenüber eine Vereinseitigung, als ob Freiheit nur auf der aktiven Seite läge. Das Ergebnis dieser spezifisch westlichen Auffassung — unpersönliche Technik, unschöpferisches Maschinendenken, Pressur des Staatsapparats — führte zum Gegensatz persönlicher Spontaneität. Wir brauchen uns nicht zu wundern, daß breite Schichten der heutigen Jugend sich die Freiheit des Lassens nehmen. Es liegt ein Ausgleich in diesem Pendelschlag. Was beim Durchschnitt als Nachlässigkeit gerügt werden kann, ist bei mehr Besonnenen ein echtes Suchen nach dem Sinn im Gegensatz zu herrschenden Meinungen. Statt aber dies als Protesthaltung weiter als nötig zu aktivieren, bloße Antithesen gegen Thesen zu setzen, bringt es uns einer kulturellen Synthese näher, wenn wir die verfemten passiv aufnehmenden Qualitäten sehen und kultivieren. Vielleicht wurden überhaupt die Tierkreis- (Sonnenkreis-) Qualitäten überspannt gegen die Qualitäten des Mondkreises (s. Mondknoten). Dieser negiert, was wir zur Befriedigung von Wissensgier und Gewinnung von Macht tun, hebt analytisches Bewußtsein und überschüssigen Aktionsdrang auf. Er hebt es auf, sofern wir unter seiner Intention, der Nöte des Einzelseins enthoben, dem Puls des universellen Lebens folgen, wo Freiheit sowohl Tun als auch Lassen in überpersönlicher Entscheidung ist.

Auch die negative Freiheit, die des *Selbstmords,* hat der Mensch den übrigen Naturreichen voraus. Leben erscheint uns möglicherweise nicht mehr lebenswert. Einem schroffen und freiwilligen Abschluß verwandt sind die mehr unbewußten und langsam sich auswirkenden *Selbstausstreichungen.* Es gibt „Frustrationen" im Doppelsinne von Fremd- und Selbstverschuldetem, die offene Gelegenheiten nicht ergreifen lassen. Die fatalistische Weltbetrachtung bietet willkommene Entschuldigungen für Versagen in Dingen, auf die es ankäme. Unglück, Hemmungen, Mangelerscheinungen werden dann zu Schreckgespenstern aufgebauscht, welche den Lebensmut herabdämpfen. Nennen wir dies saturnische Negation gegenüber solarem Antrieb, dem Herd der schöpferischen Zufallsbemeisterung und Freiheit, so heißt dies natürlich nicht, daß im Sonnenstand der Geburtskonstellation die Freiheit determiniert sei. Determiniert ist nur der Einsatzpunkt und die mit Saturn bezeichneten Grenzen sind verschiebbar, zumindest in der Einstellung zu den Tatsachen.

Menschenwürdige Freiheit gebietet, von *inferioren Formen* des Strukturzwangs freizukommen. Dies ist kein abstraktes „über dem Schicksal stehen", auch nicht das ideologisch oft gepriesene „aus dem Horoskop aussteigen"; vielmehr nehmen wir dann den determinierten Einsatzpunkt des Persönlichseins zum *Ansatz der Selbstgestaltung.* Voraussetzung dessen ist die Einsicht in das determinierte Sosein. Anlagemäßig umschreibt Freiheit die günstigste Version, aus dem Gegebenen etwas zu machen, was innerlich weiterbringt. Nur in dieser Hinsicht ist sie „Tun", als „Lassen" betrifft sie den Abstand zum Schadenstiftenden. Die Entscheidungskraft liegt bei uns, sie ist der *selbstbestimmende Faktor* und eigentliche Lenker des Schicksals. Im Wahlakt vereinigt sich Selbstverantwortung mit Verantwortung gegen die Mitwelt; unsere optimale Lebensform geht hervor aus diesem Kompromiß zwischen eigener Wertschöpfung (einbeschlossen Wunschphantasie und Projektionen) sowie den Ansprüchen anderer (Sozialgesetz einschließlich Naturgesetz). Darin ist Freiheit keineswegs das vulgäre „tun und lassen können was ich will“, sondern das Willenssubjekt braucht Objektivation von sich und den Mitteln, um frei zu werden vom Mechanismus der Reizfolgen.

In bezug der Reaktion auf äußere Reize leuchtet ein, daß das Bewältigen der Spannung zwischen Sonne und Saturn im Geburtsbild den hauptsächlichen Hebel bildet, dem Strukturzwang höherwertige Entsprechungen abzuringen. Bei den sog. feurigen Zeichen, der organischen Ebene verwandt, wird der aktive Freiheitsdrang zum stärksten Motiv, während das vielbespöttelte Phlegma der Wasserzei-

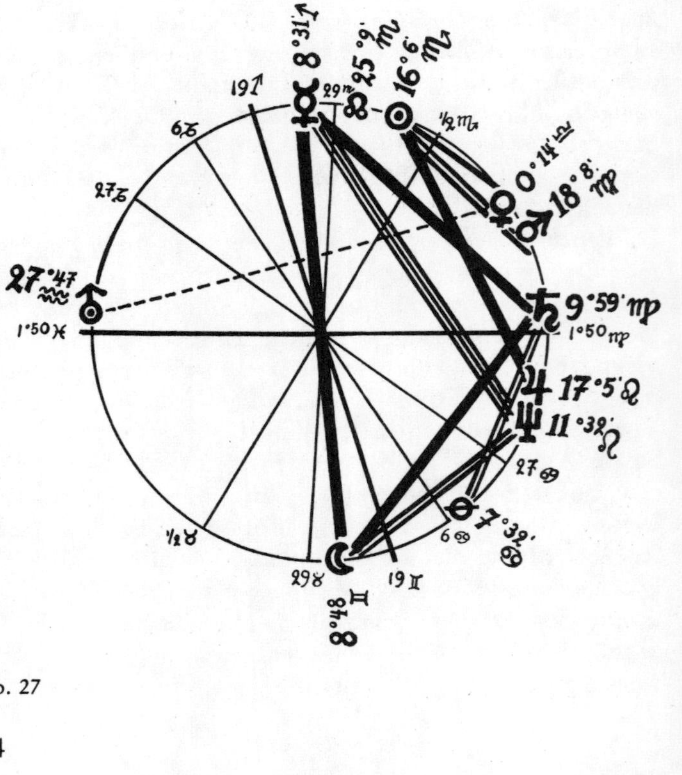

Abb. 27

chen aus den passiven Freiheiten der seelischen Ebene folgt. Cholerisches Aufbrausen gegen Zwang bedeutet allerdings kein Prozent mehr Freiheit, wie uns mittlerweile klar geworden ist (ein auf determinierte Tatmenschen gemünztes Paradoxon Kierkegaards besagt: Napoleon hört erst auf dem Faulbett auf, träge zu sein). Die Objektivation des Verhaltens gelingt normalerweise besser bei erdhaften Zeichen, die Beseelung der Vorgänge bei wässerigen, der Überblick über die Bedingungen bei luftigen Zeichen. Keine Konstellation nimmt uns die Entscheidung ab, wir haben darin bestenfalls anlagemäßige Begünstigungen dieser oder jener Seite der Entscheidungswahl.

Als Beispiel einer Entscheidung fürs Leben diene die vorgelegte Geburtskonstellation (Abb. 27). Es handelt sich um eine Psychologiestudentin, die bereits einen schizophrenen Schub hinter sich hatte und in einem Anfall von Depressionen zu mir geschickt wurde. Das Gespräch mit dem störrischen jungen Mädchen ergab, daß sie fixiert war an einen intelligenten, aber zynischen, täglich ihr die Minderwertigkeit der Frau vorbetenden Mann und ihrem Leben ein Ende machen wollte. Auch nachdem es gelang, den Rückschlag aus der unglücklichen Verbindung – einen Wall von Negationen – zu durchbrechen, ihr ein Gefühl des Eigenwerts aufzubauen, beharrte sie unnachgiebig auf ihrem Suizidentschluß. Die Frage, womit sie ihren Entschluß ausführen wolle, beantwortete die Studentin schroff mit „Gift". Sie habe es schon bereit. Ich bat sie, das Gift am anderen Tage mitzubringen, um zu beurteilen, ob es auch wirksam sei. Anderen Tages brachte sie ein Kästchen mit Zyankali,das für 6 Personen gereicht hätte. Statt ihr dies wegzunehmen, was nur zur Beschaffung eines anderen Mittels gereizt hätte, wagte ich ein Vabanque-Spiel. Ich stellte das Kästchen in den offen gelassenen Aktenschrank, schärfte der Studentin den Platz ein und zeigte ihr ein Versteck, worin ich den Schlüssel des Zimmers, von der Treppe her zugänglich, in der Nacht deponieren werde. Sie hätte so die Freiheit, zu tun und zu lassen, was sie wolle, könne nachts in das Haus gehen – dessen Schlüssel ich ihr übergab – und sich das Gift holen oder, wenn sie anderen Sinnes würde, es auch unterlassen. Was sie tun werde, sei mir gleichgültig, sie müsse nur versprechen, allein zu entscheiden und ihrem Partner fernzubleiben. Nach drei Tagen, an denen ich mich überzeugte, daß das Kästchen noch auf seinem Platze stand, erschien die Studentin wieder, mit offenem Gesicht, und gestand, sie habe jede Nacht nachgeprüft, ob der Zugang ihr frei stünde, nun sei es nicht mehr nötig.

Man erlasse mir die Schilderung, unter welchen Zweifeln ich diese Tage verbrachte. Die Geburtskonstellation sagte mir folgendes. Saturn im Merkurzeichen, am Deszendenten gewöhnlich ein Merkmal für Kontaktscheu (im Fall des heimkehrenden Soldaten war es die Gefährlichkeit der Umwelt), in JUNGFRAU umso mehr aus dem Motiv der Selbstbewahrung, blockiert die Opposition zwischen Merkur und Mond, die Spannung zwischen Gedanken- und Gefühlsleben. Diese Saturnstellung am Deszendenten besagt zugleich, daß der Mitmensch im Guten wie im Bösen zum Schicksal werden kann. Ohnehin zeigt sich die ganze Konstellation mit Ausnahme von Uranus — Eigenbrödelei, Trotz, Hang zum Absurden andeutend — auf den Deszendenten ausgerichtet, auf Gemeinschaft und Bezugsperson, „dugebunden“. Insbesondere das 7. Feld ist weiterhin besetzt durch Mars und Venus, die Trieb- und Eroskomponente. Vom Trieb- oder Liebhabersymbol geht einer der wenigen synthetischen Aspekte zur Sonne im Marszeichen: die Inkarnation des Marsischen beeinflußt also den Wesenskern. Sind hier Leitbild und Eigenwertgefühl gestört, so ist die Kernhaltung entsprechend dem Sonnenstand im 8. Felde, in Quadratur zu Jupiter und Neptun, anfällig für das, was Freud den Todestrieb nannte.

Mit diesen negativen Anzeichen befand sich die Studentin in einer akuten Wert- und Entscheidungskrise. Konnten die positiven Kräfte gegen die zersetzenden Tendenzen aufkommen? Vom Partner unter Druck gesetzt, war sie, beeinflußbar und seelisch labil, aus ihren verschiedenen, miteinander verspannten Anlagen in einen Hexenkessel von Mißtrauen und Hörigkeit, Daseinsanspruch und Selbstverschwendung, Herrschdrang und Dienstwilligkeit geworfen. Mit dem abseitigen Uranus in Aszendentennähe paßte sie schwer in eine normale Welt, ausbrechende Paroxysmen bekundeten sich hie und da in zerschellenden Gläsern, zuknallenden Türen. Die Quadraturen des Saturn zu Merkur und Mond brachten Verstand und Gefühl durcheinander. Eine zentrale SKORPION-Stellung im 8. Felde wird oft gefährlich bei falscher Auslegung transzendentaler Gedanken, es lag aber auch eine Wandlungsbereitschaft vor, lebensverneinende Radikalismen konnten in Wiedergeburt umschlagen. In solchem Fall bedeutet die Krise ein Signal des Gesundungswillens, ohne sie durchzustehen, wäre der Mensch nicht lebensfähig. Eine der Voraussetzungen für einen derartigen Umbruch mochte sein, daß der Mann, der das Mädchen mit Haut und Haar zu okkupieren trachtete, für seine Beweisführung sozusagen stets alte Platten auflegte. Saturn in JUNGFRAU am Deszendenten imprägniert eine Frau zwar haltungsmäßig bei Intimität mit der Bezugsperson, kann aber auch Abschirmung des Eigenen bedeuten, wenn es standhält, zumal bei längerer verunsichernder Einflußnahme. Als Figur im Feld der Partnerschaft symbolisiert er den Älteren, Erfahrenen, analog dem Sextil zur Sonne repräsentiert er das Vaterbild (der leibliche Vater war tot). Dies aber konnte zum Ansatzpunkt einer Therapie werden, wenn die Studentin sich durch einen Älteren angenommen und mündig gesprochen fühlte. Die gelingende Stärkung des Grundvertrauens war für sie, nach ihrer späteren Erklärung, das „Wunder", das über alle intellektuelle Beweiskraft hinausgeht.

Kein Astrologe hätte den Ausgang der Entscheidung vorausberechnen können, das in die Waagschale gelegte Motiv der Freiheit wurde zum persönlichen Schlüsselwort.

Abgesehen von Beispielen und anlagemäßigen Begünstigungen sei uns bewußt, daß Freiheit eben deshalb zum so viel strapazierten und doch immer wieder zugkräftigen Wort werden konnte, weil es für jeden Menschen das *kostbarste Gut* bedeutet. Der Sinn des Menschendaseins ist damit berührt. Im freien Handeln steht die Subjektivität,

Schöpfer ihrer selbst, außerhalb objektiver Berechenbarkeit. In der Schwebe vor der Entscheidung liegt, ob sie Heil oder Unheil bringt. Wir sind Instrument einer Urkraft in der Doppelung alles Göttlichen, so wie es der Inder in der Shakti-Kraft Shivas sieht, die sowohl Erleuchtung und Wahrheit, als auch Verblendung und Lüge heißt. Schwarz oder Weiß steht in der Stunde der Wahl frei, die Folgen erfahren wir nachher, das ist das Paradoxon der Freiheit.

Wie aber gelangen wir zum richtigen Entschluß? Außer dem Fernhalten einseitiger Einflüsse, Bevorzugungen aus Liebe oder Haß und anderen Sackgassen gibt es therapeutische Griffe. Aus geistigem Oberflächenklima führt die Frage nach der *personalen Instanz:* wer trifft die Entscheidung? Meist werden Umstände vorgeschoben, die sich als inferiore Blendformen des individuellen Gefüges enthüllen lassen. Durch den überdauernden seelischen Funktionalismus gilt es zum entscheidungsfähigen Kern vorzudringen. Bei seiner Freilegung oder Verhüllung sprechen die Reserven des Unbewußten mit und die letzten Alternativen entscheiden sich tatsächlich in der Wesenstiefe, unabhängig von diskutablen Zielvorstellungen. Das intuitive „Finden" setzt alles Erklären, Beweisen, Ermuntern, Verpflichten vor die Tür des Templums, in welchem der Mensch mit sich allein ist. Zweitwichtig, wenigstens für uns mit unserem abendländischen Erbe, daß er *etwas dafür tut,* nicht im bloßen Betrachten und Argumentieren stecken bleibt. Der Daseinswille begnügt sich nicht mit rhetorischen Akten, er muß sich gestaltend äußern in der raumzeitlichen Welt. Hierbei können unbedeutend scheinende Handlungen wie der nächtliche Gang jener Studentin von Wichtigkeit sein, indem sie gegen Kurzschlußhandlungen zu einem Handeln mit Grund auffordern. In kritischen Fällen ist also die Begleiterscheinung eines sinnsuchenden Prozesses zu finden, der Fluchtreaktionen aussticht.

Hegels Voraussetzung zur Dialektik als Entwicklungsmodus war das Ungenügen an der Aussagekraft der formalen Logik: „Was allein die Schwierigkeit macht, ist immer das Denken, weil es die in Wirklichkeit verbundenen Momente eines Gegenstandes in ihrer Unterscheidung auseinanderhält." Irrtümlicherweise wird das Verhältnis von Freiheit und Zwangslauf meist so gesehen, daß ausschließlich das eine oder andere gälte. Es sind jedoch wie gesagt Korrelatbegriffe. Jenseits der begrifflichen Alternative stehn wir, wenn wir uns fragen: wieweit geht hier mein Spielraum, wieweit gehn seine legalen Grenzen, kann und soll ich sie verrücken? Immer hat der schöpferische Lebensprozeß gegen Determinationen anzukämpfen, in jeder Handlung steckt sowohl das eine als auch das andere. Bei Entscheidungen sucht das Schöpferische, Nichtdeterminierte in uns die Oberhand über Zwangsläufigkeiten zu gewinnen. Versagt der Mensch in diesen Augenblicken der Wahl zwischen Kausalreihen, so kann es freilich eintreten, daß er zum Spielball determinierter Abläufe wird. *Ob* er es wird, ist das Unberechenbare. Sein *Verhalten,* nicht sein *Angelegtsein,* nicht also konstitutiv festgelegter, sondern *operativer* Gebrauch der Wesenskräfte und ihrer Widersprüche führt die eingangs erfragten Miniprozente ein. *Je mehr* er seine Möglichkeiten verscherzt, *umso mehr* unterliegt er vorbestimmten Wirklichkeiten. Versagt der Mensch gänzlich und immerwährend, dann hat der Fatalist recht, ein schon „fertiges" Schicksal rollt ab, er ist sozusagen „tot bei lebendem Leibe", erhält sich nur noch als Maschine, verbraucht aber regeneriert sich nicht. Das Maschinendenken hat ihn dazu geprägt, das Unschöpferische griff am Leben vorbei. Auch im Denken liegt Entscheidung.

Von der Relativität des Glücks und der Harmonie

Wie schon angeführt sagte Tolstoi einmal, es könne nicht glücklich sein, wer irgendetwas — er sprach von Talenten — im Überfluß besäße. An einer anderen Stelle sagte er, um glücklich zu sein, müsse man an das Glück glauben. Dies unterstellt, daß nur ein harmonisch ausgeglichener und an sein Glück glaubender Mensch glücklich sein kann. Was aber ist Glück, was Harmonie, sind sie überhaupt als Dauerzustand möglich?

Sicherlich hat die Hoffnung auf Glück und Harmonie zur Abfassung der alten astrologischen Regeln beitragen. Diejenigen Planeten, die Glück und Harmonie versprachen, nannte man Wohltäter, diejenigen, die es störten, Übeltäter. Das Gut und Böse der Aspekte ist außer seinem moralischen Klang darauf abgestimmt, Glück und Harmonie in Aussicht zu stellen oder ihr Eintreffen zu verneinen.

Ein romantischer Zug sehnt sich zurück in einen angeblich glücklichen Urzustand, bedürfnislos, unpersönlich und darum harmonisch; umherwandernde Heilige suchten ihn wieder zu erreichen. Überdruß an der Zivilisation bringt solche unbehausten Büßergestalten oder aber Rebellen hervor. Anfangs galt kindlicher Naivität von Griechenland bis Tahiti der schöne Mensch zugleich als gut. Für die paradiesische Wiege des Menschen ist das Schöne, Wahre, Gute vereinigt mit Glück und Harmonie. Aber dazu darf man keine Individualität sein. Wer ist heute ohne solche, wer hat keine Probleme und Sorgen?

Sind darum Glück und Harmonie unerreichbar?

Zunächst besteht ein Unterschied darin, daß Glück etwas Erstrebtes, hingegen Harmonie ein Zustand, eine zwanglos sich herstellende Grundbefindlichkeit ist. Der zweifelnd, unschlüssig, unzufrieden zu uns kommende Mensch will beraten sein, etwas gesagt bekommen, was ihm aus Notlagen und Unzulänglichkeiten heraushilft. Er befindet sich nicht in Harmonie und sucht ein Rezept dafür. Im gezielten Anspruch des Fragers liegt stets etwas, wovon er Glück erhofft. Hat er es erreicht, dann ist er vielleicht glücklich — für den Augenblick, dies mag ein harmonisch empfundener Zustand sein. Eine Dauerharmonie könnte es werden, wenn er mit dem Ziel tatsächlich getroffen hätte, was ihm zu seinem Glück noch fehlte, und wenn die Welt nun gerundet, der Mensch ohne weitere Zielsetzung wäre. Solche Kopplungen von Glück und Harmonie kennt aber lediglich relative Augenblicke, in denen sie zusammen aufblitzen. Es gibt eine Ethik, die darin ihre Richtschnur sieht, Glückseligkeit als Motiv und Ziel alles Strebens betrachtet; wir finden diese, den Eudämonismus, in die Fundamente der Wohlstandsgesellschaft eingebaut.

Von alters her und mit gutem Recht gilt astrologisch Jupiter als Glückssymbol, Venus als Harmoniesymbol. Wenn nun Jupiter und Venus bei der Geburt eines Menschen einen analytischen Aspekt bilden, dann gehört die trennende Spannung zwischen beiden zur individuellen Eigenheit. In vulgärer Betrachtung wäre zu folgern, daß, weil das Harmoniesymbol disharmonisch zum Glückssymbol steht, bei so „schlechtem Aspekt der traditionellen Wohltäter" der betreffende Mensch unglücklich und harmonielos sein müsse.

Genau diese Kräfteverbindung finden wir bei Tolstoi und Goethe, bei jenem eine Quadratur, bei diesem eine Opposition zwischen Venus und Jupiter. Nun begreifen wir, was es heißt, ein Talent im Überfluß zu haben und der Möglichkeit des Glückes skeptisch gegenüberzustehen. Schlagen wir nach, was Bd. III, S. 320 über diese Kombination gesagt wurde, so finden wir *Genuß und Bedeutung* als Stichworte. Im analytischen Aspekt stört also eines das andere, das Talent des Genießens und das Talent, Bedeutung zu sehen, gehen gesonderte Wege. Kombinieren wir diese Stichworte mit den Grundbegriffen, so heißt es, daß letzthin das Glück nicht im Genuß liegen und Harmonie nicht als letztbedeutsam gelten könne. *Worin* das Glück bzw. das Bestmögliche, Optimale gesucht wird, sagt uns kein Aspekt; es ist jedenfalls vergänglich, denn immer wieder wird venushaftes Gleichgewicht, wenn einmal erreicht, aufgehoben werden durch ein Streben darüber hinaus, die expansive Tendenz des Jupiterhaften. Daß dies z. B. für die Ehe schlechte Aussichten gibt, liegt schon in der bei Dissonanz vorhandenen Schwervereinbarkeit von Liebe und Vernunft.

Wir können den gleichen Aspekt auch so sehen. Bei einer Jupiterdissonanz ist man selten zufrieden mit dem Vorhandenen, mag es noch so genußreich sein, man sucht das Bessere, Vollkommene. Dies Streben hat uns ehedem aus

Höhlen und anderem naturgegebenem Unterschlupf herausgebracht, hat Kulturgüter geschaffen, dem Menschen ein Bewußtsein seiner selbst unter Anerkennung höherer Mächte gegeben. Der niveaubedingte Unterschied ist nur, ob jemand das Bessere fertig von außen erwartet, um es anzueignen, ob er etwas Vollkommenes selbst sich erarbeiten will, ob er schließlich das, womit das Jupiterhafte im eigenen Inneren in Streit liegt, auf eine höhere Ebene zu verlegen trachtet. Hier gilt nicht, wer mit fertigen Weisheiten glänzt, sondern „wer immer strebend sich bemüht". So gesehen wird man kaum bedauern, daß Tolstoi und Goethe am leiblichen Eros, der sie zeitlebens anreizte, kein Genüge fanden, dagegen sich mit anderen Entsprechungen des Venushaften, wir nennen es heute *Sublimierungen in ästhetischer Form,* verausgabten. Dem Genie geht es nicht darum, lediglich ein stürmischer Liebhaber und guter Ehemann zu sein, der in der Freizeit Gedichte und Romane schreibt. Genialität betreibt keine leere Formkunst, sondern heißt Lösung ureigener Probleme, um der Mitwelt eine Synthese durchlebter und bewältigter Konflikte anzubieten. Die oft bemerkte Spaltung zwischen dem Epiker und dem Moralisten in Tolstoi erhält von hier eine bestimmte Beleuchtung. Sein Aspekt konnte auch zu anderen Ergebnissen führen und wir finden ihn überhäufig bei solchen, die sich um das Verhältnis von sinnlicher Form und Inhalt mühten; erwähnt seien Rimbaud, Grabbe, Büchner, Jean Paul, Möricke, Platen, Cocteau, C. D. Friedrich, Pergolesi, Schelling, C. G. Jung, Champollion, Guyau.

Natürlich konnten die meisten von ihnen zeitweise auch in den Armen einer Frau glücklich sein, war es gestört, so hing dies kaum vom Aspekt ab, denn Kant mit Jupiter Trigon Venus verspürte anscheinend wenig Lust dafür. Ein anderes Glück jedoch kam mit dem Bewältigen der Spannung hinzu: das Glück des Schaffens von Werken, die neben ästhetisch ausgefeilter Form eine Bedeutung in sich tragen. Dies macht nicht der Aspekt, aber gerade die Dissonanz der Anlage war bei Tolstoi und Goethe die Voraussetzung einer errungenen Harmonie, der wir das Prädikat

„ewig bedeutsam und schön" zusprechen. Der heute selber Schaffende hebt allerdings eine starre Mustergültigkeit ihrer Werke auf und sucht andere Synthesen. In Betrachtung der analytischen Aspekte überhaupt, insbesondere eben der Jupiteraspekte, kann man von einem *Ansporn zur Genialisierung des Daseins* sprechen, selten freilich in diesem Sinne verspürt, da das Gesetz der Trägheit beim Durchschnitt der Menschen stärker zu sein scheint. Richtig verstanden jedoch ergibt sich im Erleben der Konflikte des täglichen Lebens eine Möglichkeit, über sinnloses Beklagen von Unglück hinauszuwachsen, etwas gegen das Abstellbare zu tun und gegenüber Unabänderlichem seine Einstellung zu ändern. Diesen Sinn der Aspekte soll der astrologische Berater vermitteln und damit etwas geben, was dem durchschnittlichen Anfrager fehlt. Erst dann können auch synthetische Aspekte als mitbekommene Begünstigungen richtig ausgewertet, die Spannung in trennender wie in bindender Form als eigentlicher Lebensodem erkannt werden.

Glück wird in vielem gesucht. Wollte man es definieren als problemloses Zusammentreffen von Trieb und sinnlicher Erfüllung, so wäre Anette von Droste-Hülshoff arm daran gewesen mit ihrer Quadratur von Mars und Venus*, auch George Sand, Heinrich von Kleist, Rodin, Schubert. Doch in der Alchimie des Herzens verrechnet sich die Glückskomponente anders als beim momentanen Spannungsausgleich des klassischen Paars der Mythologie. Nehmen wir Bd. III, S. 317 zur Hand, so finden wir *Bereitschaft und Gewalt* als Stichworte. Kleist projizierte dies in zwei Frauengestalten, Kätchen und Penthesilea. Doch die Spannung zwischen beiden Elementen löst sich in direkter oder übertragener Weise im Erfassen des Kairos, der glücklichen Minute. Es geht

* Wie schon im III. Bd. erwähnt, ist bei Anette v. Droste-Hülshoff nicht einmal der Geburtstag sicher. Nach Mitteilungen des Familienarchivs steht nicht fest, ob sie am 10., 12. oder 14. Januar geboren wurde, wenngleich auf dem Grabstein in Meersburg der 12. steht. Doch die Quadratur zwischen Mars und Venus war durchlaufend an den in Betracht kommenden Tagen.

darum, wieweit das Venusthema des Bereitseins zur Harmonie, auch im Dissonanzerlebnis, vereinigt werden kann mit dem Marsthema, Einsatz der Aktivität im selektiv richtigen Punkt. Daß dies bei Johann Sebastian Bach oder bei Hemingway, hinzukommend zu den unter diesem Aspekt schon Genannten, anders aussieht als bei der Droste, begründet sich in der Verschiedenheit von Individualität und Zeitalter. Kairos ist das situativ und individuell Besondere und darum niemals Gleichartige, dies gilt für jeden lebenszeugenden Augenblick.

Könnte Glück nicht einfach ein Leben und Wirken nach eigenem Gutdünken bis an den Rand des optimal Möglichen sein? Dergleichen wäre vielleicht überschäumend von einer Konjunktion des Jupiter mit der Sonne zu erwarten und Delacroix, Daumier, Toulouse-Lautrec scheinen dem recht zu geben, schwieriger schon ist die Übertragung ins Gedankliche bei Leibniz. Fast unmöglich erscheint es gegenüber den Düsterkeiten eines Kafka anwendbar, wenn wir bei diesem nicht den Stand der Konjunktion im 12. Felde beachten, nicht seine unter Negativismen verborgene heimliche Forderung einer „besten aller Welten“ sehen. Sucht man aber mit dem Maßstab „harmonische und dissonante Aspekte“ ein ablesbares Resultat, so lege man sich die Frage vor: waren E. Th. A. Hoffmann, Courbet, Spengler glücklicher als Lessing, Voltaire, Heidegger, Haydn, J. S. Bach, Albert Schweitzer, Eichendorff, Schelling und andere? Wieder tritt bei den Zweitgenannten ein Vollendungsstreben als angelegte Spannung auf (die traditionellen Aussagen über Heuchelei, Bigotterie usw. bei „schlechten“ Aspekten prinzipiell richtigstellend), wobei der Wesenskern mehr zentrale Probleme herausfordert und das Optimum auch Wohlbeschaffensein des Ganzen, Gerechtigkeit, Primat des Vernünftigen in Betracht stellt. Beim friedlichen Bürger heißt es: nicht mehr vom Leben verlangen, als es geben kann. In Bd. III, S. 263 finden wir *Potenz und Ausbreitung* als Stichworte; wieweit die erstere vorhanden, sagt uns keine Konstellation. Auch Impotenz kann sich ausbreiten, wie wir wissen, und der Aspekt die vulgäre Gleichsetzung von Glück und Erfolg bestätigen. Bei solchen Niveaufragen wird verständlich, daß mitunter die Dissonanz mehr hergibt.

Wer wollte fernerhin das Glück des Kämpfers für eine von ihm hochgeschätzte Sache bestreiten, analog der Verbindung von Mars und Jupiter, für die Bd. III, S. 333 die Stichworte *Leistung und Ertrag* angibt? Diesbezüglich finden wir ebenfalls dissonante Spannungen bei Sigmund Freud, Karl Marx, Nietzsche, Kandinsky, Driesch, Hahnemann, Dacqué, Hindemith, Feininger, Hemingway, Georg Kaiser, Richard Wagner, Käthe Kollwitz, Madame Curie, Röntgen, Piccard, Zeppelin und anderen, wobei die durchgesetzte Sache so fragwürdig sein kann wie bei Cesare Borgia. Der gute Kampf verleiht bei dieser Verbindung das Adelsprädikat. Sie bezeichnet jedenfalls einen anderen „Glückstypus" als die Kombination von Mond und Jupiter, Stichworte *Wachstum und Reife* (Bd. III, S. 285) oder Jupiter und Neptun, Stichworte *Entfaltung und Weite* (Bd. III, S. 352), wobei das Glück mehr ein Geschenk, eine tatenlos zufallende Gnade ist. Unter härtester Kontrolle schließlich liegt das Glücksverlangen bei der Verbindung von Jupiter und Saturn, für welche Bd. III, S. 346 die Stichworte *Ausdehnung und Zusammenziehung* gibt. Damit sind die massivsten Figuren im Schicksalsschach aufs Brett gebracht, am Ende entdeckt man vielleicht, daß der Spielverlauf interessanter war als Sieg oder Niederlage. Der Schicksalsdruck kann den letzten Aufschwung der Spätjahre unterbinden, wenn nicht Erfahrungen, auch enttäuschende, das Vertrauenswürdige fester hämmerten; nichts wird einem von außen geschenkt und mancher baut sich selbst einen Turm der Prüfung. Unter den Dissonanzen finden wir Hölderlin, Novalis, Shelley, Mombert, Champollion, Montaigne, Grillparzer, Storm, Schubert, Hermann Hesse, Freud, Driesch; bemerkenswert sind die Konjunktionen bei Dostojewski, Grabbe, Victor Hugo, Lenau, Baudelaire, Nansen, Flaubert. Wenige synthetische Aspekte wie bei Kepler, Millet, Marx stehen demgegenüber, symbolisieren aber alles andere als ein leichtes Schicksal.

Solche Aufzählungen dienen natürlich nicht zur theoretischen Rechtfertigung einer „Trotzdem-Methode“ und gegenteiligen Wertung. Sie sollen vielmehr zeigen, wie wenig erarbeitetes Glück als *erfüllte Selbstverwirklichung* sich deckt mit dem glatten Durchschlängeln der sogenannten Glückskinder, deren Glück mehr in den neidischen Augen anderer besteht, während der seelische Wohlstand von der *Glücksfähigkeit* abhängt. Diese aber kann sich auch in wenig beneidenswerter Lage äußern und ist keineswegs durch eine Harmonie der Anlagen gesichert, ja, für höheren Anspruch bildet *Dissonanz eine Voraussetzung erworbener Harmonie.* Die substantielle Voraussetzung dafür ist freilich, daß Jupiter tatsächlich als Streben nach dem Guten, Bestmöglichen, als Symbol für Produktivität und beglükkende Abrundung *gelebt* wird. Eine damit erreichte Harmonie begleitet dasjenige, was uns Entwicklung heißt. Entwicklung darf geradezu die Harmonisierung gestörten Gleichgewichts genannt werden, nur bedeutet freie Entwicklung eine solche aus *innerer Nötigung* gegenüber der zwangsläufigen durch widerwilliges Beheben von äußeren Notlagen. Daß es Entwicklung gibt, ist vielen selbstverständlich geworden, ihnen scheint, sie mache sich von selbst ohne innere Anstrengung. Dies verabsolutiert einen menschlichen Urtrieb und die Konsequenz unserer Stellung in der Natur zur starren Idee. Der Vorgang lebt erst aus den Relationen täglicher Entscheidungen von Individuen. Ob man Entwicklung als Selbstentfaltung Gottes oder als eine dem Fortschritt nützliche Fiktion versteht, wichtig ist für den mitergriffenen Einzelnen, daß sie geschieht und nicht als Verlegenheitsbegriff zur Tarnung des Wohlbehagens in Gewohnheiten herhalten muß.

Kosmologisch gesehen stellt sich der Sachverhalt wie folgt dar. In Hinsicht der saturnalen Reihe entspringt einem gestörten Gleichgewichtszustand die reaktive Tendenz, das Gleichgewicht wieder herzustellen. Geschieht dies mit Eingehen auf die Ursachen der Störung, so kommt der Organismus zu verbessernden Maßnahmen. Daß es Verbesserungen sind, liegt wieder in der Äußerungstendenz der solaren Reihe, die in Reinheit getätigt über die bloße Selbstbehauptung hinausgehend auf solche hinstrebt. Natürlich muß jeder Vorgang, an welchem somit alle Gegensatzpaare der Wesenskräfte beteiligt sind, funktionell zustandekommen. Ein Entwicklungsprinzip aber an und für sich zu setzen, wäre eine abstrakte Konstruktion, unnötig, solange die Kräfte disponibel sind und nicht ein starres Gleichgewicht eingetreten ist.

Alles Dynamische hat einen Zukunftsaspekt. Wir beschreiben damit das Fortschreiten von einem Zustand zum anderen. Früheres gilt hierbei als Vorstufe für Nachfolgendes. Entwicklung ist der Extraktbegriff dieses Weiterschreitens, der Verbesserung offen, wenn wir nicht Herauswickelung von Vorgegebenen meinen. Bei fortgeschrittener Individualisierung liegt sie im Beheben des mit dem Einzelnen geborenen Ungleichgewichts, der Lösung seiner Problematik in allen Ängsten, Wünschen, Behelfen, den dazu nötigen Trieben und ihren Hemmungen. Um aus dieser Dissonanz zur übergeordneten Harmonie zu finden, das Glück im Guten, Wahren, Schönen des vollkommenen Menschen zu erreichen oder wenigstens anzustreben, zeigte die Kosmogonie der alten Welt einen gestuften Weg. Sieben Tore hatte das ägyptische Theben, sieben Tore die sumerische Unterwelt, als Inanna sie durchschritt um den geraubten Sohn zu suchen, sieben Götter gebar Urmutter Aiti der Veden. Die großen Mythen faßten polytheistische Wucherungen in der Siebenzahl zusammen; es sind die Planetensphären, die Ptolemaios im räumlichen Bild gleich Zwiebelschalen um die Erde legte und Dante als Stufen zum Empyreum pries.

Nach unserer heutigen Kenntnis der Wesenskräfte fassen wir ihren entwickelnden Gehalt in die Gebote:

☽ Mondstufe = Verstehe Ungeschick und Mißgriffe als Lernfehler in deiner Entwicklung, dann bist du nie am Ende; vertraue dich fühlend dem Leben an und laß dich von ihm tragen.

☿ Merkurstufe = Es ist zur Einsicht nie zu spät, nur geschehene Tatsachen lassen sich nicht mehr ändern, also gehe vom Gegebenen aus und mache es bewußt.

♀	Venusstufe	=	Schenke mehr Liebe als du glaubst, daß die Menschen verdienen, denn jeder Maßstab ist durch Eigenliebe verfälscht.
☉	Sonnenstufe	=	Nur wer sein eigenes Wesen ganz erfüllt, kann anderen etwas von Wert geben, Herz und Gesicht sollen beim Sprecher sein.
♂	Marsstufe	=	Besser eine konkrete Wirklichkeit schaffen, als abstrakt recht zu haben und die Dinge laufen zu lassen wie du sie vorfindest, aber nicht billigst.
♃	Jupiterstufe	=	Jeder befindet sich gleich nahe seinem Bestmöglichen, strebe es an und dein Leben hat einen Sinn.
♄	Saturnstufe	=	Konzentriere Widerstand und Schutz auf dein Allerheiligstes, dein Templum, dann bleibt auch die Haut unversehrt.
⛢	Uranusstufe	=	Stürze um, was abbruchreif ist, wisse aber, was du an dessen Stelle setzen kannst.
♆	Neptunstufe	=	Möglichkeiten übersteigen Wirklichkeiten, mache das wertvoll Mögliche wirklich.
	Plutostufe	=	In allen Dingen steckt maskiert die große Wandlung, blicke hinter die Masken.

Wer die sieben Wesenskräfte des engeren Bezugssystems (vgl. Bd. I, S. 60) in derselben Stufenfolge meditativ weckt und nach außen darlebt, bekommt die innere Kräftestruktur entwicklungsmäßig zur Verfügung. Das weitere Bezugssystem reiht sich dem an mit der Wendung zur kollektiven Ganzheit. Die so vergegenwärtigte Elementarordnung des Aufbaues übersteigt die Entsprechungen der persönlichen Geburtskonstellation. Wir entheben uns damit der individuellen Bedingtheiten und dringen durch Übung zum unbedingten Seinsgrund vor. Eine solche Kosmologie ist keine Altertumspflege in der okkulten Nische zur Bewahrung der Scheu vor Dingen, die unsere Schulweisheit vernachlässigt. Sie behandelt vielmehr Ordnungen, die jeder an sich und in seinem Leben erfahren kann, wirkend als Wirklichkeit.

In den Relationen sind wir alle Menschen des Übergangs, korrelativ jedoch zu einem Absolutum, das uns Richtung gibt. Wer täuschungsfrei die Bedingungen erkennt, aus dem Gegebenen das Beste zu machen, wird enttäuschungslos tun, was er kann. Er vergeudet sich dann nicht in unerfüllbaren Forderungen an die Welt, sondern dient ihr, indem er seine ureigensten Angelegenheiten in Ordnung bringt. Dies heißt, akosmische Zufallsbildungen auszumerzen, das Ausgelesene aber erlesen zu machen, so vollkommen als möglich in Bestandglieder seines Mikrokosmos umzuschaffen. Kosmos ist die einzige Harmonie von Dauer, die Entsprechungen sind entwickelbar, also veränderlich. Freilich geht mit jedem herausentwickeltem Zug ein anderer verloren. Das himmlische Lächeln des befriedigten Säuglings kehrt nicht mehr wieder und unaufhörlich könnte François Villon seine Klage anstimmen: wo ist der Schnee vom vergangenen Jahr? Doch in der Individualentwicklung wie in der Menschheitsentwicklung kommt nur zum Vorschein, was im Kosmos keimhaft angelegt ruht. Die veränderlichen Entsprechungen immer wiederkehrender Prinzipien bilden den Spielraum unserer Freiheit. Halten wir uns daran, so begreifen wir uns als Glied der fortlaufenden Kette „Manifestation des Menschen" und ergreifen mit jedem Glied die ganze Kette.

Wandlung, Sinn, Selbstgestaltung

Wir alle, gerade wenn wir in Welt und Gesellschaft, geschichtliche Gegenwart hineinpassen, sind ständig der Wandlung bedürftig. Sonst müßten wir den Zustand, in dem wir uns befinden, für vollkommen halten. Des Menschen Eigentliches, sein Vorzug vor den übrigen Lebewesen, ist die Fähigkeit, nicht nur instinktmäßig sich dem Vorhandenen anzupassen, sondern einen davon abweichenden Sinn, Aufgaben auf Zukunft hin, zu entdecken und demgemäß sich zu wandeln. Woraus entspringt dies und wieweit können wir es? Wo steckt die Wurzel, es zu vermögen? Mit Wandlung meinen wir mehr als bloße Änderung der Tätigkeit, des Schauplatzes, kein Umfunktionieren der Äußerung. Wir meinen ein *grundsätzliches* Anderswerden. Was aber heißt hier grundsätzlich? Können wir uns denn eine völlig andersartige Wesensstruktur anschaffen?

Dies eben können wir nicht, wohin wir uns auch begeben und welchen Prozeduren wir uns unterziehen. Hinsichtlich der Anlagen und deren gleichbleibender Struktur wird aber jetzt deutlich, weshalb die astrologische Menschenkunde in jeder Manifestation das Verhältnis von *Prinzip* und *Konkretum,* von *Symbol* und *Entsprechung* zu bestimmen sucht. Rekapitulieren wir zum Schluß ihre Hauptthesen.

Ein angeborenes Grundverhältnis der Lebenssymbole überdauert im individuellen Dasein, die Entsprechungen dieser Symbole sind unendlich wandlungsfähig. Wandlung einer Persönlichkeit heißt mithin, den grundsätzlichen Bestand des eigenen Wesens aufzuschließen, auf die kosmischen Wurzeln seiner Kraft sich besinnend etwas Neues zu gestalten. Hieraus entspringt der schöpferische Umschwung zum Bisherigen.

Dieses der Geburtskonstellation entnommene gegenseitige Verhältnis der Wesenskräfte enthält in *Ausdruck* und *Richtung* gewisse Mehrbetonungen, die wir erst in der *Auseinandersetzung mit der Umwelt* entwickeln können. Darin formt sich der Charakter, bilden sich seine Eigenschaften aus. Hierbei treten die individuellen Strukturelemente hervor, nach denen sich die Entwicklung der Eigenart vollzieht. Wir finden die Ordnung dieser Strukturelemente im *kreisläufigen System* in zwiefacher Form, als Ausdrucksqualitäten und als gegenständliche Richtung der Interessen. Wandlung ist eine solche im Verhalten zur Welt, der durch die Auseinandersetzung angeregten, in ihr manifestierten Umgestaltung von Ausdruck und Richtung, was aber nicht die Struktur der Wesenskräfte, ihr gegenseitiges Verhältnis, ändert, sondern je nach der eingenommenen *Entwicklungshöhe* die *Entsprechungen* ihres symbolischen Gehalts betrifft. Das Grundsätzliche der Wandlung, die Neuerung und Umgestaltung, geht aus dem Niveau hervor, das Wandelnde selbst sind die Kräfte.

Es stehen mithin den *äußeren* Wandlern (den Planeten, zu denen geozentrisch auch Sonne und Mond rechnen) die *inneren* Wurzeln unserer Wandlungsfähigkeit analog. Im

Kosmogramm haben wir ein *Gleichnis.* Müssen wir auch das Leben auf der Erde in immerwährendem Konnex mit den Bewegungen im Sonnensystem denken, so betrifft der physikalische Anteil, das Energetische, nur Allgemeinwirkungen auf schon geprägte Gestalt. Die individuelle Wesensstruktur ist kein Abdruck der Konstellation. Vielmehr haben organische Bildekräfte, beim Menschen zur Individualisierung fortgeschritten, sich zu Zeugung und Geburt zusamengefunden und gemäß der Abschlußkonstellation des Bildeprozesses strukturell geordnet. Als individuelles Gefüge sind wir Ergebnis vorangegangenen Lebens, sind im Prinzip zu dem *geworden,* was analog der Geburtskonstellation zur Erscheinung kommt. In der inneren Konstellation der Kräfte jedoch liegen die Ursprünge des *Weiterwerdens.*

Hier ist eine Abgrenzung geboten gegen die vulgäre Einflußtheorie. Sie sieht dies Gewordensein in den Gestirnen begründet, ebenso das Weiterwerden, das sie als Ablauf eines vorbestimmten Schicksals in konkreten Ereignisformen versteht. Nach dieser Auffassung wäre streng genommen keine Wandlung aus eigener Kraft möglich, auch keine solche im Schlepptau äußerer Verhältnisse. Solchem Schicksal gegenüber sind uns keine radikal abändernden Kräfte verfügbar. Höchstens könnte man ihm vom Verstand her entgehen wollen, charakterliche Eigenschaften zu verbessern trachten, wogegen der Fatalist den Nachweis einer absoluten Zwangsläufigkeit zu erbringen versucht. Eine gemilderte Auffassung spricht von Neigung statt von unabwendbarem Zwang, läßt aber die Änderungsmöglichkeiten im Unklaren, verwischt die Konsequenz der Einflußtheorie.

Wandlung kann nur aus *gewandelter Auffassung der Sachverhalte* begriffen werden, strukturell ist sie vorgeprägt aber nicht niveaumäßig. Organisch kosmologisch sehen wir keine fertigen Eigenschaften, sondern *Anlagen,* keine Ereignisse, sondern *Tendenzen des Zeitkontinuums* vorbestimmt. Anlagen sind ausbildbar, Tendenzen steuerbar, schon von der Umwelt her verändern sich die einkleidenden Entsprechungen der angeborenen Struktur. Freiheit oder Zwangslauf als abstrakte Fragestellung hebt sich auf im „Sowohl als Auch“ des Satzes, daß jeder Organismus einen Spielraum der Existenzbetätigung mit elastischen Grenzen hat. Im menschlichen Schicksal insbesondere sind die Grenzen nicht nur durch Zufälligkeiten der Umwelt, sondern durch *Vorgänge der Innenwelt* verschiebbar.

Freiwillig verschieben wir zufolge dem Gesetz der Trägheit allerdings die Grenzen selten. Äußere Nötigung aber wäre unwirksam, erweckte sie nicht eine angeborene, die *endogene Problematik.* Damit sind wir astrologisch im Bereich der Aspekte, gedeutet als Aufgabestellungen der Innenwelt. Die uns von da fühlbar werdenden Probleme und vor allem die Konflikte, die Krisen, bilden die Hebel unserer Wandlungsfähigkeit. Mit ihnen treten ja die Kräfte in *akute Beziehung*, wir *müssen* uns entscheiden und so wird der Anlaß, die äußere Nötigung, gegebenenfalls zum Sprungbrett der Freiheit. Ob wir springen, steht nicht im Kosmogramm. Das „so oder so“ in der Handhabung der Wesenskräfte liegt am *selbstbestimmenden Faktor.* Wird eine Wandlung zwar volbracht aus den organisch gesteuerten Bildekräften der Lebensgestalt, erlebt als Seelenkräfte (wenn uns die Zügel entgleiten, liefern wir uns mechanischem Wirken aus, dann hat der Fatalist recht), so ist sie doch keine bloße Angelegenheit der Innenwelt. Auch stummes Insichgehen braucht eine vorangegangene Auseinandersetzung mit der Außenwelt. Nur durch diesen Austausch kommen Ausdrucksqualitäten und gegenständliche Richtungen analog dem kreisläufigen System zustande, aus ihm sind sie entwickelbar. Je nachdem unsere Anlagestruktur *auf Umwelt hin entworfen* ist, sind es ganz bestimmte Personen und Dinge, die entsprechend den darin verankerten Bedeutungen von außen her die Problematik aufrollen. An ihnen bringen wir im Maßstab der erreichten Entwicklungshöhe unseren Vorrat angeborener Verhaltensweisen an.

Bietet uns das umweltlich verflochtene Geschehen die Gelegenheit zur Wandlung, so bleibt natürlich noch offenes

Problem, *ob und woraus* sie zustande kommt. Der Ausdruck „Wurzeln“ trifft auf die Wesenskräfte insofern zu, als sie wurzelgleich ihre Arbeit im Dunkeln verrichten. „Luftwurzeln“ — in der Symbolik des Pneumas bewußte Ursprünge — sind der seltene Ausnahmefall, normalerweise entspringt die Wandlung *unterhalb der Bewußtseinsschwelle.* Oft ist dem Bewußtsein dasjenige was uns grundsätzlich ändert garnicht zugänglich. Am Verhältnis von „Tierkreiszeichen“ und „Häusern“ zeigten wir Irrtumsquellen. Die Gebiete gegenständlicher Interessen werden gewöhlich mehr durch den Verstand bewirtschaftet; er gebietet uns, einen unangenehmen Schauplatz zu verlassen, eine unbequeme Person abzuschaffen, die Luft zu wechseln. Solche Richtungsänderung, anders als die intuitiv aus innerer Notwendigkeit hervorgehende, kann uns eine Wandlung vortäuschen, wobei die Schwerpunktsverlagerung auf das Gegenständliche schon ein Schritt zur Depersonalisation ist. Näher den Wesenskräften stehen die Tierkreisprinzipien, doch die konkrete Art und Weise des Bekundens hängt ab von der Entwicklungshöhe. Es sind Stilformen, aber ihr Gebrauch, der ausgedrückte Gehalt, liegt im Niveau. Gelingt uns darin eine Änderung, dann kann von eigentlicher Wandlung die Rede sein, sie ist *Niveauverlagerung,* unabhängig von auslösenden Personen und Dingen, wenn auch angeregt durch sie.

Daß für eine Wandlung kein bewußtes Wohlmeinen genügt, sondern *tatsächlicher Kräftegebrauch* in Ausdruck und Richtung sich erweisen muß, gibt unser Sprichwort zu bedenken: „der Weg zur Hölle ist mit guten Vorsätzen gepflastert“. Die weitergelebte Auseinandersetzung mit der Welt bildet das *Kriterium ihrer Echtheit.* Personen und Dinge sind Gegenstände der *Bewährung* wie auch auslösende Faktoren *nochmaliger Wandlungen.* Der Kreislauf geht weiter. In bezug auf das Niveau gibt es Wandlungen aufwärts und abwärts. Für die Auslösung gilt keine gleichmachende Norm. Wer anlagemäßig auf Bezugspersonen eingestellt ist, kann durch Wetteifer mit anderen Lernenden (3), durch eine große Liebe (5), durch Lebensgemeinschaft (7), im Geleit von Vorbildern (9), durch Aussprache mit einem Freund (11), aber auch durch Konfrontation mit sich allein (1) zur Wandlung kommen. Undurchsichtiger und weniger akut ist gemeinhin die Auslösung durch Sachwerte, den anerkannten Wert eines Besitzes (2), des Wurzelbodens (4), der werkgerechten Arbeitsleistung (6), der transzendentalen Atmosphäre (8), des sozialen Standes in der Welt (10) oder des Abseitsstehens vom ruhmreichen Posten und Futterkrippen (12). Die Lebensgebiete werden also Kriterium und Auslöser im Maßstab ihrer *Bedeutung*, in deren grundsätzlichem Erfassen sie zum kosmischen Bestand rechnen.

Ein Berater und Therapeut, der Wandlungen auslösen will, sollte Anleitungen aus diesen Zusammenhängen geben. Die astrologische Menschenkunde überwacht die Praxis und erstellt einen theoretischen Rahmen zur Zusammenfassung der in der Einleitung unseres Buches gestreiften Methoden, unter die Selbstbeurteilung des Klienten zu greifen. Damit gelangen wir zur differenzierten Praxis, die natürlich verarbeitete Theorie voraussetzt. Dem Hilfsbedürftigen hülfe abstrakte Belehrung wenig, er braucht ein Gegenwärtigsein aller Seelenkräfte des Mitmenschen seines Vertrauens, (Schweigepflicht des Beraters ist selbstverständlich), zumal an den schwachen Punkten, braucht die Teilnahme an seiner Problematik, so, wie sie sich ihm stellt.

Wandelnwollen ist die Triebkraft aller Psychotherapie — denn Heilen bedeutet Verwandlung eines Zustandes —, der Religionen und Lebenslehren. Die praktische Absicht verhält sich dabei zur Theorie wie Predigen zum Forschen. Der Grundsatz des Vorgehens darf nicht in Frage gestellt werden. Wer auf den Mitmenschen einwirkt, muß dessen gewiß sein, was für diesen sinnvoll ist. In der Praxis hat man sich vor allem mit den Widrigkeiten, mit dem *„Bösen“* auseinanderzusetzen. Außer dem Gebrauch als negatives Argument einer subjektiven Entscheidung, im übergeordneten Blickpunkt, ist böse das Nichtganze, das Desintegrierte. Sich aussondern von etwas, das ganz sein sollte, gilt als Sünde. Gelingt nach einem kritischen

Vorfall, welcher die Einheitlichkeit der Welt durch seine Penetranz zerriß, die Eingliederung des *daran Erfahrenen*, die Reintegration, ist also das personale Ganze wieder heil, so verschwindet das Böse von selbst. Dem Spalter ist nur teilheitliche Gewalt gegeben, das wußten alle großen Religionen.

Sie wußten auch, daß das Böse unabtrennbar zum Leben und seiner Erneuerung gehört, daß ohne Widersacher kein Gott bestehen könnte. Die individuellen Erscheinungsformen dessen sind uns angeboren in den analytischen Aspekten, Bahnen des Bewältigenkönnens sind es mit den synthetischen Aspekten. Von da rührt das Gut und Böse der alten Astrologie her. Sie rückte aber den Sachverhalt in ein falsches Licht, indem sie dem Menschen ein gottgewolltes Gut und Böse aufstempelte und als Fatum verewigte. Statt dessen sprechen wir von Anlagen mit der Neigung, sich vom Wesensganzen auszusondern. Doch das desintegrierte Ganze, in seinem Ganzseinwollen provoziert, kann gerade aus dieser Spannung, wenn es an den Gefahrstellen versagte, *Alarm schlagen*, um aus Mängeln, aufklaffenden Rissen, verschärften Widersprüchen durch *erworbene Synthesen* zur Wesensharmonie zurückzufinden. Dies, das Vernehmen des Anrufs, steht nicht im Kosmogramm. Als Anreger zur Wandlung kann das Böse zuweilen das potentiell Gute sein. Der mithilfe seiner Konflikte sich selbst Heilende ist allerdings kein Heiliger, der Böses im vorhinein vermied.

Insofern gehören, wie naivere Kulturen es sahen, das Böse und Kranke als negative Heiligkeit mit zum *sakralen Bezirk*. Nur sind sie kein Ziel, sondern Warnzeichen des Templums im Inneren. Den analytischen Aspekten entspricht die analytische Denkweise, sie spaltet, kann jedoch ein höheres Bewußtsein des Ganzen stiften. Dies muß in der Umstülpung gekonnt sein. Unmöglich wäre es, die Zukunft eines kulturellen Ganzen auf analytische Weise sicher zu stellen, wie wir es in der Politik immer wieder versuchen; nur Teilverbesserungen werden damit gelingen.

Erinnern wir uns angesichts unserer heutigen Verstandeskultur an die Einsicht Kants, daß der Verstand nur bis zum *analytisch Allgemeinen* gelangt, die Intuition aber *von Ganzen zu den Teilen* denkt. Diese, der urbildliche Verstand, erfaßt den springenden Punkt, wo der alltägliche Menschenverstand, der Intellektualismus, ein klug geknüpftes Netz über die Übel der Gegenwart breitet. Doch scharfes Durchdenken der Möglichkeiten und Unmöglichkeiten bildet die Voraussetzung für Intuitionen von Rang.

Ein heute viel gebrauchtes Wort für weiterentwickelte Eigenart, um dessen Klärung sich C. G. Jung sehr bemüht hat, ist Individuation. Natürlich darf dies nicht mißverstanden werden als Individualismus, so daß man sich um andere nur soweit zu kümmern hätte, als der eigenen Entwicklung dienlich. Die Individuen haben auch darin ihr Eigentümliches, daß sie in verschiedener Weise auf Umwelt angewiesen und angelegt, ihrer bedürftig und ihr verpflichtet, auf sie entworfen sind. Diese Koordination besonders im Mitmenschlichen holen Martin Buber und andere in den Vordergrund, stellen das kommunikative Geschehen zwischen Ich und Du in den Brennpunkt. Noch mehr sehen soziologische Lehren ab von Wünschen, Zielen, Absichten des Einzelnen. Ihre Betrachtung des Menschen als Exponenten der Gesellschaftsordnung vernachlässigt allerdings meistens die Bedeutung des Unbewußten, versteht irrational schlechthin als vernunftswidrig. In allen unterschiedlichen Auffassungen geht es um das Warum und Wohin des Lebens, den Sinn und Inhalt des Daseins.

Ohne einen neuen Sinn wäre Wandlung inhaltslos. Wenn sie auch mehr aus unbewußten Kräften des Ganzen zustandekommt, gibt sie, wenn vollzogen, doch ein Zeugnis seiner *Gesamtausrichtung* und ist zumindest nachträglich diskutabel. Die genannten Auffassungen differieren im Ansatz der Frage nach einem *gemeinverbindlichen* Sinn oder individuell gestellt, dem Sinn *meines* Lebens. Die organisch kosmologische Blickweise enthält beides in ihrer Gegensatzführung, welche die Ordnung der Kreislaufelemente bestimmt. Im Aufdecken der Widersprüche und ihrer Überwindung liegen praktische Aufgaben.

Nennen wir den Sinn des Erdenlebens, die Pole des Gegensatzes verbindend, *Entwicklung*, so ist das Besondere der fortschreitenden Vollendung ein individuell zu gehender Weg. Die einzelnen Schritte geschehen konkret, in jedem Gegenwartspunkt halten wir ein Glied der ganzen Kette. Stellten wir abstrakte Regeln und Maßstäbe auf, sehn wir im Gut und Böse mehr als relative Wendemarken an den Gabelungen dieses Weges, Begriffe die zur richtigen Entscheidung verhelfen sollen, so geraten wir in eine *Ideologie*. Eine Ideologie — was wortwörtlich Ideenlehre hieße — entsteht gewöhnlich dadurch, daß irgendein Gedanke aus einer zusammenhängenden und abgeschlossenen Weltansicht herausgenommen und als Oberbegriff für Folgerungen eingesetzt wird. Dies ergibt das Täuschende einer theoretisch begründet erscheinenden Praxis. Solche Oberbegriffe, obzwar als unumstößlich hingestellt, leihen aber nur die *Perspektiven* her, unter welchen die Tatsachen zu betrachten seien. Folgerungen aus den Tatsachen selbst sind etwas anderes. Deshalb die für den Realisten abschätzige Bedeutung des Wortes „Ideologie“ als einer weltfremden, wirklichkeitsfernen und deshalb illusionistischen, genau genommen untauglichen Lehre. Im Sinne solcher Zergliederung von oben her gibt es religiöse, politische, psychologische Ideologien. Doch der Realist, wenn er Naturwissenschaft betreibt, kann ebensowenig einer Ideologie entraten, indem er konkrete Tatsachen oder daran gefundene Eigenschaften unter Oberbegriffe wie kausal und mechanisch, teleologisch, organismisch einreiht, wenn auch lediglich der Methode des Vorgehens nach.

Zum Unterschied von Anschauungen *über* die Schöpfung, was nur ideologisch möglich ist, versucht der organisch kosmologische Weltblick, der die Revision der Astrologie durchformt, in *Elementen des Schöpferischen* zu denken. Dies sind die Bildekräfte der Lebensgestalt, zusammengefaßt die organische Ganzheit bewirkend, im Menschen spezifiziert als Wesenskräfte. Anders als die Begrifflichkeit einer ideologischen Ordnung drücken sie das Lebensganze durch *Symbole im Stellenwert zueinander* aus. Analoges taucht auf in den großen Mythologien, in der Bildschöpfung jedes Traumes, aber auch, was zur Vorsicht in den Formulierungen gemahnt, in Wahnphantasien. Wichtig daher die ständige Beobachtung am lebenden Modell, da die Konstellation eine dem Anthropomorphen enthobene *Kontrolle* gestattet.

Die Deutung der individuellen Geburtskonstellation übersetzt ins Bewußtsein, was als gegliedertes Ganzes aus dem Schoß der Natur hervorging. Dies müssen wir im Beurteilen der konkreten Selbstverwirklichung immer vor Augen haben. Die Verwirklichung bedient sich wandelbarer Entsprechungen, durch die ein Mikrokosmos in Erscheinung tritt. An ihnen ist nun *Selbstgestaltung* möglich. Es erfolgt eine *Sinngebung des Sinnlosen*, wenn der selbstbestimmende Faktor zu Aufgabe und Entwicklungsziel findet. Indem er, die Sinnbildhaftigkeit der Entsprechungen erkennend, die Konkretionen auf ihr Prinzip im Weltzusammenhang zurückführt, stößt er zu höherwertigen Entsprechungen vor. Trotz Verlust und Zusammenbruch von bisher Erstrebtem, im abgründigen Schmerz noch vernimmt er den Ruf Brahmas an den durch Shaktis Tod verwundeten Shiva: „von Maya verzaubert siehst du nicht, was dir im innersten Herzen wohnt!“ Der Durchgedrungene wird dessen ansichtig, was der akosmische Blick auf die Dinge entstellt und verschleiert.

Ob mit oder ohne Kontrolle am Geburtsbild heißt sinnvolle Selbstverwirklichung, Mitte und Umfang seines Wesens in richtiger Proportion zu haben, heißt ferner, Mensch als individuelles Zeitkontinuum gesehen, der jeweiligen Lebensstufe und ihren Problemen angemessen zu leben. Gestaltung ist zunächst ein Prozeß der Verwirklichung und Reife des ureigenen Sonderseins im Entworfensein auf Umwelt. Sehn wir die Individualität als Ausschnitt und ungleiche Betonung der kosmischen Elementarordnung, so hat das Streben nach Vollständigkeit und Harmonie auf diese

Sonderheiten des Kosmogramms einzugehen. Nur wer sich darin akzeptiert, kann in gesunder Form weiterstreben. Es verbieten sich aber Tugendlehren, die anlagemäßig schon Mitbekommenes hinaufloben als stäke darin ein Verdienst, oder Ideologien, die Anlagen abwerten. Wert hat nur, was aus Anlagen *erworben* wurde. In der Fertigprägung von Eigenschaften wirkt die mitmenschliche Korrektur durch Aufmerksammachen auf Lücken und Mängel und regt an, auch das individuell *Unbetonte* zu verwirklichen oder wenigstens anzuerkennen. Diese gestaltende Verwirklichung bedeutet also keineswegs, seine Anlagen nur so unumschränkt als möglich auszubilden. Sich ausleben heißt noch lange nicht, *aus sich leben.* Es mag einigermaßen für die erste Lebenshälfte genügen, in der zweiten aber zieht dringlicher die Problemschraube an: was ist meine Rolle als Einzelner in der allgemeinmenschlichen Bestimmung? Vor dieser Kernfrage des humanen Sinns im Dasein versagen, bedeutet Altersrückgang. Zum sinnvollen Altern gehört die Menschlichkeit, in der jeder Individuationsprozeß ein übergeordnetes Ziel in sich trägt. Mitunter führen uns Träume oder intuitive Einfälle auf die Spur.

Ein Mann stand vor der Wiederbegegnung mit einer geliebten, ihn einstmals durch Schönheit faszinierenden Frau. Am Tage zuvor las er einen Bericht über Entdeckungen auf der Insel Santorin, von der ein Teil infolge Vulkanausbruchs ins Meer gesunken. Zeugnisse einer alten, unbekannten Kultur wurden da ausgegraben. Wie lange schon bin ich von jener Frau getrennt, schoß es ihm dabei durch den Kopf, wer weiß, was inzwischen alles geschehen ist. In der Nacht träumte er von einem hochgetürmten Berg häßlicher Schränke und Koffer, unter denen er einen Tempel begraben wußte. Die Schränke und Koffer saßen fest und ließen sich erst entfernen, wenn man sie einzeln aufschloß und leerte. Dies war eine mühselige Arbeit wegen der rostigen Schlösser und zum Teil fehlenden Schlüssel, an deren Stelle man andere probieren mußte. Unverzagt aber machte sich der Mann an die Arbeit, weil er wußte, was darunter verborgen.

Ist es nötig, diesen Traum zu deuten? Wer eine Schönheit sakraler Art anstrebt, kann auf den sinnlichen Reiz der Jugend verzichten.

Zweifellos gibt es verborgene Ziele, zweifellos Zielverfehlungen. Schon in der Individualisierung des Menschen liegt der Grund erlebter Unvereinbarkeiten, von einander abweichender Standpunkte, erbitterter Kämpfe um Mein und Dein. Das Gutmachen, zu einem Ganzen führen, das Böse teilheitlicher Blickpunkte aufheben, sie entgiften, erfordert mancherlei Selbstüberwindung. Es verlangt den Überblick über anstachelndes Entweder-Oder, das davon ausgeschlossene Dritte in den Blickkreis ziehend. Was theoretisch als logischer Fehler erscheint, kann in der intuitiven Praxis richtiges Ergreifen des Punktes über den Gegensätzen sein. Das Paradoxon der Freiheit setzt auf diesen springenden Punkt und wenn es nicht alle, auch die absurdesten Möglichkeiten inbegriffe, höbe es sich selbst auf. Nur der Irrsinnige vermag autistisch zu leben, ihm wurde mit dem Zugang zur Außenwelt ein Denken und Handeln außerhalb seines Zwangslaufs versperrt. Das Anderssein des anderen nicht anzuerkennen führt zum Automatismus. Dies, wie pathologische Erscheinungen lehren, sind die *internen Zwangssysteme*, meist weniger spürbar als die vielberufenen sozialen Zwänge. Ihr Anlaß und die vorstellungsmäßige Einkleidung stammt aus persönlichen Verletzungen, Erfahrungen, die nicht positiv integriert werden konnten; der eigene Konzentrations-Schwerpunkt wurde dem Fremden, Beängstigenden überantwortet und im internen Zwangssystem schuf sich der Selbstschutz eine künstliche Harmonie, eine notgedrungen geschlossene Welt, besetzt mit Abwehrsignalen gegen weitere Gefährdung.

Begreifen wir die logistische Gegensätzlichkeit von Freiheit und Zwangslauf als Entsprechung des Solaren und Saturnalen dialektisch, so verlagern wir den allgemeinen Existenzbezug auf die Ebene organischer Wesenskräfte. Im Zwangssystem des Irrsinns geht die Rechnung immer auf, weil Nichtintegrierbares vom Bewußtsein ferngehalten wird. Gesundes Erleben dagegen bedeutet Offenhalten der

Gegensatzspannung, Kampf der selbstüberzeugten Seinsmächtigkeit in bedrohter Existenz. Hierbei enthüllt das „Fremde", die erfahrbare Außenwelt, eine Zwiegesichtigkeit, mythologisch im Januskopf dargestellt. Das Bild drückt sowohl das Zwangsläufige von Abwehr- und Schutzhaltungen in der soeben beschriebenen geschlossenen Welt aus, als auch den offenen Weltblick mit innerem Zwang einer Gesetzlichkeit, welche das Nicht-Ich integriert enthält. In der ersten Form stützt Janus gewordenes Leben behelfsmäßig oder negiert es, in der zweiten Form bietet er einen Halt für weitergehendes Leben. Die Geltung als „Randelement" gibt Saturn diese zwei Gesichter, die auch das Verhältnis zum Schicksal bestimmen. Das eine, das *registrierende* Gesicht des Janus blickt ins Vergangene, haftet am Alten, sieht äußere Notwendigkeiten, kettet uns an die Tradition, impft aber auch Ermüdungsgifte ein, indem es uns die materielle Schwere des Erfahrbaren auflastet. Dieser „Hüter der Schwelle" alter Mysterien tritt *vor* der Wandlung auf. *Nach* der Wandlung, bei integrierter Erfahrung, zeigt sich das andere, das *voraussorgende* Gesicht des Janus. Es ist auf Künftiges gerichtet, plant geistig konstruktiv in der Bedeutung von WASSERMANN gegenüber STEINBOCK, unnachgiebig auf Sicherungen bedacht, das Herantretende dem Strukturnotwendigen unterwerfend.

Wie alle Widersprüche in der Auseinandersetzung mit der Umwelt löst sich das Freiheit-Zwangslauf-Problem dialektisch, indem wir aus These und Antithese eine Synthese herausarbeiten. Um uns selbst zu verwirklichen, verlassen wir die Verinselung des Ichs, werfen dessen Thesen, die Absichten und apodiktischen Behauptungen, gegen das antithetische Anderssein der Umwelt; das hiervon Annehmbare fordert Synthese im Erkennen und Handeln heraus, wenn wir nicht ins pathologische „Ich bleibe Ich" abwandern wollen. Auf diese Weise durchlaufen wir Kreis um Kreis und konfrontierten uns jeweils geändert den eigenen Ausgangsvorstellungen.

Dieser Kreislauf stammt nicht vom Himmel, dem wir die Abschnitte individueller Mehrbetonungen und das

Spektrum darin eingelagerter Wesenskräfte entnehmen. Was die vulgäre Auffassung äußeren Einwirkungen, „Schicksalsmächten des Tierkreises“ oder „Erdraumfeldern“, zuschreibt, begründet sich im *Urmodell umweltbezogenen Lebens.* Das Hervorgehen aus dem principium individuationis setzt sinngemäß ein Marsprinzip an den Anfang, gegenübergestellt einem Venusprinzip. Dem Tun und aktiven „Machen“ steht ein Gewähren, ein passives „Zulassen“ gegenüber. Jeder Schritt ist durch die Gegensatzverwandtschaften in Stilform und Bedeutung bedingt, ein Schritt ruft den anderen hervor, ein in jeder Wendung doppelwertiges Leben und im zeugenden „Kairos“ liegt der Übergang vom Unendlichen zum Endlichen. Was als dieses zur Erscheinung kommt, wird im fortlaufenden Prozeß jenem wieder anheimgegeben.

Seit je beschäftigt den auf sich selber reflektierten Menschengeist die Frage, wie es möglich sei, täglich ein anderer zu werden und doch derselbe zu bleiben. Wir beantworten dies mit dem Gedanken der überdauernden Struktur. Sie läßt Wandlungen zu in Entsprechungen gleichbleibender Komponenten auf verschiedenem Niveau. Selbstverwirklichung im Ablauf wird *Geschichte.* Die Entfaltung des Wesens ist dabei zugleich Verlarvung im Ereignis. Immer wieder drängt uns das Leben zu vorher unbekannten Rollen, setzt uns neue Dinge vor, wirft uns in nicht geplante Situationen. Verständlich der Wunsch nach Vorherwissen, stimmenden Orakeln, und ein eigensinniges Streben sucht die weißen Flecken der Landkarte verschwinden zu machen. Gelänge die Vorausschau ganz, so würde sie das *Abenteuer* ausrotten, es lebt ja vom zufällig Herantretenden und nach ihm giert, wen die bloße Abwicklung vorher gewußter Ereignisse ernüchtert. Im Klima abenteuerlicher Welt wurden die antiken Priesterorakel von Fall zu Fall gegeben. Sie übertrumpfend behauptete dann die Astrologie ein berechenbares Schicksal, gedacht in vorbestimmten Ereignissen. An so verhafteten Denkgewohnheiten krankend liegt die heutige Schicksalsforschung noch im argen. Die revidierte Astrologie führt zum Abenteuer des Lebens zurück, sieht es aber innen. Die Berechenbarkeit von *Rhythmen* und *Tendenzen* ist aufzufassen nach Art von Strömungsgesetzen, wobei *das Gewordene das Werdende bedingt.* Äußere Umstände modulieren die Verwirklichung, dem Betroffenen verbleibt im Entscheidungsfall eine gewisse Wahl des künftigen Strombettes.

Die rechnerische Aufschlüsselung und Kombination der Zeitfaktoren — progressiver Horoskope, direktionaler und transitärer Tendenzen — bedarf einer gesonderten Darstellung. Damit würde die Selbstverwirklichung als *Prozeß,* das phasenmäßig individuell gegliederte Kontinuum, rational durchleuchtet. Berechenbar ist so eine *determinierte* Zeitgestalt als Ablaufsschema des *autonomen* Willens zum Dasein, der darin seinen Spielraum zu erweitern sucht. Für heutige Computergläubigkeit wäre allerdings ein starrer Schicksalsautomat, der fertige Ereignisse ausspeit, bequemer denkbar. Mechanistisches Denken läuft strenger nach logischen Regeln, ihm zufolge macht die Natur keine Sprünge und besteht keine schöpferische Möglichkeit, mithin auch keine Selbst*gestaltung.* Um etwas wie einen Spielraum mit elastischen Grenzen zu verstehen, dürfen wir uns nicht „hier" einen so oder so beschaffenen Charakter vorstellen, der „dann und dort", wie es zufällig kommt oder notwendig vorbestimmt ist, diese oder jene Züge offenbart. Dies schlösse organische Reife und eigentliche Wandlung aus. Vielmehr treten Wesenskräfte zu einer anlagemäßigen Struktur zusammen, drängen in diesem Rahmen mit wechselnden Überblendungen weiter, und diese schöpferische Wirklichkeit geschieht nicht im sozial leeren Raum, sondern ist Teilprozeß kollektiver Entwicklungen. Berechenbar sind Knotenpunkte, die *Alternativen* stellen, also *Entscheidungen* herausfordern. Unberechenbar ist deren Ausfall. Hier nämlich greift der selbstbestimmende Faktor ein und wählt dem Entwicklungsstand angemessene Entsprechungen. Gegebenenfalls können wir Wahrscheinlichkeiten abschätzen. An der Oberfläche sind die Ereignisse Produkte aus Umständen und intellektueller Entscheidung, in der Tiefe gehen sie aus Manipulationen des Unbewußten in seinen vielen Schichten hervor. Was wir *Strukturzwang* nannten, betrifft diese dem Bewußtsein verborgene Seite des Wesens, die in der „Anziehung des Bezüglichen“ von außen her uns *nötigt, so zu werden, wie wir dem Entwurf nach werden können und sollen.* Ob wir diese Nötigung verstehen und meistern, liegt bei uns.

Das neue Menschenbild der revidierten Astrologie

Zeitgenossen, die positiv zur Astrologie stehen, ohne tiefer in ihr Wesen eingedrungen zu sein, genügen sich meist an der Konzession, man müsse das Horoskop in unser Menschenbild einbeziehen. Das heißt also, daß wir Charakter und Verhalten des Menschen in der Hauptsache schon mit gebräuchlichen Mitteln verstünden; zusätzlich mag dann etwas hinzukommen, was die Astrologie – auf den heutigen Stand der Forschung gebracht – zu sagen habe. Denkgewohnheiten sind mächtig. Es handelt sich nach dieser Auffassung um eine Fortsetzung von bisher Bekanntem in das Unbekannte hinein, eine Art von kosmischer Umwelttheorie.

Was dagegen die revidierte Astrologie, aus ihren Grundlagen begriffen, bringt, ist eine völlig neue Konzeption des Menschen. Hierin wird sie zum Diskussionspunkt des geistigen Umbruchs unserer Gegenwart.

Wohl kaum ein Mitlebender nimmt die Gegenwart als unproblematisch hin. Er entdeckt eine Menge von Übelständen. Ist von den Ursachen die Rede, so werden Ichsucht, Materialismus, Machtstreben, anwachsende Aggressivität und anderes genannt, dem man moralisch beizukommen sucht. Die Ergebnislosigkeit solcher Bemühungen rührt aber nicht zuletzt daher, daß die gerügten Übelstände oft die gleiche Wurzel haben wie die vielgepriesenen Errungenschaften der Neuzeit. Wir können konkret verschiedenartige und verschiedenwertige Erscheinungen als symptomatisch für eine bestimmte Denkweise betrachten. Obzwar entgöttert und in Religionsfragen nihilistisch, ist es doch keine glaubenslose Zeit, in der wir leben. Allerdings vertauschen sich alle paar Jahre die Stichworte dafür, und dies ist nicht nur der Schnellebigkeit anzurechnen, sondern Ausdruck einer Krise. Die meisten glauben und hoffen, daß es vorwärts gehen wird, wissen nur nicht wie, aber keineswegs herrscht mehr der unbedingte Fortschrittsglaube wie wenige Jahrzehnte zuvor, als zu hoffen schien, daß man damit dem Menschen helfen und sein Leben verbessern könne. Nur Aufklärungsfanatiker, Fachwissenschaftler mit Scheuklappen, Unternehmer absatzfähiger Güter und Technokraten geben sich unentwegt fortschrittsgläubig, um an ihrer Produktionsweise festzuhalten. In menschlichen Angelegenheiten gehen wir durch einen ausgeholzten Forst – die von früheren Tabus gereinigte Gesellschaftsmeinung –, befinden uns aber in einem Urwald offener Fragen. Es bewahrheitet sich, was Adalbert Stifter bereits im vorigen Jahrhundert vorhersagte, daß der Gewinn des Fortschritts zum Eigentum einzelner würde; was aber an Menschlichkeit verloren ginge, verlören alle.

Unserer Zivilisation liegt eine rein lineare Denkweise zugrunde, eine unendliche Gerade, in der das Spätere schlechthin Folge von Früherem und nichts weiter ist.

Zugegebenermaßen gibt es Irrwege, doch abgesehen von solchen „Sackgassen der Entwicklung“ bewirken ständige Verbesserungen im kleinen den Vorwärtsgang im großen, sagt man. Der Mensch, fortschreitend die Dinge rationeller gestaltend, ernennt sich in Selbstvergottung zum Herren der Natur. Der hierauf abgestimmten Phrasen gibt es viele: „Stillstand ist Rückschritt“, „Wissen ist Macht“ usw. Die neuesten Atombrüter sollen diese Herrschaft dokumentieren. Wer die geradlinig vorschwebenden Ziele verfehlt, kann daraus lernen, wie er es ein andermal besser macht. Lernt er nicht, dann bleibt er auf der Strecke. Die Überlebenden gehen vorwärts. Schreitet man logisch voran, von gegebenen Prämissen zu klaren Schlußfolgerungen, so kann es gar nicht anders sein, meint man, denn da die Prämissen, die Vordersätze der Logik, durch Wissensanreicherung immer richtiger werden, müssen auch die darauf fußenden

Absichten unfehlbar besser sein. Aus dieser Denkweise entsteht ein Menschenbild, das zwischen Anfang und Ende des persönlichen Lebens auf *Leistung* gestellt ist – und das bedeutet Rivalität, denn es tobt der Ausscheidungskampf von Gleichstrebenden. „Krieg aller gegen alle" verkündete Hobbes am Beginn der Neuzeit. Die eingangs genannten vermeintlichen Ursachen der Übelstände enthüllen sich als Symptome einer fortschrittsbesessenen Wirklichkeit, als Anreize mit der Zuversicht, auf dem eingeschlagenen Wege besser vorwärts zu kommen zum Wohle der Menschheit.

Astrologen sollten hellhörig sein dafür, daß die Gerade nicht das einzig gültige Denkmodell abgibt. Sie haben im Tierkreis ein Mandala alter Kulturen, einer zyklischen Denkweise, zu hüten. Abgesehen vom Inhalt, der weltanschaulichen Bedeutung dieses Symbols, ist ein Denkmodell nicht nur wichtig für den Stil des Denkens, sondern für die gesamte Einstellung zur Welt. Was im Kreis sich gegenüber liegt, bezeichnet keine sich ausschließenden Gegensätze, sondern polaristische Aufrundung einer Einseitigkeit. Denken wir in Zyklen als einer sich wiederholenden Abfolge von Stufen, deren eine aus der anderen hervorgeht und die sich zu einem Ganzen zusammenschließen, als Ablauf, worin jede Phase zum Ausgangspunkt zurückstrebt, so *kann das Frühere in einem Zyklus gar wohl die Folge von Späterem in einem vorangegangenen Zyklus sein.* An „frühere" und „spätere" Zeichen im Tierkreis gedacht: welche Urteile ich gemäß dem geistig beweglichen Zeichen ZWILLINGE abgebe, hängt daran, wie ich entsprechend der SKORPION-Stufe in vorangegangenen Kreisläufen negative Erfahrungen seelisch verarbeitet und in positive Stellungnahmen umgemünzt habe. Es kann mir dabei auch die Überwinderkraft von Vorfahren zugute kommen. Dergleichen ist aber nur dann unstreitbar der Fall, wenn die Urteilsform nicht von Einflußzonen am Himmel (den „Sternbildern") herstammt und mechanisch bewirkt wird, sondern der Kreis ein Zusammenschluß organischer Prinzipien existentiell wichtiger Verhaltensweisen ist, die sich im Auseinandersetzen mit den Dingen der Welt verändern können. So die Auffassung der revidierten Astrologie.

Tierkreisprinzipien sind gestufte Formen der Auseinandersetzung des Organismus mit seiner Umwelt. Von Auseinandersetzung kann die Rede sein, wenn Erfahrungen gegebenenfalls das Verhalten ändern in der Tendenz, es zu verbessern. Für das Ergebnis bei ZWILLINGE ist demnach mit ausschlaggebend, wie und mit welcher Gründlichkeit das zweiflerische Prinzip SKORPION in der Vergangenheit an die Objekte herangetragen wurde: abfällig, herunterreißend, indem einem Zerstörungstrieb nachgegeben wurde, oder Erkenntnis suchend, indem das zweiflerische Vorgehen tiefer schürfend zum Grund der Erscheinungen vordrang, lediglich Unhaltbares und Ungesundes ausmerzend.

Während im Leben als gerade Strecke verstanden der Tod das befürchtete Ende ist, der Stillstand der Leistungsmaschine, läßt das Kreislaufdenken ein „Stirb und Werde" zu – die Umpolung der organischen Zeit –, *Regeneration, Wiederholungswert.* Dasjenige nämlich, was geradlinig gedacht nur Verbrauch, Ermüdung, Sinken der Lebensenergie, Entkräftung brächte, wurde aufgearbeitet zu wiedergewonnener Befähigung, zur Voraussetzung eines neuen Anfangs. Dies ist etwas spezifisch Organisches, das uns kein Mechanismus erklärt, von praktischem Wert für die astrologische Deutung: Wenn zwei mit gleicher Geburtskonstellation schicksalhafte Enttäuschungen einheimsen, wird der eine niedergeschlagen die Hände in den Schoß legen, der andere die Tatsache akzeptieren und zu einem Neubeginn finden. Der Fatalist sagt: dies hat er ja aus dem Horoskop! Er leugnet das *Selbstgeschaffene,* weil er nur Determinationen sehen will und verwechselt dadurch das sich regenerierende und weiterschaffende Leben mit dem mechanischen Ablauf.

Starre Deutungsregeln, die das lebendige Handeln von der Gestirnstellung ableiten wollen, sind als verfängliche Vorprogrammierungen und im prognostischen Fall einen „Erfüllungszwang" setzend lebensfeindlich. Eine die organische Wandlungsfähigkeit beobachtende Astrologie bleibt hingegen elastisch, ihre Aussagen meinen *abwandelbare Entspre-*

chungen fest bleibender Prinzipien. Im Kosmogramm finden wir abwandelbare Anlagen, die als Niederschlag einer Erbvergangenheit betrachtet werden können. Wir wissen aus diesen Anlagenprinzipien nicht, welchen Gebrauch der Erbe dieser Vergangenheit von den ihm verliehenen Gaben in der Fertigprägung zu Eigenschaften macht. Wir wissen mit anderen Worten gesagt nicht, welche Entsprechungen die Selbstverwirklichung des Menschen in seinem Werdegang durchläuft und zu welchen seine Entscheidung sich wendet. Unbekannt ist uns schon die erbmäßig vorauszusetzende Entwicklungshöhe und wie die Verwirklichung durch Umwelteinflüsse modifiziert wurde. Dies erfahren wir erst durch eine der Deutung vorausgehende *Anamnese.* Der Vulgärastrologe hingegen glaubt, in der Handhabung schematischer Regeln alles und jedes der Konstellation entnehmen zu können.

So wird das „Ungenaue“, richtiger Symbolhafte der astrologischen Aussagen, die aus einer *Blinddiagnose* (Meßbild ohne Anamnese) möglich sind, verständlich. SKORPION zum Beispiel ist ein Zeichen der Krisis im Sozialverhalten mit ungewissem Ausgang; es gibt darunter sowohl Ausbrüche extremer Ichsucht, von Sadismen, Zerstörungslust, des Abschneidens organischer Bindungen, als auch der Selbstaufopferung, der Askese oder des tätigen Wirkens zu Gunsten anderer mit Zurücksetzung der eigenen Person. Mancher ist ambivalent und pendelt zwischen beidem. Niveaumäßig steht der Mensch bei jedem Tierkreisprinzip an einer Wasserscheide, die Entscheidung und das Gefälle gibt kein Horoskop an. Welche Seite er wählt, liegt bei ihm, auch wenn es Begünstigungen dahin oder dorthin gibt. Der Tierkreis ist kein Auskunftskatalog äußerer Endprodukte, sondern ein *zyklisches Denkmodell innerer Vorgänge,* wobei eines aus dem anderen folgt.

Zum Verhalten bei SKORPION – das vorausgehende Prinzip in Rechnung gestellt – ist etwa ausschlaggebend, wieweit das kontaktnehmende Zeichen WAAGE gelebt wurde als Vereinbarung mit dem Anderssein des anderen. Der Weitergang vom SKORPION-Prinzip liegt dann bei

SCHÜTZE im Ansteuern überpersönlicher Ziele, in denen sich Verschiedenheiten zusammenfassen, aus Zweifel umschlagend in Glauben. Die Überspitzung des Freiheitsimpulses im bejahenden Wollen weicht sodann bei STEINBOCK der abwartenden Geduld gemäß der Tatsachenlage und ihrem Gesetz, das Fordernde schlägt um in Sach-Erfüllung, die bei WASSERMANN Breite und ideale Höhe erlangt, zu System und Ritual allgemeingültigen Verhaltens wird, bevor in FISCHE das Ablassen von allem Ichbezogenen möglich ist. Im Umsatz gemachter Erfahrung oder primitivem Wiederanfang beginnt mit WIDDER der neue Kreis, sei es durch subjektiven Tatimpuls, sei es in ethischer Verpflichtetheit des Jetzt und Hier im persönlichen Daseinsanspruch.

Nur das Anlageprinzip steht fest. Wenn die vulgäre Deutungsweise niveaubedingte Erscheinungen in ihre Regeln aufnimmt, von guten und bösen Zeichen oder Aspekten oder gar bei Planeten von Wohltätern und Übeltätern spricht, läßt sie außer acht, daß Eigenschaften erst *geprägt* und Tugenden aus Angelegtem *erworben* sein wollen. Dies sind „Entsprechungen" des im Kosmogramm niedergelegten Gefüges, und Höherentwicklung ist die „spiralige Tendenz" bei der Wiederkehr des Prinzipiellen.

Kreis und Kreis bedeutet nicht dasselbe. Betrachten wir mit hausbackenem Verstand einen fertig gezogenen Kreis als stationäres Gebilde, dann betrifft er das so oder so Vorfindliche. In ideologischer Verwendung kann er etwas „Ewiggültiges" meinen, mit variablen Gegenübersetzungen beschriftet, die Inhalte brauchten wir nur abzulesen. Auf solche Weise betrachten viele Astrologen den Tierkreis und bedienen sich seiner als Aussageschema. Dies ist nicht der *dynamische* Kreis, der Ablauf im Werden und Vergehen, Sein und Nichtsein, der *Lebenskreis.* Im Leben treffen keine endgültigen Formulierungen zu. *Leben heißt Verwandlung, das Prinzip ist genau, das Konkretum fließend.*

Wer vermöchte stets aus dem Verhaltensprinzip das Genie vom Irrsinnigen zu unterscheiden, wo haben wir astrologisch das sichere Merkmal für einen Heiligen oder einen Verbrecher? Ist die freie Entscheidungswahl nur eine psychische Selbsttäuschung, wie die Fatalisten behaupten? Greifen wir noch einmal SKORPION auf: wer kann bei starker Besetzung dieses Zeichens sagen, ob es einen ausbeuterischen Menschenverächter, einen aggressiven Störenfried und Zyniker oder einen opferbereiten Sendboten höherer Mission darstellt? Wer dies aus „guten" oder „bösen" Aspekten herauslesen will: weiß er nicht, daß kräftige Konflikte oft die Voraussetzung seelischer Neugeburt sind? Gemeinsam ist beim Auftauchen dieses Prinzips höchstens, daß es zu mehr oder minder radikaler Umwertung der Werte treibt, wofür erlittene Unvollkommenheiten nötig waren. Entwicklungshöhe und Methode sind aber verschieden: der eine wühlt in Negativismen herum, die der andere als „Totengräberei" verachtet und ein „Trotzdem" sucht. Dies ist nicht Sache des Prinzips, das bei SKORPION an Abgründe heranführt, sondern der gewählten Entsprechung auf dem Wege der Selbstverwirklichung.

Blind gegen diesen Umstand erfand man eine Einteilung nach gut und schlecht, die gerade bei selbstverantwortlichen Menschen daneben trifft. Die sogenannten bösen Aspekte haben für den Verantwortlichen einen *Aufforderungswert.* Das Problem ist offenbar *Kriterium und Höherstaffelung des Menschenwürdigen,* die nicht im Kosmogramm stehen. (Ich erinnere an das unbequeme Wort „Aussagegrenze" in meinen Büchern). Einsichtigere relativieren das Gut und Schlecht und stellen die Sache so dar, daß der höher Entwickelte empfänglicher sei für feinere Strahlen desselben Gestirns, von dem der minder Entwickelte die Grobwirkungen abbekäme. Dabei werden die Verursacher dessen, was aus dem Horoskop gesagt wird, *außen* gesucht. Uneinsichtige bleiben bei der fatalistischen Auffassung und behelfen sich bei „Ungerechtigkeiten des Schicksals" mit der Erklärung aus dem „Karma". Man denkt sich den Tierkreis als starres Band von Einflußzonen, symmetrisch abgegrenzter Stücke als Ursprung menschlicher Qualitäten.

Die Suche nach äußeren Ursachen verträgt sich einigermaßen mit Anschauungen – in psychologischen Gemeinplätzen verbreitet –, welche den Charakter von außen her bestimmt sehen. Es gibt ja kaum eine moderne Mutter ohne Schuldgefühle wegen mißratener Kinder, weil behauptet wird, „antiautoritäre Erziehung“ oder aber „Frustrationen“ verursachen, ob das Kind den neuen sozialen Anforderungen und Umgangsformen angepaßt oder ein rückständiger Spießbürger sein wird.

Charakter wird nach solchen Anschauungen „gemacht“ und kann durch gezielte Einwirkungen verbessert oder geschädigt werden. Astrologie brächte dann nur eine auf Einflüsse aus dem Weltraum erweiterte Umweltlehre. Manche, die eine Begründung des Sternglaubens suchen, richten den Blick hoffnungsvoll auf Ergebnisse der Bioklimatik, als könnte die weitergehende Forschung das Beibehalten verstaubter Deutungsregeln rechtfertigen. Einige spekulieren schon: Vielleicht würde man Geburten so steuern lernen, daß sie unter günstige Konstellationen fallen! Die Lebensgestalten entstehen jedoch *von innen heraus* und nicht *von außen herein.* Es liegt grundsätzlich anders, wenn wir die organischen Gesetze der Gestaltbildung erforschen oder wenn wir das natürlich Herangebildete durch Umwelt mitgeprägt sehen. Dies gilt auch für die *Anlagestruktur der menschlichen Individualität.* Sie ist nicht *Produkt* beliebiger Umweltverhältnisse und gezielter Einwirkungen, sondern ihre Proportionen entstammen der *Eigengesetzlichkeit des Lebens.* In der umweltlichen Beeinflussung verändert sich das so Gestaltete dann als *Antwort auf die Bedingungen, unter denen sich das Wesensganze verwirklicht.*

Wir befinden uns vor einer Antinomie der biologischen Forschung: einerseits Wachstum und Entwicklung, anderseits bleibende Form. Jede Lebensgestalt ist empirisch eine fließende, andauernd sich verändernde Bildung, zugleich aber als Formtypus festgelegt. Derartiges offenbart sich auch im Wesen des Tierkreises. Dynamisch, als *Kreislauf,* stellt er eine Stufenfolge dar, die, abgewandelt nach der organischen Art, prinzipiell in jeder Auseinandersetzung lebender Wesen mit der Welt wiederkehrt. Aus solchen Stufen sind die Prinzipien menschlichen Verhaltens, die wir

Tierkreiszeichen nennen, zu begreifen. Statisch gedacht, als *Kreisordnung*, sehn wir diese Prinzipien in einem bleibenden, streng symmetrischen Verhältnis zueinander. Dieselbe Antinomie – ordnungshaft übereinstimmend, individuell mehr gegen den Tierkreis verschoben – finden wir im anderen kreisläufigen System, den sogenannten Häusern, wieder. Beider Ordnung ergibt sich aus der Kreisgeometrie, der fernerhin die Aspekte gehorchen. Zeichnen wir die letzteren, die Kräftebeziehungen, als Aspektfigur zusammen, so bekommen wir die *Gestalt des individuellen Kräftegefüges und seiner Wirkformen.*

Um auf dieser Grundlage das neue Menschenbild der revidierten Astrologie ganz zu begreifen, müssen wir uns erst darüber klar werden, was eine Antinomie ist: ein Gesetzeswiderstreit, der Widerspruch zweier als These und Antithese gegeneinander gesetzter Grundbegriffe. Problem ist, wie sie zusammengehen, ihre Synthese. Die Astrologie stellt uns vor die Frage, wie der individuelle Mensch, wo er geht und steht und was immer er tut, zu vereinbaren sei mit einem zusammenhaltenden, also irgendwie geordneten Ganzen der Welt, dem Kosmos. Dem Einwand Kants, daß das Weltganze uns empirisch ja nicht gegeben, sondern nur eine Idee sei, wird begegnet, indem wir als konkrete Ganzheit – pars pro toto – das Sonnensystem, dem die astrologischen Messungsdaten entnommen sind, einsetzen. Die Astrologie zeigt nun das Menschenindividuum in seiner angeborenen *Ordnung*, exakt dem Verhältnis der Erde zum übergreifenden Ganzen entnommen, und hat die im empirischen Leben eintretende *Veränderung* der konkreten Verwirklichung dieser Ordnungskonstanten zu begreifen, Sie muß bei jedem Menschen zur Synthese gelangen, die vernunftmäßige Einheit zweier an sich unvereinbarer Verstandesbegriffe finden.

Mit dem Dreischritt der Hegelschen Dialektik sind uns in bezug auf die polaristischen Inhalte des Kosmogramms methodische Erleichterungen zur Lösung dieser Aufgabe in die Hand gegeben. Das Hinzutreten gediegener psychologischer Kenntnisse läßt psychische Wandlungen, Sublimationen, Äußerungen des Unbewußten und dergleichen verstehen. Hauptbeachtung verdient der biologische Unterbau, sofern wir die gestaltschöpferischen Kräfte ins Blickfeld nehmen.

Obzwar wir physikalisch in ständigem Konnex mit außerirdischen Vorgängen leben, dürfen wir nicht – gleich der Einflußtheorie – physikalischen Ursachen zuschreiben, was aus dem astrologischen Meßbild deutbar ist. Alle deutbaren Erscheinungen sind Lebensvorgänge und charakterliche Haltungen. Da die Erde, der Lebensschauplatz, ein mitbewegtes Glied des uns umgreifenden Ganzen, des Sonnensystems, ist, nehmen wir eine *elementare Einordnung* in dieses an. Dies bedeutet gegenüber der Einflußtheorie – und damit auch der fatalistischen Auffassung – eine Schwenkung um 180 Grad: *die Elemente der Deutung sind Elemente der Lebensgestaltung.* Für die Fortpflanzungszeiten einer Reihe von Lebewesen, hauptsächlich niederer Meerestiere, bestätigt sich eine kosmische Einordnung über die Gattungsinstinkte. Ziehen wir in Betracht, daß bei ihnen der *Arttypus* sich fortpflanzt, hingegen der Mensch, bei dem die Zeugungen und Geburten über das ganze Jahr verteilt liegen, sich als *Individualität* von allen anderen uns bekannten Lebewesen durch eine *persönliche Anlagestruktur* abhebt, so fragt sich, ob darin die *kosmische Einpassung der menschlichen Fortpflanzung* zum Ausdruck kommt. Die Astrologie erhält mit der sie bejahenden Hypothese, durch welche das Kosmogramm mit dem wahren Charakter und Lebenslauf in Dekkung kommt, ein neues Gesicht.

Wir suchen also die Ursachen astrologischer Erscheinungen nicht in den Sternen, sondern in der *Lebenserneuerung.* Indem wir die astrologischen Deutungselemente als die eigentlichen *Kategorien des Organischen* erkennen, werden uns die *gestaltschöpferischen Fähigkeiten* auch im Menschen bewußt. Die determinierte Durchführung – die Zwangsläufigkeiten im Horoskop, auf die gemeinhin so viel Wert gelegt wird – haben dem Lebendigen gegenüber dieselbe Rangordnung, wie physikalische und chemische Gesetze beim Zustandekommen der organischen Gestalt.

Es ergibt sich ein neues Menschenbild sowohl gegenüber der sterngläubigen, schicksalsgeängsteten Kreatur der alten Astrologie, als auch dem kausalistisch-linear denkenden, fortschrittsgläubigen Menschen der Jetztzeit. Mein Charakter wurde nicht von oben her bestimmt, durch Sterne aufgezeigt, wurde weder durch Erziehung und andere Umweltwirkungen „gemacht", noch ist er lediglich „herausgemendeltes Erbe". Was ich bin, ist überhaupt nicht durch etwas meiner einmaligen Wesenheit absolut *Fremdes* determiniert, vielmehr verfügt meine *Entität,* das Organisationszentrum der mich mitbestimmenden Determinationen, über gestaltschöpferische Überschüsse – den selbstbestimmenden Faktor – worin ich mich *eigenverantwortlich* darlebe. Dies geschieht allerdings aufgrund einer angeborenen *Struktur* – dem im Kosmogramm niedergelegten Baugesetz, das die Einzelheiten als Strukturglieder enthält –, in welcher vorgeburtliche gestaltbildende Tendenzen zu einer *mir eigentümlichen Ordnung* zusammengefaßt sind. Determinationen aus Erbe und Umwelt kleiden in Form von *Entsprechungen* dies Individualgefüge ein. Dies mag, wie alles zur Erscheinung kommende, als „trügerischer Schein" beurteilt werden. Das Wort „phaino", von dem sich unser „Phänomen" ableitet, setzt etwas zugrunde liegendes voraus, das ans Licht gebracht werden, zum Vorschein kommen kann. Dies ist die verborgene Ordnung unserer Gedanken, Gefühle und Taten. Als Zusammenbau der in Planetenaspekten dargestellten Kräftebeziehungen hat diese Ordnung eine bestimmte *Gestalt,* worin die Anlagen sich als *zusammenhängende eingeborene Problematik* erweisen. In ihrer Lösbarkeit liegen unbewußt ansetzende *Aufgaben der Selbstverwirklichung.*

Beachten wir: das individuelle Wesensgefüge ist unterhalb der geistigen und seelischen Schicht beheimatet. Zum „Sobeschaffensein", der eingeborenen Problematik, gehören außerdem gewisse äußere Ereignistendenzen, die zu gegebener organischer Zeit – in Rhythmen und Lebensphasen gedacht – sich nach dem Prinzip der „gegenseitigen Anziehung des Bezüglichen" verwirklichen. Verwirklicht nennen wir sie gemeinhin „schicksalhafte Ereignisse“, haben jedoch zu unterscheiden zwischen individuellem und kollektivem Schicksal; letzteres kann im Kosmogramm nicht angezeigt sein.

Wir kommen mit einem Wort gesagt keineswegs als „unbeschriebenes Blatt“ zur Welt. Unsere Individualstruktur ist analog dem Kosmogramm der großen Ordnung, die für den Schauplatz des Erdenlebens gilt, eingefügt. Finden wir zur Identität, dann mit einem Ausschnitt aus dieser Ordnung. Die Mittlerstellung des Kosmogramms zwischen Erbe und Umwelt zeigt uns zum Teil determiniert in der persönlichen Existenz, aber auch entworfen auf eine bestimmte Haltung zur und Rolle in der menschlichen Gemeinschaft. All diese Determinationen legen aber nicht unsere Entscheidungen fest, es sind *eingrenzende Spielregeln unserer Souveränität:* Ziel und Leitlinie stehen uns frei.

Blicken wir auf die äußeren Formen der heutigen Gegenwart, so scheint dies neue Menschenbild unzeitgemäß zu sein. Unbegreiflich ist es gewiß der kausalistisch-linearen, fortschrittsgläubigen Denkweise. Seit der Renaissance brachte sie unsere Wissenschaft und Technik hoch aufgrund der Bevorzugung des Quantitativen, der Scheidung in ausgedehnte und denkbare Substanz, der experimentellen Methoden und allgültig behaupteter Urteile aus Resultaten empirischer Messungen, unter Zurückstellung der Fragen nach Sinn und Zusammenhang des Wissens und der Eigengesetzlichkeit des Lebens. Geschichtlich befinden wir uns vielleicht am Gipfelpunkt einer Epoche, die uns unerhörte Entdeckungen und industriellen Aufschwung bescherte, aber auch den Abfallhaufen brachte.

„Wirf es weg, kauf dir ein neues“, sagt die Konsumgesellschaft von jedem Ding. Die Produktion geht rastlos vorwärts, züchtet bisher unbekannte Bedürfnisse, macht uns anspruchsvoller. Schon allerdings ertönen Alarmrufe, daß unser Weiterleben bedroht sei, einerseits durch Rohstoffmangel, anderseits durch verschmutzte Umwelt. Lassen wir die statistischen Ziffern der benötigten Mineralien und vorhandenen Reserven über den Bevölkerungszuwachs auf der

Erde und die Ernährungsmöglichkeiten auf uns einwirken, so werden wir überzeugt, daß wir zwangsläufig einer Katastrophe zusteuern. Doch wir produzieren in gleicher Weise weiter, das Evangelium heißt „Angebot und Nachfrage". Wer sich im Getriebe halten will, muß zu intensivieren trachten. Die Gegenstände des täglichen Gebrauchs absolvieren den Weg von der Erzeugungsstätte zum Abfallplatz, wo sich Stoffe häufen, die zum Teil von der Natur chemisch nicht mehr umgewandelt werden können. Kaufte ich früher etwa Terpentin, ließ ich mir eine geeignete Flasche vom Drogisten füllen; heute bekomme ich Terpentin fertig abgezapft in einer Plastikflasche, die mir nach dem Ausleeren niemand mehr abnimmt. Was ist dies kleine Beispiel aber gegenüber dem, wofür das Wort „Einwegflasche" geprägt wurde! In der Bundesrepublik werden davon nach überholtem Stand der Dinge jährlich 300 Millionen hergestellt und weggeworfen; „Rücknahmeflasche" oder „Pfandflasche" bei anderen Getränken ist als Besonderheit vermerkt. Die Herstellung vieler komplizierter Geräte durch Fließbandarbeit, rationelle Aufteilung der Handgriffe ist billiger als eine Reparatur, so daß wir das Gerät bei Störungen durch ein neues ersetzen. Hat eine angelieferte Waschmaschine einen Fehler, dann schickt die Firma lieber eine neue, statt einen ausbessernden Mechaniker. Für sich betrachtet hat sie recht, sie kann das fehlerhafte Stück der Herstellerfirma zurückgeben, was nach der Reparatur unmöglich wäre. Fehlprodukte und kaum genützte Sachen – die Werbung sorgt dafür, daß Gebrauch kein völliger Verbrauch werde – kommen auf den Müllhaufen. *In der Wegwerfgesellschaft verliert das Ding sein eigenes Gesicht, und dies überträgt sich auf die Haltung zum Mitmenschen;* manche Psychologen preisen es als Zeichen jugendlicher Unbekümmertheit.

Alarmierender noch ist es beim Atommüll, entstehend bei der Gewinnung von Kernenergie, die aus der Energiekrise herauszuhelfen versprach. Die radioaktiven Stoffe von lebensschädigender Wirkung wurden vorläufig in Salzbergwerken untergebracht, in den USA wurden eigens dafür Betonbunker gebaut. Da es Jahrhunderte und -tausende dauert, bis diese Stoffe unschädlich sind, liegt in solchen Ablagerungen eine Belastung für kommende Generationen: Leichtsinnig wird vorausgesetzt, daß es keine verrückte oder politische Gruppe geben könne, welche den Atommüll zerstörerisch mit der Biospähre in Berührung brächte. Dies zu einer Zeit, die uns vorführt, wie kleine Terrorgruppen ganze Staaten in Schach halten!

Wollten wir alle dieser Denkweise entspringenden Inkonsequenzen aufzählen, so würden wir bei gegebenen Bedingungen vor dem Eintreten der Katastrophe nicht fertig. Die Wirtschaftsführer und Politiker sind sich darüber im klaren, auch sei nicht verkannt, daß neuerdings Bestrebungen zur Wiederverwertung abgelegter Stoffe in Gang sind. Unter dem Stichwort „recycling" wird in manchen Ländern versucht, aus dem Abfall wieder Energie und Rohstoffe zu gewinnen. Ferner gibt es den Meinungsstreit zwischen den Befürwortern „weicher" und „harter" Energie und ihren Methoden. Doch bleibt es bei der Denkweise – gradlinig, wie man eine Autobahn durch die Landschaft zieht –, entsprechender Produktionsart. Ein neuer Industriezweig ist noch keine Denk- und Gesinnungsänderung. Die Warenproduzenten können nicht aussteigen aus dem Teufelskreis. Wir sagen Teufelskreis, weil er den Kreisläufen der Natur zuwider läuft. In der Natur gibt es keinen Abfall, der ungewandelt und ungenutzt liegen bliebe. Alles Hervorgebrachte, wenn abgestorben, geht wieder in den Verzehr ein. Unser eigener Organismus, sofern gesund, regeneriert sich auf diese Weise; was ausgeschieden wird als unverwertbar, ist Aufbaustoff für andere Organismen. Die außermenschliche Natur reinigt sich von selbst. Unsere Seele aber kann bei eingetretenen Schäden nicht neu geliefert werden wie eine Waschmaschine und hat sich selbst zu „reparieren". Wir erhalten uns seelisch gesund vermöge einer *Selbstregulation:* Unbewußte Natur in uns steuert Vorgänge, arbeitet den „inneren Abfallhaufen" auf. Gelingt dies nicht mehr, so tritt der pathologische Fall ein.

Mit unbesonnenen Entäußerungen seines Machtdrangs durchkreuzt der Mensch, seit er sich zum „Herren" aufgeworfen hat, die Selbstregulation der Natur. Das Unorganische in unserer Wirtschaft folgt daraus, daß sie, angetrieben vom Fortschrittsgeist, einseitig an Herstellung und Konsum, Absatz und Umsatz und nicht an Menschenwürde denkt, notgedrungen in unserem Gesellschaftssystem denken muß. Erst in Katastrophennähe aus Weigerungen der „beherrschten Natur", am Rande der Rohstoff- und Energiereserven, werden Änderungen in Betracht gezogen.

Auf demselben Geleise läuft eine „Geistindustrie", deren Erzeugnisse sich ebenfalls nach Breitenwirkung und Gewinn ausrichten müssen. Man befriedigt das Sensationsbedürfnis, schlägt die Langeweile tot – rasch gelesen, rasch verdaut, rasch vergessen – mit massivsten Reizungen wird Sex und Kriminalität gefördert. Der weibliche Körper dient Illustrierten als Anreizware, bei Einspruch geben die Gerichte dem Verleger recht. Neben der Unterhaltung dominiert der Gemeinplatz „Wissen ist Macht", ein makabres Motiv, das zur Ausrottung vieler Arten von Lebewesen verhalf und auch im menschlichen Bereich Leben abtötet, Schöpferisches ausmerzt. Die Wissenschaft, soweit sie „Betrieb" ist, kann nicht freigesprochen werden vom Rückgang des schon Erreichten. Der Wissenschaftsbetrieb unterscheidet sich vom technischen Betrieb nur dadurch, daß er abstrakte Ware liefert, die, von der Technik übernommen, dann eigene Wege geht. *Betrieb ist eine Tätigkeitsform, in der man nicht über Grundlage, Berechtigung und Sinn des Tuns nachdenkt, sondern lediglich die herzustellenden Fakten im Auge hat.*

Die von der herrschenden Hektik Ergriffenen huldigen der Utopie, es ginge unverdrossen so weiter, denn die Welt reguliere sich von selbst. Unstimmigkeiten würden auf jeden Fall behoben. Die Tiefenpsychologie hat uns gelehrt: Wenn jemand nicht die Verantwortung für sein Tun übernimmt, pflegt ein infantiler Glaube ihm zum *Schein eines Gleichgewichts* zu verhelfen. Doch es ist übertäubte Angst. Als Symptom mangelnden Grundvertrauens schleicht sie umher neben sturer Gleichgültigkeit. Der Eigenwert sinkt wie der Sinn des Tätigseins. Ich brauche nicht die Verflechtung mit dem Fortschritt in den einzelnen Berufen aufzuzählen, um die Entfremdung des Arbeiters vom Werk seiner Hände zu schildern. Wenn Handarbeit für den Unternehmer nur Mehrkosten gegenüber maschineller Produktion bedeutet, so braucht er sich über sinkende Arbeitsmoral nicht zu wundern. Arbeit wird zum teilnahmslos betätigten „Job". Auch die Beschäftigung in der Freizeit, die „Hobbies", die Urlaube unterliegen geschäftstüchtigem Zugriff. Die von Massenmedien Belehrten bleiben sich selber das unbekannte Wesen, wenige Abwehrkräftige ruhen noch in sich.

Schuld am zunehmenden Unbehagen kann berechtigterweise nicht allein den Politikern, der Bürokratie, der um sich greifenden Bestechlichkeit, dem hie und da ausbrechenden Terror zugeschrieben werden. Eine Produktionsweise, in welcher der Arbeiter nur Teile des Fertigprodukts zu Gesicht bekommt, ein Staat, bei welchem Gleichberechtigung in allgemeinen Wahlen vernebelt, daß das Entscheidende in die Hand weniger Experten gelegt ist, befindet sich trotz sozialem Wohlstand auf dem Wege zur Sklavengesellschaft.

Was tun? Der Fortschrittsideologie, Sinneseindruck und Begehrnisse ansprechend, ist nichts so leicht Verständliches entgegenzusetzen. Keinen Massenstrom kann man aufhalten außer im Umbiegen der Gesinnung einzelner durch Eröffnen von Einsichten, die alle angehen. Einen großen strukturellen Umbruch aus vernünftigen Überlegungen, die von Symptomen der Stromrichtung ausgehen, zu erwarten, wäre illusorisch. Einzelheiten verfeinden. Völliges Aussteigen aus der Gesellschaft gibt es nicht, auch Einsiedler, asketische Lebensreformer, sind durch sie bedingt. Wir gerieten in hoffnungslose Kassandrastimmung, würden wir nicht die heilenden Gegenkräfte bemerken. Daß sie in der Minderheit sind, tut in Fragen der Lebenserneuerung nichts zur Sache. Auch Gesundheit steckt an. Bei jedem Auszug zu neuen geistigen Ufern läuft allerdings Mode und Halbheit mit. Unter den vielen Versuchen, das Steuer herumzureißen, tauchte weltanschaulich eine erneute Zuwendung zum astrologischen Geisteserbe auf. Auch hier Halbheiten, Geschwätz von kosmischer Sehnsucht, Oberflächenbetrieb und Geschäft, bis zum Manipuliertwerden geistig Stellungsloser durch Zeitungen. Auf der Gegnerseite erbittertes Sichanklammern an Vorurteile, als ginge es um ein Wiederaufleben der Wahrsagerei. Das tiefere Anliegen unserer Zeit heißt jedoch *Überblick über das Gesamtwissen, sein Sinn für uns, Verankerung der menschlichen Existenz im Welthintergrund.* Der revidierten Astrologie kommt dabei die Aufgabe zu, die aufgerissene Kluft zwischen Mensch und Natur geistig zu schließen, indem sie unser Sinnen und Trachten schon im individuellen Ansatz kosmisch eingeordnet zeigt.

Tradition in Ehren, doch nach 350-jährigem Stillstand organisch kosmologischen Denkens – seit Kepler – will jeder Baustein kritisch geprüft sein, ob und wie er für einen Neubau verwendungsfähig ist.

Eine Revision des astrologischen Gedankens, die diese beiden Aufgaben übernimmt, wird in Einklang mit dem heutigen Weltbild stehen oder einen weitergreifenden neuen Wissenschaftsbegriff begründen müssen. Die schon genannte Schwenkung um 180 Grad gegenüber der Einflußtheorie – Einordnung von Zeugungen und Geburten in die Umlaufs-Rhythmik des Sonnensystems und die Erdbewegungen – führt bisherige Methoden widerspruchslos fort und entspricht im Ergebnis den psychologischen Tatbeständen. Daß die Einordnung ein *mathematisch verifizierbares Wesensgefüge der menschlichen Individualität* ergibt, setzt vor allem bezüglich der Winkelverhältnisse – der Aspekte – voraus, was Kepler den *geometrischen Instinkt* nannte. Ist dies eine dem Lebewesen eingeborene Fähigkeit, so ergeben sich daraus Anknüpfungspunkte zur Überprüfung der Zahlensymbolik archaischer Weltbilder.

Das kosmisch gegründete Menschenbild unterstützt die schon immer als erstrebenswert nahegelegte Umstellung vom *Haben* zum *Sein.* Dies erfolgt ohne moralische Argumente aus der Sache. Sie ermöglicht ein „Zu- sich- selberstehen“ sub specie aeternitatis. Nicht der Mensch, der, um im herrschenden Getriebe zu gelten, dies oder jenes

„braucht“, um etwas zu „sein“, ist angezeigt, sondern derjenige, der mit sich identifiziert sagen kann *„ich bin“.* Dies in jeder Lage des Verhaltens zu Anderheiten, jedem Du gegenüber. Dergleichen läuft natürlich den durchschnittlichen Anfragen verquer. Die meisten dem Astrologen gestellten Fragen betreffen gewünschte oder verlorene Dinge, gefühlsmäßig an sich gezogene oder suggestiv dominierende Personen, Vermögen, soziale Stellung, die „zu haben“ oder „nicht zu haben“ nötig scheint. Genau genommen sind es aber meistens Deckworte einer geheimen Frage nach den *Grundlagen der eigenen Existenz* und dem *Sinn des individuellen Lebens.* Dies hat der Berater – durch oberflächliche Erwartungen hindurchblickend – aufzuschließen. Der gewissenhafte Astrologe antwortet mit dem, was die angeführten Personen und Sachen *bedeuten.* Er kann es, weil nicht gleichgültige Tatsachen, sondern *Bedeutungswerte des individuellen Werdens und Seins* im Kosmogramm stehen. Die mit den Dingen verquickten Probleme sind die Hebel, mit denen Dunkelheiten des Charakters ans Licht gehoben werden können.

Angesichts des fragenden Menschen reicht die Wissenschaft des lebenden Modells nicht hin, es beginnt die Deutung als Kunst.

Standardwerk der Astrologie

THOMAS RING

Die Astrologische Menschenkunde

3 Bände. Hardcover in Schuber, zusammen 1500 Seiten

Bd. 1: Kräfte und Kräftebeziehungen

Bd. 2: Ausdruck und Richtung der Kräfte

Bd. 3: Kombinationslehre

ISBN 3-925100-71-7

Es herrscht Einigkeit darüber, dass Thomas Rings wesentliche Bedeutung in seinem astrologischen Werk, besonders in der *Astrologischen Menschenkunde* liegt. Wie kein anderer setzte er sich für eine „revidierte Astrologie" ein, welche die fatalistische Prognose zugunsten einer organischen Gesamtdeutung der Horoskopkräfte interpretiert. Diese sind keine starren Eigenschaften, sondern ein geordnetes Gefüge, in das sich der Mensch hineinentwickeln kann – oder auch nicht. Die „Astrologische Menschenkunde" verdankt ihre Wirkung nicht zuletzt der meisterhaften Sprache, mit der Thomas Ring die psychischen Kräfte neu formuliert.

„Der Ring ist wieder da! Thomas Rings astrologische Menschenkunde ist ein Grundlagenwerk der modernen Astrologie, möglicherweise das bedeutendste deutschsprachige Lehrwerk des 20. Jahrhunderts. Jahrelang waren die Bücher vergriffen und in keiner Buchhandlung mehr zu bekommen. Wenn man nun die drei fest gebundenen Bände aus dem Schuber nimmt, dann freut man sich doppelt, weil sie auch weit schöner aussehen als die ursprüngliche Ausgabe. Sie sind mit Gemälden Rings geschmückt, der auch Maler war. Für einen Menschen der Astrologie liebt, sind die Bücher von Ring eine nie versiegende Quelle."

MERIDIAN 1/2004

Standardwerke der Astrologie

WULFING VON ROHR

Die Horoskopuhr für jedes Lebensalter und andere Zeitschlüssel in der Astrologie

Neue und klassische Methoden

128 Seiten, Hardcover

ISBN 3-89997-112-4

Eine praktische Anleitung zur Vorschau von Zeitrhythmen, Zeitpunkten und Ereignissen mit der neuen Methode der „Horoskopuhr" des vorgeschobenen Aszendenten. Darüber lernen Sie andere einfache Prognosetechniken kennen wie dem Planetenkalender nach Thomas Ring oder die Planetenabfolge, mit der Sie schnell eine Blick in die Zukunft erhalten. Ergänzt wird das Buch mit einer Einführung in klassische Prognosemethoden und einer Diskussion der unterschiedlichen Häusersysteme. Mit Deutungshinweisen zu allen Graden des Tierkreises und zu wichtigen Fixsternen.

„Nach Darstellung der klassischen Methoden der Prognostik durch Progressionen, Direktionen, Transite und Stundenhoroskope stellt der Autor sein Modell der Horoskopuhr für jedes Lebensalter dar. ... Für Astrologie-Profis eine Bereicherung des Prognose-Spektrums."

ekz-Informationsdienst

Standardwerke der Astrologie

BRIGITTE HAMANN

Ihr Lebensziel

Die IC/MC-Achse und der Lebenssinn im Horoskop

288 Seiten, Paperback, 8 Abbildungen

ISBN 3-925100-73-3

Das Lebensziel wird im Horoskop meist an der Stellung des Medium Coeli (MC) abgelesen. Die Vorstellung, dass wir uns von einem Ausgangspunkt, dem Imum Coeli (IC), auf dieses Lebensziel zu bewegen und dass das MC somit das Ergebnis und die Erfüllung dieses Zieles darstellt, ist jedoch unzureichend. Aufgrund intensiver Studien kam die Autorin zu einem bahnbrechenden Ansatz: Das Lebensziel liegt im Ausgleich der Gegensätze, in der Mitte zwischen beiden Polen. Das IC enthält unser schöpferisches Potential. Am MC finden Sie die ergänzenden Eigenschaften, Verhaltensweisen und Themen die Sie benötigen, um dieses Potential in seiner besten Form verwirklichen zu können. Außerdem gibt es einen Fluchtpunkt. Dieser beschreibt wichtige Vermeidungsstrategien, die wir anwenden, um unseren Lernthemen auszuweichen.

Die Autorin beschreibt die spirituellen, psychologischen und astrologischen Deutungsgrundlagen der beiden Gegenpole. Dabei kommen dem IC und dem 4. Haus eine tragende Rolle zu, denn dort ist das, „was unsere Welt im Innersten zusammenhält

„Da dieses Buch nicht nur Konstellationen beschreibt, sondern auch eine Fülle an Anregungen zur Umsetzung gewonnener Erkenntnisse in das tägliche Leben enthält, ist es nicht nur für fortgeschrittene Astrologen eine bereichernde Lektüre, sondern auch gerade für Astrologie-Einsteiger."

MERIDIAN 1/2003

Standardwerke der Astrologie

GERTRUD HAMERS

Lebensskripte

Die Dispositorenverknüpfungen im Horoskop

280 Seiten, 50 Abb., Broschur

ISBN 3-925100-60-1

Durch eine ganzheitliche Erfassung des Horoskops ist es möglich mit dieser Methode das Lebensskript zu erkennen. Dispositoren sind Planeten, die andere Planeten als „Untermieter" in ihrem Haus haben. Ist es wirklich sinnvoll diese Methode anzuwenden und bringt sie neue Erkenntnisse, die anderweitig nicht gewonnen werden können? Die Antwort ist ein eindeutiges Ja. Wir können zwar über Transite, Direktionen, Progressionen und Solare erkennen, welche Entwicklungsmöglichkeiten gerade gegeben sind. Doch gibt uns die Dispositorenverknüpfung genauer und schneller darüber Auskunft, wohin uns Erfahrungen in bestimmten Lebensbereichen führen und wie diese miteinander verkettet sind. Weder durch Aspekte noch über andere astrologische Methoden können wir diese Bedingtheiten ermitteln.
Bei der Interpretation ist es sehr wesentlich, darauf zu achten, dass keine konkreten Ereignisse, sondern Folgen von Erfahrungsprozessen aus dem System der Verknüpfungen abgeleitet werden können. Die Kunst der Deutung besteht darin, die Inhalte dieser Prozesse zu beschreiben. Sie erhalten praktische Anleitungen zum erstellen von Dispositorenketten und klare Anweisung zur Interpretation. Das Buch zeichnet sich durch seine Fülle an Beispielen aus. Ein Novum ist die Berücksichtigung der Dispositorenverkettung im Combin und im Solarhoroskop.

„Kombination und Synthese sind bei der astrologischen Horoskopdeutung die schwierigsten Felder. Das Buch von Gertrud Hamers stellt einen wichtigen Beitrag zur Bewältigung dieser schwierigen Felder dar."

MERIDIAN

Standardwerke der Astrologie

DANE RUDHYAR

Die Astrologie der Persönlichkeit

Ein neues Verständnis astrologischer Konzepte in bezug auf zeitgenössische Philosophie und Psychologie

442 Seiten, Broschur

ISBN 3-925100-63-6

Dane Rudhyar gilt als der Begründer der modernen psychologischen Astrologie. Er sieht die Astrologie als Ausdruck eines Ordnungsbewusstseins mit dem Ziel der Transformation von Chaos zu Kosmos. Das Horoskop ist ein Symbol der Zielrichtung bewussten Seelenlebens, in dem die Persönlichkeit als Instrument wirksam wird. Die *Astrologie der Persönlichkeit* beinhaltet die Verdichtung von Dane Rudhyars langjähriger astrologischer Tätigkeit, so dass dieses Werk schon zu seinen Lebzeiten ein „Astrologie-Klassiker" wurde. Das Buch war lange Zeit vergriffen und wird nun wieder einem breiteren Publikum zugänglich gemacht.

„Am Ende werden Sie das Buch ebenso erleichtert wie bereichert aus der Hand legen und feststellen, dass sich das Durchhalten auf jeden Fall gelohnt hat.

sternzeit